JN216818

テレサ・アマビール
スティーブン・クレイマー
Teresa Amabile & Steven Kramer
中竹竜二［監訳］　樋口武志［訳］

THE PROGRESS PRINCIPLE
Using Small Wins to Ignite Joy, Engagement, and Creativity at Work

マネジャーの最も大切な仕事

95%の人が見過ごす「小さな進捗」の力

英治出版

私たち二人の父親
チャールズ・M・アマビールとルイス・S・クレイマー
彼らにとって生計を立てることも重要だったが、
人生を築くことこそが真の目標だった。

私たち二人の母親
カルメラ・C・アマビールとマンジャ・クレイマー
彼女らはその人生を夫と共に歩み、私たちに人生を用意してくれた。

四人は私たちに進捗を重んじることと、
それを裏で支える人びとを決して忘れてはならないことを教えてくれた。

THE PROGRESS PRINCIPLE
Using Small Wins to Ignite Joy, Engagement, and Creativity at Work
by Teresa Amabile & Steven Kramer

Published by arrangement with Harvard Business Review Press, Watertown, Massachusetts
through Tuttle-Mori Agency, Inc., Tokyo

監訳者まえがき

「わたしたちは人間である」

本書は、このことを改めて考えさせ、深く掘り下げてくれる一冊だ。

強い組織はいかにして成果をあげるのか？　この問いに答えるうえで、最も重要であり、かつ最も忘れがちな前提が、実は最初の一文である。

どんなに優秀な人材、システム、ツール、多額な資金を揃えても勝てない組織がある。逆に、人材や資金などに恵まれない環境の中で著しい成果をあげている組織も少なくない。なぜなら、それは人間がやることだから。このことは、ビジネスに限らず、スポーツの世界でも耳にする話だ。

では、人間を人間たらしめるものは何なのか。ひとつは「感情」だ。

例えば、渋谷のカフェで涙を流す一人の女性。悲しいことがあったのだろう、と隣に座る私は考える。が、悔しそうにも見える。いや、もしかしたら、うれしいのか。いやいや、実は単に目にゴミが入っただけなのかもしれない。もしかすると、演技だってありえる。しかし、真相はわからない。

このように、私たちは他者が抱いている感情を想像はできるものの、正確に理解することはできない。本人がその感情を語ってくれない限り、真意は誰もわからない。また日常的に忙殺されていれば、本人でさえ、自身の感情を理解することができない。要するに、人は誰しも、他者だけでなく、自身の感情すら取り扱うのが非常に難しいのだ。


人間が持つもう一つの特徴は「認識」すること。物事に対する意味付りや意義を与える行為だ。例えば、NASAの清掃スタッフは自身の仕事について聞かれたとき、「私は掃除することで、人類を月に送ることに貢献しているのです。ロケットを飛ばす仕事をしています」と答えたのは有名な話だ。傍から見れば単純に思われる拭き掃除や掃き掃除に誇りを持ち、やりがいを感じている証だ。

また別の例を挙げれば、元フランスサッカー代表監督のロジェ・ルメールは「学ぶことをやめたら教えることをやめなければならない」という哲学を貫き、「選手は皆、私の師である」と言い続けた。学びながら教える、その姿勢は信頼関係を生み、多くの選手を一流にした。これらのように自身の仕事に誇りや意義を感じたり、仲間に敬意を払い、信頼し合っている関係だと認識することは、組織の成果に大きな影響を及ぼす。

もうひとつ、我々が人間であることを再認識させるのは「モチベーション」だ。機械やロボットであれば、電源が続く限り、ひたすら安定した業務遂行が可能だ。しかし、我々はそうはいかない。やる気満々で仕事に取り掛かることもあれば、急に集中力や責任感が低下することもある。好きな人に応援されるとがんばれたり、大切にされるとやる気が湧いたり、クレームを受けたり無視されると落ち込むなど、意欲は状況に応じて多様に変化する。

このように、感情、認識、モチベーションとは、人間であることを示す要素と言ってもよいだろう。著者のアマビール&クレイマーは、この三つの要素の相互作用を「インナーワークライフ」と呼んでいる。要するに、業務を通じて人の内面で起こっている反応のことである。

このインナーワークライフを向上させることが、組織と個人の創造性、生産性を高めるために最も効果的だと著者は述べている。これまでは、事業戦略や業務システム、スキルやテクニック、ノウハウやデータベースなどが重視されてきた。だが、どんなに慎重に戦略やシステムを築いたとしても、個々人のインナーワークライフを高めなければ成果は生み出せないのだ。

では、インナーワークライフを高めるために、私たちができることはなんだろうか?

著者は言う。マネジャーにとって最も大切なのは、「チームや部下にとってやりがいのある仕事が、毎日少しでも進捗するよう支援する」ことだと。

スポーツコーチングの分野でも、オリンピックで金メダルを獲得したコーチの特徴の一つに、勝利に重きを置かず、選手の日々の成長、小さな成功を重視していることが最近の研究で分かっている。★

また、私が代表を務める株式会社ＴＥＡＭＢＯＸ（組織のリーダー育成トレーニングを提供）のクライアントの方々と話をしていても、著者が言う「仕事にやりがいを感じる」ことや、「小さな進捗の力」の大切さを痛感する。

カルビー株式会社のある営業課長は、部下の仕事に対して助言をするために、まずは居酒屋で三時間部下の話を聞き、最後の五分で自分の伝えたいことを伝えている。部下は、上司が自分の話をしっかり聞いてくれた後だからこそ、その後の助言を素直に受け入られる。この「三時間話を聞く」という行為によって、部下は「仕事にやりがいを感じる」ことができるのだろう。

オムロン ヘルスケア株式会社の営業課長からはこんな話を聞いた。「営業は知識とスキルが全てだと思っていた。だから、メンバーにはその二つを徹底的に教え込んだ。しかし、売上は伸び悩んだ。だからやり方を変えて、メンバー自身がワクワクする小さな目標を立てられるよう支援して、日々それが達成されたかどうかを一緒に振り返った。すると、気づいたんです。数字ばかりを追いかけていた時よりも遥かに良い成果がでていることに」

ホクト株式会社の営業課長は、部下全員にその日の「ＧＯＯＤ＝良かった点」「ＢＡＤ＝悪かった点」「ＮＥＸＴ＝次に活かす点」をクラウド上の日誌に書いてもらい、毎日全員にコメントするようにした。すると、一カ月で売上が飛躍的に伸びたという。

★ http://journals.humankinetics.com/action/showJournal?journalCode=iscj

私たちは、勘違いしていたのかもしれない。売上の達成、成功や勝利といった結果が全てであり、可視化された目標に向かってまっしぐらに突き進むことが最大の成果をもたらすだろう、と。

本書を通じて改めて思うことは、組織において常に「人」が中心にあり、そして「日常」に解があるということ。それはつまり、マネジャーひとりひとりが、チームや部下にとってやりがいのある仕事が毎日少しでも前に進むよう支援することで、組織は劇的に変わり得るということだ。

だが、マネジャーの最も大切な仕事は、やりがいのある仕事が進捗するよう支援することだと言われて、あなたはどう感じただろうか？「進捗」という言葉は誰もが知っており、そして「進捗の支援」というとシンプルでごく簡単なことのように思えてくるかもしれない。

しかし、本書で克明に描かれているマネジャーたちの言動を見ていると、誰もが知っている「進捗」の大切さを実はほとんどの人が見過ごしており、そしてその「進捗」を支援することがマネジャーにとってとても難しいことなのだと気づかされる。

自分が良かれと思ってとった行動が、メンバーにとって逆の反応や効果を招いてしまった。その一方で、自分の意図しない行為が、チームや部下の創造性や生産性を大きく、しかも持続的に高めることにつながった。――あなたにも、そういう経験がきっと、ひとつやふたつあるはずだ。

はっきり言えるのは、進捗の支援は一筋縄ではいかない。

だが、進捗の支援ほどマネジャーにとって大切な仕事はない。

本書では、そうした進捗の難しさと大切さ、そして支援の仕方が具体的に描かれている。

三業界、七企業、二三八人に対する一万二〇〇〇の日誌調査を中心とした、創造性と生産性に関する著者三五年の研究の結晶である本書を、ぜひ、ひとりでも多くの人と共有してほしい。それが、みなさんのマネジメントのあり方を根本から見直すきっかけなれば幸いです。

二〇一六年十二月

中竹 竜二
日本ラグビーフットボール協会　コーチング・ディレクター
株式会社ＴＥＡＭＢＯＸ　代表取締役

序章　三五年の研究から導き出した「マネジメントの新常識」

二〇〇八年、グーグルはいかなる業界の企業としても珍しい偉業を達成した。フォーチュン誌が発表する「アメリカで最も称賛される企業」と、「最も働きがいのある企業」のトップ5に同時にランクインしたのだ。

世界中で数えきれないほどの人びとが日々グーグルの検索エンジンを使用し、驚くほどのペースで広告収入が流れ込んできていた。カリフォルニア州のマウンテンビューにあるグーグル本社はほとんど神話的な地位を獲得し、ビジネス界の識者たちの多くは社員としての贅沢な特典が同社の目覚ましいパフォーマンスにつながっていると結論づけようとするのだった。

発足から十年のこの大手IT企業を、メディアはまるで莫大な富によって築かれた社員にとっての楽園かのように報じていた。世界一流のシェフたちがグーグルキャンパス内の二四の建物に点在するカフェで一日三食を無料で提供していた。Wi-Fiを完備したバスが社員を無料で乗せ、マウンテンビューとサンフランシスコ間を往復していた。職場で卓球をして活気づき、犬たちは飼い主のそばに付き添い、最先端のジムは無料でいつも開いている。どうすれば他の企業も、ビジネスの成功と社員の幸せという二重の楽園を築くことができるのだろうか？

私たちの研究は、その方法を提示している。そしてその実現の秘訣は無料の食事でも運動施設でもない。その秘訣は豊かな**インナーワークライフ**（個人的職務体験）を生み出す環境を作り上げること――ポジティブな感情、強い内発的なモチベーション、仕事仲間や仕事そのものへの好意的な認識を育める状況を作り出すことだ。

豊かなインナーワークライフとは**仕事そのもの**から得られるものであり、仕事に付随する**特典**から生じるものではない。その獲得の第一歩は社員に達成しがいのある何か、たとえばグーグルのように「世界中の情報を整理し、世界中の人びとがアクセスできて使えるようにする」という使命を与えることだ。明確な目標、自主性、サポート、リソースなど、社員が日々の仕事を実際に進捗させる際に必要な物事を提供することも求められる。さらに豊かなインナーワークライフは、アイデアや、そのアイデアを提案した人物を尊重するかどうかによっても左右される。

グーグルの創業者ラリー・ペイジとセルゲイ・ブリンは、奇跡のような会社の創成期に次のように語った。「才能ある人びとがグーグルに惹かれるのは、私たちが彼らに世界を変える力を与えるからだ。グーグルには豊富なコンピュータ資源や配分があり、各人が違いを生むことを可能にする。私たちが提供する主な支援は重要なプロジェクトを伴う職場であり、社員たちはそこで貢献し成長することができる」[1]。つまり、素晴らしいパフォーマンスの秘訣は、才能ある人びとにやりがいのある仕事で成功を収めるための力添えをすることなのだ。

本書は、インナーワークライフに関心を持つリーダーやリーダー志望者に向けて執筆した。並外れたパフォーマンスにつながるインナーワークライフ――つまり喜びや、仕事への深いコミットメントや、創造性へのモチベーションが際立ったインナーワークライフをサポートするために、日々自分には何ができるかについて関心を持つ人びとに向けた本だ。ハーバード・ビジネス・レビューに掲載した一連の記事[2]を基に、そこからさらに深く掘り下げている。

三十年以上の研究を活用しながら、本書では七つの企業の内部に深く潜り込み、社員のインナーワークライフ――**認識と感情とモチベーションの相互作用**――に影響を与える日々の出来事を追跡した近年の調査に重点を置いた。グーグルは調査していないものの、私たちの調査にはグーグルのような成功を収めた企業が一社含まれている。彼らは自分たちの業界で長らくトップに君臨し、仕事に誇りを持ち会社に情熱を注ぐモチベーションの高い社員たちを生み出している。一方、調査した企業には最悪の状態の会社もあった。いつも仕事でフラストレーションを溜め、組織に対して嫌悪感を持ち、社員は大西洋に沈没するタイタニック号のように会社が衰えていくのを眺めながら絶望していた。

本書を通じて、最終的に会社の衰退につながり得るまずいマネジメントの例を数多く紹介する。これは私たちがマネジャーを悪者や無能だと考えているからではなく、マネジメントとは極めて難しいものであると同時に決定的に重要なものであると考えているからだ。私たちは優れたマネジャーの働きの価値を重んじていて、見えない落とし穴に光を当てることによってマネジャーの働きを一層高めるサポートをしたいと考えている。

マネジメントは、うまく実行されれば、組織を成功に導くと同時にそこで働く人びとの体験を豊かなものにすることができるのだ。さらにマネジャーがこの二つの目標を実現させれば、マネジャー自身のインナーワークライフも好転する。

いつもそうだが、私たちの文化や組織はマネジャーと部下が対立するものだと考えてしまう。その様子は今世紀初めの十年に大きな人気を博したテレビドラマ「The Office」や風刺漫画「ディルバート」を見ても分かる。しかし私たちは、これが危険なステレオタイプであることを突き止めた。本書では、このステレオタイプを越える優れたマネジャーたちの例も目にすることになるだろう。こうしたリーダーたちは効果的な組織の形成に重要な役割を果たしている。それは彼らが社員のインナーワークライフをサポートする極めてポジティブな要素として機能しているからだ。

インナーワークライフが豊かになれば、会社も豊かになる。仕事に深く没頭しているとき、幸せを感じているとき、自分のプロジェクトや仕事仲間やマネジャーや組織を高く評価しているとき、人はより創造的になり生産的になることが分かった。しかし、それだけには留まらない。絶えずポジティブなインナーワークライフを享受しているとき、人はさらに仕事へコミットし、仲間と良好に仕事をするようになることが多い。言い換えれば、社員に対する仕事関連の心理的支援は、会社に対するパフォーマンスの支援と同義だということだ。

従来のマネジメントの常識は、社員の心理について大きく的を外している。CEOからプロジェクト・リーダーレベルに至るまで、世界中の数百名のマネジャーに対して、何が社員のモチベーションを高めるかについて聞き取り調査をしてみると、驚くべき結果が判明した。彼らの九五パーセントが、最も重要なモチベーションの源泉について根本的に誤解していたのだ。各企業の内部をつぶさに追跡した私たちの調査が解き明かしていたのは、**進捗**をサポートすることが日々社員のモチベーションを高める最善の方法であるということだった。たとえ進捗が小さなものであったとしてもだ。しかし先ほどのマネジャーたちは「進捗をサポートすること」をモチベーションを高める要素として最下位にランクづけしていた[3]。

本書では私たちの驚くべき調査結果を例示し、社員と会社に最大の利益をもたらしたいと考えるすべてのリーダーにとっての正しい道すじを明らかにする。

インナーワークライフを解き明かす――一万二〇〇〇の日誌

元々はインナーワークライフを研究しようと思ってはいなかった。テレサ（共著者）は、スタンフォード大学、ブランダイス大学、そしてハーバード大学で三五年にわたり創造性に関する研究を続けてきて、当初は職場環境を含めた社会環境が創造的な生産活動にどう影響を与えるかを探ろうとしていた。

ハーバード・ビジネススクールにおいて、その関心は二つの大きな問いに発展した。「どのようにしてポジティブな職場環境およびネガティブな職場環境が発生するのか」、そして「それらの環境が人の創造的な問題解決にどう影響するのか」という問いである。ヴァージニア大学、ヴァンダービルト大学、そしてブランダイス大学で問題解決を研究してきた心理学者のスティーブン（共著者）は、テレサとの数時間におよぶ会話を通してこの問いに心を奪われた。

この問いを掘り下げて調査していくうちに、何が本当に職場の創造性に影響を与えるのかという謎は、インナーワークライフの背景にある人間の物語、つまり社内の複雑な問題の解決を試みる際に人の認識、感情、モチベーションには何が起きているのかを理解することによって初めて解明できると思うに至った。本書と、その裏付けとなる調査の計画は、こうした問いと著者二人の人生が重なり合って生まれたものだ。

本書の著者である私たち二人は結婚して二十年以上になる。その歳月を通じて、私たちそれぞれの父親がいかにして自分たちの小さな事業を築き上げてきたかを度々話し合ってきた。彼らの事業は成功しただけでなく、社員に喜びと誇りをもたらしていた。私たちはよく、彼らがどうやって景気が良いときでも悪いときでもそうした状態を引き出してきたのか思いを巡らせたものだ。そして私たちは現代において、創造的で優れたパフォーマンスと社員の高い満足度を同時に長期的に維持する組織が少ないことに肩を落としていた。そこで私たちは、インナーワークライフを詳しく調べれば、何がそうした状態を引き出す組織と引き出せない組織の違いを生むのかを突き止められるかもしれないと思ったのだ。

その答えを得るために、日々の仕事に取り組む人びとの認識、感情、そしてモチベーションへの窓を開いた。その窓から何年も眺め続け、インナーワークライフという豊かで複雑な世界や、いかにしてインナーワークライフが仕事上の出来事に応じて浮き沈みするか、そしていかにインナーワークライフが日々のパフォーマンスに影響を与えるかを突き止めた。[4] 読者にもその窓から私たちと一緒に眺めて、創造的な仕事をしようと頑張る社員たちの日々のインナーワークライフを見てほしい。彼らがマネジャーの行動や、仕事仲間や、組織や、ひいては仕事そのものをどう認識し反応するかが分かるだろう。マネジャーではなく**社員**のインナーワークライフに焦点を絞るのは、それが普段はマネジャーたちが目にできないものであるからだ。終章では、全体のまとめとしてマネジャー自身のインナーワークライフに目を向ける。

本書は心理の探究の産物だ。その探究に協力してもらうため、私たちは三つの業界の七つの企業から、二六のプロジェクトチーム合計二三八名を手配した。その企業のなかには小さなスタートアップから、広く名前の知られた一流企業もある。しかしすべてのチームにはひとつ共通点があった。すべてのチームは主に専門知識を持った社員や専門家で構成され、複雑な問題を創造的に解決することが求められていた。大半のチームはひとつのプロジェクトの始めから終わりまでの期間を通して私たちの調査に参加した――平均して約四か月だ。毎日、私たちは全員に対して当日の出来事に関するいくつかのアンケートを含む日誌の記入フォームをメールで送付した。そのアンケートの多くは、当日のインナーワークライフ――認識、感情、モチベーション――に対して自己採点を求めるものだった。

最も重要な質問は「心に残った今日の出来事をひとつ簡潔に記してください」と尋ねた記述欄だ。その出来事は何らかの形で仕事に関係するものでなくてはならなかったが、マネジャーや仲間の行動から、自分自身の振る舞い、仕事外で起きた出来事などに至るまで、記入するのはポジティブなものでも、ネガティブなものでも、ニュートラルなものでもよかった。できる限り正直に回答してもらうべく、私たちは完全な守秘義務を約束した――そのため、本書に登場するすべての企業、チーム、そして個人を特定できる情報には変更を加えている（私たちはメールでの日誌以外にも多くの補足データを収集した。調査の各要素の詳細は巻末の付録で確認できる）。

驚くべきことに、メールでの調査のうち七五パーセントが二四時間以内に記入されて戻ってきて、報告された日誌の数は一万二〇〇〇近くにも及んだ。毎日送られてくるこれらの日誌が研究者にとっての宝の山となり、私たちはこれまでどんな研究者も享受できなかったもの――長期かつ多業種におよぶ多くの人びとの職場体験へのリアルタイムアクセスを手にした。パフォーマンスを計測するいくつかの指標を見ると、優れたパフォーマンスを見せた人やチームもあれば、ひどく悪いパフォーマンスを見せた人やチームもあった。

インナーワークライフについての発見

日誌は何が違いを生むのかを明らかにした。沈みゆくタイタニック号のような企業の舵を取る多くのマネジャーたちがほとんど理解していないインナーワークライフの一端を紹介しよう。

- インナーワークライフとは豊かで多面的な現象である。
- インナーワークライフは「創造性」、「生産性」、「コミットメント」、そして「同僚性（collegiality）」というパフォーマンスの四要素に影響を与える。私たちはこれを**インナーワークライフ効果**と呼ぶ。
- インナーワークライフが会社にとって大きな意味を持つのは、会社の戦略がどれほど素晴らしいものであっても、その戦略の実行は組織内の社員の優れたパフォーマンスに依存するものであるからだ。
- インナーワークライフは職場で起こる日々の出来事に深く影響を受けている。
- インナーワークライフは社員にとって大きな意味を持つ。自分自身や、自分の仕事や、自分のチームの仕事に対する見識が得られるかもしれないということ以外に何の対価もないのに、毎日日誌を記入してくれた調査参加者たちの大きな協力によって、その証拠が得られている。

インナーワークライフが社員（ひいては会社）にとっていかに大切であるかを解き明かすことに加えて、私たちはその根底をなす**日々の職場における出来事**まで調査の目を向けた。

- 三つのタイプの出来事が、インナーワークライフをサポートし得る要素として次の順序で際立っていた。やりがいのある仕事における**進捗**、**触媒ファクター**（仕事を直接支援する出来事）、そして**栄養ファクター**（その仕事を行う人の心を奮い立たせる対人関係上の出来事）だ。
- インナーワークライフに影響を与える先述の三つの出来事群のなかで進捗が最も大きな要素であることを指して**進捗の法則**と呼ぶ。インナーワークライフに影響を与えるすべてのポジティブな出来事のうち、最も強力なのが「やりがいのある仕事が進捗すること」である。
- この三つの出来事群がネガティブな形をとると（あるいは欠如すると）インナーワークライフは大きく暗転する。その三つの出来事群を、順に仕事における**障害**、**阻害ファクター**（仕事を直接妨げる出来事）、**毒素ファクター**（その仕事を行う人の心を蝕む対人関係上の出来事）と呼ぶ。
- 他の条件がすべて同じである場合、ネガティブな出来事はポジティブな出来事よりも強い影響力を発揮する。
- たとえ一見ありふれた出来事であっても――たとえば小さな成功や小さな障害であっても――インナーワークライフに大きな影響を及ぼし得る。

トップ経営陣のオフィスやミーティング・ルームから、あらゆる企業の末端の仕事部屋やリサーチラボに至るまで、インナーワークライフを形作り、パフォーマンスを左右し、組織の運命を決定づけるような出来事が日々起こっている。[5]

最前線からの物語——組織内のインナーワークライフ

一万二〇〇〇の日誌に記された興味深い物語の数々は、私たち統計分析工場に材料を提供してくれるものだった。いかなる数値的分析をしても、たとえそれがどれほど重要なものであれ、日誌に書かれていたような物語は教えてくれない。各章では、そうした数値からは見えない人びと、チーム、そして企業の物語を紹介していく。

第一章では、かつて称賛された企業が破滅へと向かっていくさまを見ながら、インナーワークライフの一端を紹介する。世界的に知られた消費財メーカー内のあるチームが、新経営陣による製品開発過程への干渉を受けながらイノベーションを目指して苦闘する様子を目にすることになるだろう。

第二章では、この間違ったマネジメントがチームの認識、感情、モチベーションへ壊滅的な影響を与える様子を紹介する。こうした物語は、インナーワークライフとはどういうもので、どのように作用するかを解き明かす例となるだろう。職場におけるほんの些細な出来事でも日々のインナーワークライフに影響を与える可能性があるのだと分かってくるはずだ。

第三章では、巨大なホテル会社の内部顧客に向けて仕事をするソフトウェア・エンジニアたちのチームを紹介する。顧客から褒められて喜び、買収劇に直面してやる気を失い、大量の解雇が始まって会社を嫌悪する彼らを通じて、**インナーワークライフ効果**――インナーワークライフが各人のパフォーマンスのあらゆる側面に影響を与える様子――を目にすることになるだろう。

第四章は彼らソフトウェア・エンジニアチームにとって大きな転換点となる出来事から始まる――それにより彼らのインナーワークライフは劇的に好転する。彼らの物語は**進捗の法則**、つまり人の認識、感情、モチベーションを向上させる「進捗が持つ力」を示すものだ。次々と襲ってくるネガティブな知らせの濁流から自らのインナーワークライフを救い出すために、彼らがどれほど前向きなプロジェクトを必要としていたかが分かるだろう。すべてのチームの日誌を分析すると、インナーワークライフにポジティブな影響を与える三大要素のうち、「やりがいのある仕事が進捗すること」が最も重要であることが分かる。

第五章では進捗の法則の仕組みを解明する。なぜ小さな進捗が大きな力を持ち、なぜ障害がさらに大きな力を持ち得るかが分かるだろう。基本的に、インナーワークライフに影響を与える出来事については、ネガティブな出来事の方がポジティブな出来事よりも強力だ。この章では進捗の法則を活用するにあたって最も重要なツールを提示し、進捗とインナーワークライフが互いに燃料を与え合うものであることも解説する。

第六章では、三大要素のうち二番目にインナーワークライフへポジティブな影響を与える**触媒ファクター**について説明する。このファクターには、明確な目標の設定や、自主性の許容や、十分なリソースの提供など、マネジャーがプロジェクトをサポートし得る無数の方法が含まれる。この章では、プロジェクト期間中に受けたサポートの面で大きく異なる二つのチームを比較する。一方のチームは、「タイタニック号」のような消費財メーカーで革新的なキッチン製品の開発を目指して取り組みながらも、決断力のない上層部、サポートをしてくれない組織、そして最優先事項の混乱によって機能不全に陥っていた。このチームのインナーワークライフは調査したなかで最低の部類だった。もう一方のチームは、称賛される化学企業で働き、風雨に耐える新しい生地の加工法を生み出そうと取り組むあいだ随所でサポートを得られていた。経営陣はリソースの要求にも迅速に対応し、アイデアに対しては誠実にフィードバックを行い、組織全体によるチームのサポートを保証していた。深刻な技術上の問題があったにもかかわらず、チームは見事に二つの飛躍的な発明を生み出し、メンバーたちはプロジェクトを通して上質なインナーワークライフを味わっていた。そして会社も繁栄を続けた。前者の消費財メーカーは、そうならなかった。

第七章はハードウェア企業のメカニカル・エンジニアが耐える侮辱と不信の荒涼地帯から、ホテル会社のソフトウェア・チームのリーダーたちによって生み出された仲間意識のオアシスへと進んでいく。彼らの物語はインナーワークライフに影響を与える三番目の要素である**栄養ファクター**、つまり励ましや、尊重や、同僚意識など対人関係上のサポートを提供する様々な方法の例となっている。

第八章では自分の部下たちが着実な進捗をするのに必要な触媒ファクターと栄養ファクターを確かに手にするためのツールやガイドラインを提供する。こうした触媒ファクターや栄養ファクターは、優れたパフォーマンスを長期的に持続させる豊かなインナーワークライフのために欠かせない。この章では別の化学企業のリーダーを紹介する。彼は顧客からの厳しい要求や社内の不穏なうわさを前にしても、チームを何とか創造的に、生産的に、そして幸せに、前進させることができた。本能的に、彼は第八章で体系化する日々の指針に従って行動していたのだ。

終章では、こうしたガイドラインを部下のマネジメントだけでなく、マネジャー自身のインナーワークライフをサポートするために活用する方法を提示する。

新たな常識

この情報化の時代において、マネジメントの従来の常識から言えば、リーダーが人びとをマネージしている。リーダーは最高の人材を雇い、適切なインセンティブを与え、人材を育てるために実力より少し上の仕事を割り当て、感情知能（ＥＱ）を使って各人をつなげ、パフォーマンスを慎重に振り返り、ハードルを乗り越える者たちを手元に残しておく。こうした行動は確かに重要だが、もっぱらこうした要素に頼ってマネジメントするということは、個人のパフォーマンスが各人の元々持つ能力からのみ生じるものだという誤った前提に立っていることを意味している。

マネジメントの権威であるジム・コリンズは、「適材適所」[6]の重要性を説いている。多くのマネジャーは、このシンプルな結論に飛びつく傾向にあり、ただ各人を適所に配置することだけが自らの最も重要な仕事だと考えがちだ。

残念ながら、この従来の常識は優れたマネジメントにおける根本的な要素である**進捗に向けたマネジメント**を見落としている。

私たちの研究から誕生した新常識においては、マネジャーが進捗に着目したときに決定的なマネジメントの影響が現れる。それは各人の個性に着目するよりも直接的なことだ。人びとが大切にする仕事の進捗を手助けするために必要なことを行えば、彼らを（および組織を）マネジメントすることが遥かに簡単になる。相手の心のうちを解析したり、インセンティブを調整したりする必要はない。なぜならメンバーが違いを生んで成功するようサポートすることは、事実上彼らの豊かなインナーワークライフと強固なパフォーマンスを保証することになるからだ。これは大きなインセンティブに頼るよりも費用効率が良いことでもある。進捗に向けたマネジメントをしないと、どんな感情知能もインセンティブも成功をもたらさない。私たちが紹介するチームの物語は、その確かな証拠だ。

最初の物語はオークションから始まる。

パフォーマンス ← インナーワークライフ ← 職場での出来事

パフォーマンス	インナーワークライフ	職場での出来事
創造性 生産性 コミットメント 同僚性	認識 感情 モチベーション	進捗の法則 触媒ファクター 栄養ファクター

第1章

組織の最前線の風景から

世界的メーカーの破滅への道のり

七月の厳しい陽射しが照りつけるなか、オークションの進行役がマイクへと近づいていった。彼の目の前には、かつて広大な駐車場だった場所に設置されたテント形の展示場が広がり、光沢のあるデスク、アーロンチェア、パソコン、CAD用装置、工具、そして工場の小さな機材など、まだ売却されていない品々が所狭しと並べられていた。すべての品々は最も高い買い手がつくよう綺麗に値札がつけられ、グループ分けされ、磨かれていた。買い取り希望者たちは準備万端で、なかにはミシガンの田舎町まではるばるやってきた者もいて、希望の品に視線を定め、良い買い物をしようと感覚を研ぎ澄ましていた。

進行役の後ろにそびえているのはカーペンター・コーポレーションの旧本社だ。三階建ての工場が元農地一帯の遥か奥にまで広がり、レンガ造りの十階建てオフィスが高々と立っている。オフィスはもぬけの殻となり、工場は静まり返っている。正面玄関のそばからは雑草が生えてきていた。

駐車場の奥、商品や買い手たちの向こうには、彼らよりは少ない集団が立っていた。大半は黙っている。その五十名ほどの元カーペンター社の社員たちのなかには、同社に三十年以上勤めた者もいた。エンジニアでありアマチュア写真家でもあるブルースは、その集団の先頭付近に陣取り、頼れる相棒のキヤノン製カメラを首から提げていた。デトロイト・タイガースの野球帽で薄くなった頭を隠した財務アナリストのルーカスも近くに寄り添っていた。ブルースやルーカスと仕事を共にしてきた若きプロダクト・デザイナーのリサも二人に加わり、スナップル社のアイスティーを手に、目の前の光景を固唾をのんで見守っていた。

つい最近まで自らのことを「カーペンティア」と呼んでいた彼ら元社員たちは、あらゆる人びとの生活に関わる革新的な製品を生み出すことで世界中から尊敬されていたカーペンター社で働くことを誇りに思っていた。彼らの作る小さな動力工具、キッチン製品、手動・電動の清掃機器、家庭用品などは単に「スタイリッシュ」なだけでなく、ほとんど生活必需品となっていた。

同社のブランドはアメリカの成人の九十パーセントに認知され、彼らの製品は当時もアメリカの八十パーセント近くの家庭に置いてあった。カーペンター社のドメイン・チームで過ごした日々では、ブルース、ルーカス、そしてリサは清掃機器の数々を作っていて、彼らは国内のどこを旅しても、ほとんどすべての家庭でそれらの製品を目にし続けていたのだった。

進行役がオークションを始めると、カーペンティアの何人かは、ショックで首を振ったり、苦々しく顔をしかめたり、怒りで毒づいたりしていた。涙を流す者も数名いた。デザイナー、プロダクト・マネジャー、技術者、エンジニア、工場作業員——多くのカーペンティアは会社の終焉の衝撃からいまだに抜け出せないでいた。カーペンター社は長年彼らの第二の家であり、雇用主のことも愛していた。かつて彼らはカーペンター社を家族の一部のように感じ、その場所を大切にし仕事にもやりがいを感じていた。さらに同社は社員のコミュニティや、関連施設周辺のコミュニティにとっての活力源でもあった。それが今や失われてしまった。多くは近隣の各都市に新しい仕事を見つけてはいたものの、カーペンター社の喪失を嘆き、このオークションを大がかりな葬式として受け止めていた。

わずか四年前まで、消費財メーカーのカーペンター社はアメリカで最も革新的で成功している企業のトップ10に名を連ねていた[1]。あの駐車場はかつて車であふれ、造園は非の打ち所がなく、正面玄関はひっきりなしにやって来る訪問客のために開閉を繰り返していた——クライアントや業者だけでなく、ジャーナリスト、研究者などカーペンター社の半世紀も続く成功の秘訣を学ぼうと意欲を燃やす人びともやって来た。

しかし何かの歯車が狂ってしまっていた。

その兆候はまだ外部の多くの人間には見えていなかったものの、ブルース、ルーカス、リサを含む組織の最前線で働く人びとは、自分の会社が働くには最悪の場所になってしまったことを悟っていた。職場での体験はほとんど耐えられないものになっていて、取り組んでいる仕事もこれまでの水準を保てなくなっていた。そして今、同業他社や経済は好景気が続くなか、カーペンター社は終わりの時を迎えたのだった。

破滅への道のり

何がこの大きな崩壊を引き起こしたのだろうか？

遡ること四年、カーペンター社は新しい経営陣を招聘し、彼らはすべての部門を再編成して機能横断型のチームに変更し、各チームが自分の関連する製品ラインを最初から最後まで統括することになった。取材者たちが同社の成功の秘訣について尋ねると、新経営陣はこの組織モデルについて説得力のある回答をしていた。各チームは起業家的なグループとして機能し、新製品の開発から在庫や収益性の管理に至るまでのすべてに自主的な責任を持つのだという。とりわけ、このモデルなら各チームは干渉をほとんど受けることなく必要なだけ十分なリソースにアクセスできるのだという。

しかし、そうはならなかった。六月末に開かれた四半期製品レビュー・ミーティングを見てみよう。当時同社はまだ業界の寵児だと見なされていた。インドア・リビング＆ホーム・メンテナンス部門の統括マネジャーであるジャック・ヒギンズは、このミーティングを各部門の部長たちと年に四回開いていた。ゴルフ好きでスポーツの比喩が好きな細身の四八歳のヒギンズは、ミーティングでチームの新製品開発についての情報を受け取り、建設的なフィードバックを与えることによってチームが「作戦帳に磨きをかける」のを上層部がサポートできると主張していた。この日はドメイン・チームのレビューの日だった。手動の家庭用清掃機器の製品ラインを統括するチームだ。

レビューは順調には進まなかった。

窓のない一階の会議室は暑苦しかった。空調システムが故障していたのだ。電話の鳴る音、八人の受付係、そして隣のメインロビーにいた二十人以上の賑やかな訪問客たちのせいで常に気を散らされた。ヒギンズが合図をすると、チームリーダーのクリストファー、製品開発マネジャーのポール、そして同じくミーティングに集められたドメイン・チームのメンバーたちは、熱心に準備をしてきた製品のプレゼンテーションを始めた。しばらく耳を傾けたあと、ＣＡＤのレンダリングや試作品を丁寧に観察してから、経営陣が会議の主導権を握った。経営陣にはチームがどのような製品を開発するべきか自分たちの意見があったのだ。

ジャック・ヒギンズはチームには「新しいゲームプラン」が必要だという短い言葉から始めた。しかしそのゲームプランを用意したのは部門の上層部――研究開発部、製造、財務、マーケティング、そして人事の部長たち――だった（誰が誰だか混乱するのを避けるため、チーム外のマネジャーは仮名のフルネーム、それ以外は仮名のファーストネームで記す）。

ドメイン・チームのプロダクト・デザイナーのリサ、シニア・プロダクト・エンジニアのブルース、そして他のメンバー数人は斬新な新しいデザインのフロアモップの開発に熱心に取り組んでおり、前回のミーティングでその開発計画を主張し、資金提供を受け、大きな節目の数々を切り抜けてきていた。その他にも三つの新製品の開発に数か月間取り組んでいた。それが今、ほとんど説明もなく、フィッシャーら上層部はドメイン・チームに四つのまったく別の案に力を入れるよう命じたのだ。そのひとつは窓ふきワイパーに新たな命を吹き込むことだったが、それは少しもチームの意欲を駆り立てるものではなかった。そんなことはお構いなしに、上層部からの命令は下されていた。

そのミーティングに参加したドメイン・チームのメンバーたちは、ほとんど抵抗しなかった。この経営陣に対して反論しても無駄だということはすでに分かっていたからだ。しかし各人の心の反応となればまた別の問題だった。大きく心を痛め、大半のメンバーは怒りや、いら立ちや、落胆や、悲しみ、あるいはそのすべてを感じていた。当時二六歳のリサは、大学のデザイン科を卒業後すぐに心を弾ませてカーペンター社に入社していた。しかし彼女の仕事に対するモチベーションは、この日突如として奪われてしまった。のちに彼女が日誌に記したように、新製品のデザインに関して彼女がなしたすべての進捗は無に帰してしまった（日誌は基本的に一言一句そのまま引用する）。「今朝の製品レビュー・ミーティングのあと、ラルフ（オペレーティング・デザイン・マネジャー）がやって来て、スプレー・ジェット・モップは命を奪われたと告げられた。つまり、数週間取り組んできたのに、突然葬られ、チーム全体の優先順位が変更されたのだ[2]」

ドメイン・チームの財務マネジャーであるルーカスの日誌は、上層部が干渉しすぎだという多くの社員の見解を反映するものだった。

▼新製品のレビュー・ミーティング中、上層部は要するに何がこの新製品開発の最優先事項であるかを告げてきた。（中略）チームの方向性や優先順位を選択する「自由」は奪い去られ、自分たちでさらなる決定を下す代わりに彼らから指示を受けることになってガッカリした。

六月三十日　ルーカス

チームのサプライチェーン・マネジャーのマイケルは、こうした突然で気まぐれに見える目標の変更を、三年前に経営陣が一新されてから度々目にしていた。彼はこのミーティングに対する記述を大きな皮肉で締めくくっていた。

▼針は今も北を示し続けているのに、私たちはまたコンパスの向きを変えることになった。

六月三十日　マイケル

さらに長年シニア・プロダクト・エンジニアを務めるブルースも、今回のような事態に度々直面して、カーペンター社の核となる長所が失われていくさまを見て深く悲しんでいた。

▼一定の期間スプレー・ジェット・モップのプロジェクトに取り組んだあと、今はこれ以上開発を

進めないことになった。彼らは計画を保留にすると言うが、決して再開されないだろう。かつてのように、製品イノベーションの追随者でなく先導者になれればいいのに。

七月一日　ブルース

この製品レビュー・ミーティングは、ドメイン・チームのメンバーにとって大きな出来事となった。剣のひと太刀のように、そのミーティングはチームの数か月におよぶ製品開発への努力を切り捨てた。これは不満やフラストレーションをもたらしただけでなく、上層部に対するメンバーたちの**認識**を悪化させ、仕事から**モチベーション**を奪い去った。

一方で、たとえ小さな出来事でも（剣のひと太刀ではなく少しの切り傷でも）、社員の認識、感情、モチベーションに対して同じくらい大きなダメージを与え得る。数週間後、上層部が社の経費削減計画の成果を知らせるよう各チームにプレッシャーをかけ始めたため、ドメイン・チームは彼らの製品ラインの経費削減状況を取りまとめるべく集まった。マイケルは現在進めている削減策を越えるアプローチを考えようとブレインストーミングを提案したが、リーダーのクリストファーは、これまでに達成した数字を上手くプレゼンテーションする方法を考えるべきだと主張した――たとえそれが成果の多少の誇張を伴うとしてもだ。

チームのメンバーはそこでほとんど発言しなかったものの、心のなかの反応は大変なもので、クリストファーに対する敬意を大きく失う者、意見がミーティング開始早々に切り捨てられてフラストレーションを溜める者、上層部が掲げる経費削減の目標をチームは決して達成できないと絶望する者もいた。

　プロダクト・エンジニアのニールは、簡単に騒ぎ立てるような人物ではなかった。まだ二九歳ではあったものの、メンバーは彼を好感の持てる外向的な人物で、ストレスがかかるときに不安をなだめてくれる「安定の島」だと見なしていた。しかしその彼も、今回のことを次のように記していた。

▼今日、製品ラインの経費削減について話し合うためにチーム全員が集まった。上層部からは経費削減の大きなプレッシャーがかかっている。（中略）クリストファーの人間関係スタイルがミーティング中ずっとその場を支配していた（険悪だった!!）。チームの数字を良く見せるため（自分を良く見せるため!）だけに組織をあざむくことに執着しているように見えた。彼は肩書きを盾にして私たち全員にやるべきことを指示した。彼のリーダーシップについていこうという気持ちはまったく湧かなかった。それどころか、まったくついていきたくなかった！　自分は勇気のある人間についていきたいが、今日のクリストファーに勇気なんて全然なかった！

七月二七日　ニール

これまでに紹介したミーティングはカーペンター社で起きた二つの出来事にすぎない。ひとつは大きな出来事であり、もうひとつは些細な出来事だ。これらの出来事は、当時上層部が行った戦略的決断と、その決断が間違いなく会社を崩壊へと後押しするものであったことを垣間見せてくれるものだった。そして変化する市場に対する挑戦がトップからチームのマネジメントへどのように伝播されたかを表すものだ。しかし厳しい市場のなかにおけるこうした戦略の変更だけが、あの駐車場でのオークションへと、つまりわずか四年前までは世界から称賛されていた企業の破綻につながる原因だったのだろうか？

それは違う。私たちの研究は、その理由を解き明かすものだ。この組織の成功と失敗には、組織の中核（社員たち）に根ざすもっと深い物語がある。二つの不快な出来事――ジャック・ヒギンズの製品レビュー・ミーティングとクリストファーの経費削減ミーティング――は、この組織の晩年に毎日のように起こって社員と彼らの仕事に深く影響を及ぼしたドラマの一部にすぎなかった。

善意から出た行動ではあったが、カーペンター社のマネジャーたちは私たちの呼ぶ**インナーワークライフ**の力を理解していなかった。職場での出来事に対する反応や状況認識を通じて体験する認識、感情、モチベーションのことである。彼らマネジャーは自分たちの行動が（一見些細なものであれ）現場で働く人びとに大きな影響を与える可能性があることを理解していなかったのである。

インナーワークライフとは通常目に見えないものであり、人間とは普通すべて順調に進んでいると信じたがるものであるため、カーペンター社のマネジャーたちは社内のインナーワークライフがどれほど悪化しているかまったく分かっていなかった。その結果として社員のパフォーマンスがどれほど低下し得るかも気づいていなかった。さらにインナーワークライフが会社自体の運命にも影響を与え得ることなど知る由もなかった。

組織という氷山の下に隠された大きな土台

カーペンター社のような業界の象徴たる企業が好景気のなかで倒産するとき、それはまるでタイタニック号の沈没のように見える。しかし何かひとつの出来事が事態を一変させ、カーペンター社に破綻をもたらしたのではなかった。財務上のスキャンダルや、マーケティング上の失敗や、デザイン上の欠陥が、少し前にはあり得ないことのように思われた破綻の原因となったわけではない。業界の分析家たちは原因を突き止めようと先を争い、よくある原因の数々を並び立てた。真のイノベーションから背を向けて目先の利益の上がる製品へ徐々に移行していった製品開発・マーケティング戦略が間違っていたと言う者もいた。明らかに業績が傾き始めるより三年前に一新された経営陣に、自社が大きく依存する大規模小売店のクライアントに対する専門知識が欠けていたからだと言う者もいた。まずい戦略や専門知識の欠如が倒産の一因となったのは間違いない。しかし、なかには一風変わった原因を挙げる者もいた。彼らいわく、士気の低下が貴重な中間管理職や専門家の類を見ないほど高い離職率と、会社に残った人間たちの低いパフォーマンスにつながったのだという。

最後の分析家が正しかったということは分かっているが、ここでは「士気の低下」という曖昧な言葉は避けよう。私たちはカーペンター社や他の企業を十年にわたって調査し、社員たちが持つ言語化されない認識、感情、モチベーション、つまりインナーワークライフを構成する三要素が持つ力を明らかにした。短期的には、ネガティブなインナーワークライフは各人のパフォーマンスを低下させ、長期的には、ネガティブなインナーワークライフはカーペンター社のような巨人さえ沈めてしまう可能性がある。[3]

職場での目に見える行動は氷山の一角にすぎない。インナーワークライフとは、その水面下に隠された巨大な土台なのである。自分の職場の廊下を歩くとき、マネジャーにプレゼンをする人や、仲間と相談する人や、インターネットで検索をする人や、クライアントと話す人や、ミーティングに参加する人や、実験を行う人びとを目にし耳にするだろう。こうした物事は**観測可能な職場体験**、各個人の行動の目に見える部分、周囲の日々の活動を観察することで確認できるものである。しかしプレゼン中にマネジャーが関心を持っているかどうか、顧客との会話を通じて感じる喜び、あるいは実験上の難題を乗り越えようという高いモチベーションはおそらく目で確認することができない。インナーワークライフとは各人の体験の目に見えない部分――職場での出来事によって引き起こされる認識、感情、モチベーション――によって大半が構成されている。

それぞれの人にはそれぞれのインナーワークライフがあるが、同じときに同じ出来事を体験すると、極めて似通った個人的体験となることが多い。数日、数週間、数か月と、同じような出来事がグループや組織内で繰り返し起こると、そうした似通った体験は結びついて恐るべき効果を発揮するようになる――たとえ各出来事がそれぞれ些細なものであってもだ。章末のコラム「小さな勝利（と敗北）の力」は、些細に見える出来事が持つ驚くべき力を解き明かしている。[4]

ドメイン・チームのメンバーたちが熱心に耳を傾けているのに上層部がチームのすべての優先事項を変更したカーペンター社の四半期製品レビュー・ミーティングは、目に見える氷山の一角だった。一か月後の経費削減に関するチームミーティングで、この同じメンバーの多くが会議の早々で新しいアイデアを出すことを止め、組織をあざむく計画を立てるリーダーの話を黙って聞くことにしたのも、氷山の一角にすぎない。しかしメンバーたちが形成していったマネジャーたちへの、干渉しすぎで、無知で、弱く、非倫理的だという認識はどうだろうか？　怒りや、悲しみや、嫌悪といった感情は？　毎日職場へ向かい猛烈に働くモチベーションの低下は？　これらが氷山の下に隠された大きな土台をなすものだった。結局のところ、こうした氷山の下の土台が、組織という船を沈没させるほどに大きく膨れ上がり、そしてまた劣化していたのだった。

残念なことに、カーペンター社の経営陣と同様、多くのマネジャーも順風満帆に航海し氷山への衝突を確実に避けられるほど十分にはインナーワークライフのことを理解していない。彼らが社員のインナーワークライフを誤って扱ってしまうのは、彼らに悪意があるからではなく、人にとってインナーワークライフがどれほど大切であるかを理解していないからだ。一九九三年、アメリカン航空の客室乗務員たちは会社の方針に反対してストライキを行った。問題は給与や手当ではなく、尊重の欠如だった。「会社は私たちを消耗品であり数字であるかのように扱っている」と、ある客室乗務員は語った。別の人間は「自尊心は自分の仕事よりも大切です」と言った。[5] ストライキから四年が経っても、事態はあまり変わらなかった。今度は、パイロットたちが反対の声を上げた。「社員を単位原価としか見ず、フライトが終わるたびに廃棄処分になるコーヒー・カップ並みの扱いをつづけるなら、やる気なんて永久に出ない」[6]

各企業は今も同じミスを繰り返している。事実、二〇一〇年に行われた世界的な調査によると、その年の社員のエンゲージメントと士気の下落率は十五年続く調査のなかで最も高かった。[7]

本書ではインナーワークライフの実態と、インナーワークライフが組織のパフォーマンスに与え得る影響を明らかにする。どのレベルのマネジャーでも、組織内の人びとのインナーワークライフに、ひいては彼らの創造性と生産性に影響を与えることができると分かるだろう。そして何より重要なことに、高いパフォーマンスと人間の尊厳を保ちながら、インナーワークライフをサポートする方法を知ることができるはずだ。

インナーワークライフとは何か

インナーワークライフとは、職場での出来事に対する反応や状況認識を通じて体験する認識、感情、モチベーションから成り立つものだ。自分のオフィスでの直近の一日を思い出してみてほしい。

際立った出来事をひとつ選んで、自分がそれをどう解釈したか、自分はその出来事をどう感じたか、自分のモチベーションにどう影響したかを振り返ってみよう。それが、そのときの自分のインナーワークライフである。インナーワークライフという言葉は単語のひとつひとつが、この現象の重要な側面を説明するものになっている。

インナーワークライフとは**インナー**（**個人的・内的**）なものだ。各人の心のなかに宿るものである。インナーワークライフは個人の職場での経験にとって重要なものだが、普通周囲からは認識できない。実際のところ、それを経験している本人さえ自覚できないこともある。しかしインナーワークライフが目に見えない理由の一部は、人がそれを隠そうとしているからでもある。多くの組織には強い感情の表現や強い意見の表明は、特にそれがネガティブな感情や大方の意見に反するものであるときは避けるべきだという不文律がある。そしてたとえ同僚たちと信頼し合う良好な関係を築いていても、たいていは上司に対して自分を表現することを嫌う。たとえば、自分がプレゼンした入念な分析を会長が却下して怒りが込み上げたとしても、にこやかに笑ってどんなデータがあれば良かったのかと尋ねることだろう。「プロフェッショナル」になるということは、怒りを表に出さないということを意味する。[8]

インナーワークライフとは**ワーク**（**職務**）である。ワークとはインナーワークライフが生じる二つの場所を指す。職場と、そこで人が行う作業のことだ。あるレベルでは、私たちはみなインナーワークライフの存在に気づいている。たとえそれに関心を向ける時間をほとんど設けていないとしてもだ。インナーワークライフは私生活での出来事によって影響を受けることもあるが、それはその出来事が仕事に対する認識、感情、モチベーションに影響を与える限りにおいてのことだ。たとえば、配偶者との朝の口論は気分を冷え込ませ、その日の仕事に対する熱意をくじく可能性がある。反対に、インナーワークライフが仕事外での感情にまで波及することもある。職場での散々な一日は、晩の友人たちとのバーベキューを台無しにすることもある。しかし、こうした波及効果を除けば、インナーワークライフとは基本的に仕事上の出来事に対する職場での反応のことを指す。

インナーワークライフとは**ライフ（人生・体験）**だ。なぜならインナーワークライフとは現在進行形のものであり、人間として日々の職場において避けられない体験の一部であるからだ。人は職場で起こるすべての出来事に対して反応し続けている。自分の仕事が重要なものかどうか、どれほどの労力を注ぐかを量っている。そしてまた上司を含めて一緒に働いている相手に対して判断を下している。彼らは有能なのか無能なのか？　彼らの決断を尊重すべきだろうか？　インナーワークライフが**ライフ**だと言う理由はもうひとつある。それは私たちが人生の多くの時間を職場で過ごし、私たちの大半が仕事に多くの力をつぎ込んでいるため、個人としての成功が職場での日々の自己認識と切り離せないからだ。自分の仕事はかけがえのないもので、自分は成功していると感じると、個人としての成功という人生にとって重要な要素に対する認識も向上する。仕事に価値がないだとか、自分は失敗していると感じると、人生から大きく勢いが失われるのである。

認識、感情、モチベーション

ジャック・ヒギンズと部門の上層部との四半期製品レビュー・ミーティングに向けて準備を行っていたときのドメイン・チームのルーカス、リサ、マイケル、そしてブルースのインナーワークライフを考えてみよう。機能横断型チームのメンバーたちは、自分たちの製品ラインの統括を任されると表向きでは言われていて、各新製品の開発、特に「スプレー・ジェット・モップ」の開発を進めることを誇りに感じていた。それと同時に、数々の難題が立ちはだかっていたものの、彼らは現在進行中の事業に対する効果的なプランを持っていると信じていた。ミーティングの日程が近づくなか、彼らの大半は豊かなインナーワークライフを示していた。そしてミーティングは好調なスタートを切ったように見えた。上層部は既存の製品ラインについてのプレゼンテーションに耳を傾け、新製品の試作品（と進捗チャート）を確認した。

しかし程なく、ルーカスのインナーワークライフはダメージを受け、それから仲間たちもインナーワークライフにダメージを受けた。ジャック・ヒギンズがチームには方針転換が必要だという自分の考えを述べ、それからディーン・フィッシャーが一方的に新しい優先事項について説明した。彼ら上層部には、ドメイン・チームに与えられるはずの自主性を与える気など実際にはまったくないことが明らかになった。ほとんど表には出さなかったかもしれないが、ルーカスとメンバーたちはすぐに、この事態に対する状況認識を試みていた。自分たちがちゃんと聞いていなかったのか？

スプレー・ジェット・モップのプロジェクトはすぐに中断してしまうのか？　自分たちのすべての新製品開発プロジェクトが中断されることになるのだろうか？　本当にまだ販売も好調な窓ふきワイパーの活性化に渋々取り組まねばならないのだろうか？

こうした状況認識は人のインナーワークライフのなかで常に行われている。何か不測の出来事や曖昧な出来事が起きると、人はそれを理解しようと努め、その出来事に基づいて仕事や、仕事仲間や、組織に対する結論を下す。こうしてひとつの出来事が反芻され、その出来事が起きたずいぶんあとにまで人や彼らの仕事に影響を与え続けることになる。

ドメイン・チームのなかには、以前からカーペンター社の新上層部を無知な独裁者だと見なしている人びともいて、このミーティングは単にその見解を強化しただけだった。比較的最近入社してきた人びとは、すぐに自分たちは無力な臣下なのだと悟った。彼らはチームの使命を革新的なものではなく単なる追加作業だと見なし始めていた。**インナーワークライフとは認識のことだ――マネジャー、組織、チーム、仕事、ひいては自分自身に対する好意的あるいは敵対的な（そしてときに漠然とした）印象のことである。**

認識と同時に、メンバーたちは――表向きには自分を抑えながらも――感情的に反応し始めてもいた。彼らの感情的な反応は即座に起こり、同時に発生したネガティブな認識を強化し、またその認識によって強化されていた。彼らは、この事業に対して自分たちより遥かに知識が劣ると認識している相手から懸命な努力が否定されたことにフラストレーションを募らせていた。自主性を制限されて落胆していた。イノベーションで知られた会社が新製品の開発に尻込みするのを見て悲しんでいた。**インナーワークライフとは感情のことだ——ポジティブであれネガティブであれ、職場でのあらゆる出来事から生じる気分のことである。**

感情と認識は共にドメイン・チームの人びとのモチベーションにも影響を与えていた。彼らはスプレー・ジェット・モップのプロジェクトで紛れもない進捗を見せ、複数のデザインやコスト上の問題を解決してきており、レビュー・ミーティングに臨む際、プロジェクトの完成に向けたモチベーションは高かった。彼らは自分たちの他のプロジェクトも実行可能なだけでなく、魅力的なものであるとも信じていた。ミーティングでの上層部の行為によって生じた激しくネガティブな認識と感情は、風船のように膨らんでいたチームのモチベーションをしぼませた。リサは日誌に死を連想させる言葉を用いていた。彼女はこう嘆いている。「スプレー・ジェット・モップは命を奪われたと告げられた。つまり、数週間取り組んできたのに、突然葬られ」た。**インナーワークライフとはモチベーションのことだ——何かをする際の、あるいはしない際の原動力のことである。**[9]

あのミーティングのあと、ドメイン・チームは渋々スプレー・ジェット・モップ関連のすべての活動を止め、その他のプロジェクトも停止し、新しい優先事項に取り組んだ。結局、チームが数週間力を注いだにもかかわらず、窓ふきワイパーの再活性化は上手くいかなかった。デザインからマーケティングまで、値段設定からパッケージングまで、チームのパフォーマンスは精彩を欠き、イノベーションの輝きはどこにも見られなかった。メンバーたちには失望を表明するマネジャーやクライアントなど必要なかった。彼らは自分自身に失望していた。

インナーワークライフに大きなダメージを受けたあとにドメイン・チームのパフォーマンスが低下したのは決して偶然ではない。各人のパフォーマンスはインナーワークライフと密接に結びついている。人は信頼する組織から自分や自分の仕事が重んじられていないと認識するとき、あるいは仕事から何の誇りも満足も感じられないとき、熱心にプロジェクトへ取り組むモチベーションがほとんど持てなくなる。そしてプロジェクト上の問題やチャンスに徹底的に取り組む強いモチベーションがないと、最善の仕事ができる可能性は低くなる。

カーペンター社の処分品がオークションで売られていくのを眺めながら、ルーカス、ブルース、リサ、そしてカーペンター社の仲間たちは、会社の晩年ではひとつ進捗することがどれほど耐えがたく困難になっていたかを思い出していた。彼らの心にとって、そうした日々の苦しみは、カーペンター社の最終的な倒産と同じくらい本来は起きる必要のないものだった。しかし会社のマネジャーたちはネガティブなインナーワークライフの持つ影響力を決して理解しなかった。

パフォーマンスにとって不可欠なインナーワークライフはたいてい目に見えないものであるため、インナーワークライフの重要性を理解しているマネジャーでさえジレンマを抱えることになる。目で見て計測すらできないのに、どうやって対処すればいいのだろう？　本書での発見、およびその発見が意味するものは、人間の心理に基づくものである。だが安心してほしい――インナーワークライフをサポートするには、心理学の学位の取得や社員のプライバシーの干渉など必要ない。そしてまた、人事部などにアウトソースできるものでもない。肩書きや階級に関係なく、人は毎日インナーワークライフをサポートすることができる。インナーワークライフのサポートは、社員が重要な仕事を成し遂げられるような状態を作り出すことと同じくらいシンプルであると同時に難しいことだ。成功を後押しする物事と同じくらいインナーワークライフを育む物事は数少ないからである。

本書はカーペンター社のマネジャーたちに欠けていた理解を得るための道のりのガイドとなるものだ。その理解はカーペンター社のような運命を回避するのにも役立つが、何より重要なのは、成功する組織を築く手助けになるということだ――毎日社員たちが何か重要なことを達成する機会を得て、そこで働くことを愛するような組織だ。

その道のりはインナーワークライフの概要を確認することから始まる。

column

小さな勝利（と敗北）の力

些細な物事はインナーワークライフに大きな影響を与え得る。自身のインナーワークライフの歴史においても、周りから見れば些細だが自分にとっては重要な出来事がきっとあるだろう。そうした例は私たちが集めた日誌にも数多く見られた——感情、認識、そしてモチベーションを大きく向上させたり低下させたりした日々の職場での些細な出来事が数多く報告されている。

技術部門の最高責任者が最新の実験について話し合うために少し時間を取ってくれたことに喜びを感じる研究者がいた。製品の値段設定に対する決断をためらう上司を無能だと考え始めたプロダクト・マネジャーがいた。そして、ついに煩わしいバグをやっつけて仕事に没頭するモチベーションを高めたプログラマーがいた——様々な物事のなかにおける大いなる**小さな勝利**だ。[1]

日誌の分析を通じて、出来事に対する即時の感情的反応は、本人が思うその出来事の客観的重要度とは無関係に大きくなることがあると分かった。驚くまでもなく、日誌に記された大半（三分の二）の出来事は小さな出来事で、大半（三分の二）の反応も小さなものだった。そして、想像通り、大きな反応の引き金となる出来事の大半は大きな出来事で、小さな出来事に対する反応はたいてい小さかった。

しかし、驚くのはここからだ。**小さな出来事の二八パーセントが大きな反応を引き出していたのだ。**[2] つまり、人が重要でないと考える出来事でさえ、しばしばインナーワークライフへ大きな影響を与えていたのだ。

小さな出来事の力を裏付ける研究資料が増えてきている。[3] 二〇〇八年の研究では、教会通いやジムでの運動といった小さいが定期的な出来事が、幸福感を累増させることが判明した。実際に、実験参加者が教会やジムに頻繁に行けば行くほど、幸福感は増していた。[4] たとえひとつの小さな出来事自体には小さな効果しかなかったとしても、似たような出来事が起き続ける限り効果は消え去らない。定期的に運動をしている人はジムを出るたびに少しだけ幸せになり、ジムに行っていなかった日々よりも幸せな状態が続いていく。同じように、繰り返し上司の優柔不断を目にするプロダクト・マネジャーはチームに参加していなかった日々よりも上司に対する見方をよりマイナスなものに育てていくだろう。

小さなポジティブな出来事やネガティブな出来事は、心を上向かせも落ち込ませもするちょっとした加速装置なのである。[5]

人のマネジメントにあたっては、小さな出来事にしっかり気を払う必要がある。

1 組織の最前線の風景から
世界的メーカーの破滅への道のり

2 インナーワークライフ
認識と感情とモチベーションの相互作用

3 インナーワークライフ効果
創造性と生産性が高まる

4 「進捗の法則」の発見
マネジャーにとって最も大切な仕事

5 進捗の法則
やりがいのある仕事が前に進むよう支援する

6 触媒ファクター
仕事がうまくいくよう支援する

7 栄養ファクター
人が気持ちよく働けるよう支援する

8 進捗チェックリスト
好循環を維持し、悪循環を断ち切る

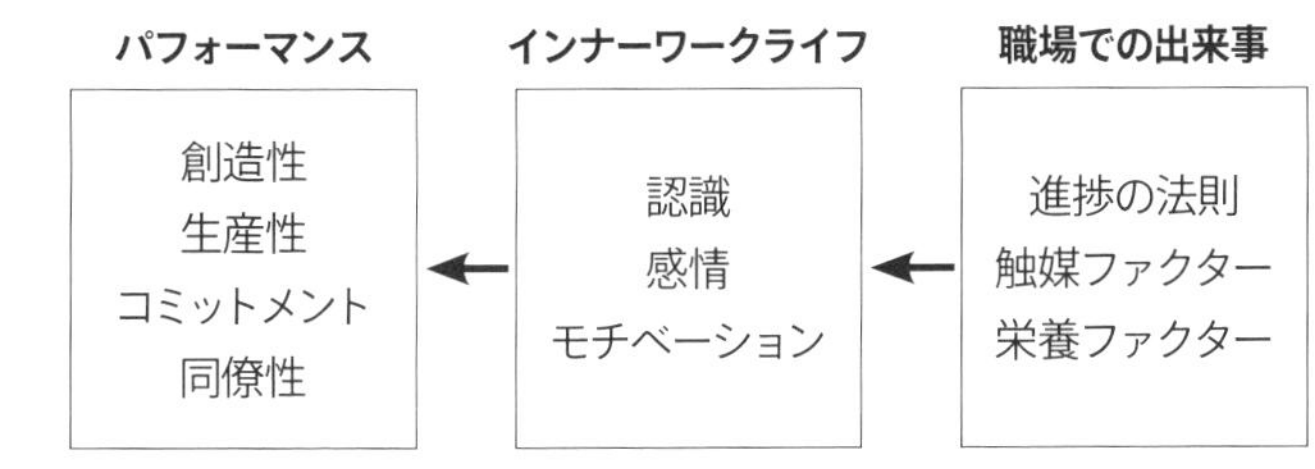

第2章

インナーワークライフ

認識と感情とモチベーションの相互作用

インナーワークライフとは目に見えにくいものだが、私たちは調査によってそれを「実地で」掴んだ。シンプルでありながら鮮やかな実例を提供してくれたのが第一章で紹介したカーペンター社のドメイン・チームに所属するプロダクト・エンジニアのニールだ。製品開発マネジャーによる年に一度の勤務評価を受けたときのことである。普段は冷静で動じないニールだが、この晩春の「評価シーズン」は誰もが少しナーバスになっていた。幸いにも、彼の勤務評価は上々だった。

「偉大なボス」であるポールが、今日私の勤務評価を行った。彼は私を励まし、すごく褒めてくれた。マネジメントについて言えば、ポールはこのカーペンター社の救いのような存在だ。心からやる気を持たせてくれたし、成功に向けて彼やチームをもっとサポートしようと思うようになった。

▼六月十五日　ニール

これは一万二〇〇〇の日誌のなかで、インナーワークライフの三要素――感情、認識、モチベーション――すべてにハッキリと言及した数少ない例のひとつだ。ニールは励まされたと**感じ**、ポールのことを好意的に**考え**、ポールとチームの成功をサポートしようと**やる気になった**。おそらく、ポールは勤務評価中にニールのインナーワークライフに何が起きていたか、せいぜいぼんやりとしか分からなかったはずだ。ニールの微笑みを目にしたり感謝の言葉を受け取って、ニールは良い印象を抱いたと正しい判断を下した可能性はある。しかしニールが他のマネジャーに比べてポールへこれほど大きな敬意を抱いたことや、ポールの言葉がこれほど前向きなモチベーションの原動力となったことには、おそらく気づいてもいなかっただろう。

カーペンター社ではマネジャーの行動が基本的に社員たちのインナーワークライフにネガティブな影響を与えるものであったため、ポールは希少な存在だった。彼は少なくともニールのインナーワークライフにポジティブな影響を及ぼしたのだ。カーペンター社は、はとんどどんな基準においても私たちの調査のなかで最低の会社だったが、この組織からの調査参加者の多くはインナーワークライフが良い状態の日々を経験していた。これまでに紹介したカーペンター社の例を踏まえてみると、ニールの日誌はインナーワークライフの複雑さと、それに影響を与える様々な要素のほんの一端を示すものだと言える。

ニールの日誌はもうひとつ重要なポイントを明らかにしている。それは**インナーワークライフは性格と同義ではない**ということだ。思い出してみてほしい。第一章で紹介したドメイン・チームの経費削減に関するミーティングで、新しいアイデアが生まれるのを阻止するばかりかチームの数字を誇張してよく見せようとするクリストファーにニールは弱気なリーダーシップを見て取り、モチベーションを失っていた。これも先ほど紹介したニールと同じ人物なのだった。彼はたえずモチベーションがあるわけでも、たえずモチベーションがないわけでもなく、たえず満足しているわけでも、たえず不満があるわけでもなかった。

一般に、職場でも人生と同じように、性格として明るい人もいればそうでない人もいて、人を一瞬で変えるような出来事はそうそう起こるものではない。実際に、快・不快の感情は長いあいだ比較的一定していることが証明されてもいて、ある種のモチベーションも一定して変わらないという[1]。しかし私たちの調査による大きな発見は、多くの人びとのインナーワークライフは個々の性格に応じてではなく、それぞれが直面する出来事に応じてその時々で大きく変化するということだ。不快な出来事は基本的に陽気な人の気分さえも落ち込ませる。調査対象者のほぼ全員が、インナーワークライフが飛躍的に好転する日々や急速に悪化する日々を経験していた。こうした変化は急速に起こり得るものなのだ。

逆に、同じ出来事に対して各人が異なる反応を示すこともあり得るが、「性格」によって説明できるのはこうした反応の違いだけだ。私たちは、出来事に対するインナーワークライフの反応においては、性格が主な要因ではないことを突き止めた。[2]性格ではなく、その出来事に対する解釈が決定的に重要なのだ――それぞれの地位や、仕事や、計画や、歴史や、想定を踏まえて人びとが出来事をどう状況認識するかが重要なのである。ニールや彼の仕事仲間の多くは、クリストファーが開いた経費削減についてのミーティングに臨む際、似たような想定や計画を持ち、似たような地位にあったため、彼らは一様にそのミーティングをネガティブに解釈したのだった。

インナーワークライフの三要素

インナーワークライフをより徹底的に探るべく、図2-1（53頁）に記されたインナーワークライフの三要素についてそれぞれ詳しく検討していく。私たちの提唱する「インナーワークライフ」の概念には、人が職場で経験するすべての心理的プロセスが含まれているわけではないことに注意してほしい。

私たちが注目するのは、心理学の研究でパフォーマンスに影響を与えると言われる三つの主要なプロセスである「認識（あるいは思考、認知）」、「感情（あるいは気分）」、そして「モチベーション（あるいは意欲）」だ。[3]これらは、一日の業務や具体的な「その日の出来事」を別にすれば、調査対象者たちが群を抜いて多く日誌に書き記していた心理的プロセスである。インナーワークライフは広範な心の動きを含むものではあるが、本書ではそのすべてに対する言及は行わない。たとえば、空想にふけることは疑いなく創造性に寄与するものだが、一万二〇〇〇の日誌のどれひとつとしてそれに言及したものはなかったため、本書の議論からは除外している。

一方で、多くの日誌には「感情」が書きつけられていた。まずはそこから見ていこう。

感情

感情はハッキリと意味の分かる反応であると同時に、良い気分だとか嫌な気分といった漠然とした気持ちのことでもある。[4] 感情とは難しい問題をついに解決したときに感じる喜びであり、解決策がうまくいかなかったときのいら立ちであり、戦略プランが役員会で却下されたときの落胆であり、会社のミーティングで同僚から自分の創造性を讃えられたときの誇りであり、重要な情報を探すのを手伝ってくれたアシスタントへの感謝であり、別のチームのミスが原因で自分の部下たちが目標を達成できなかったことを知ったときの怒りだ。そしてまた感情とは、すべてがうまくいっているように見える日に感じる全体的にポジティブな気分のことでもあり、一日が失敗から始まり、そこからどんどん悪化していくときに感じるネガティブな気分のことでもある。

感情は二つの主要な次元を揺れ動いている。「快・不快」と「強度」がその変数だ。[5] 人は企業内のイントラネットが一時的に停止してちょっといら立ったり、自分が会議で出した新しいアイデアを軽く流されてひどく腹を立てたりする。どちらも不快な感情だが、後者の方がはるかに不快かつ強度が高い。

ドメイン・チームの財務マネジャーであるルーカスは日誌で感情を表現することが多く、数字を扱う人びとは感情のないロボットだといった冗談のようなステレオタイプが間違いであることを証明している。ドメイン・チームが予期せず素晴らしい月間売上を記録したとき、ルーカスは自分の感情を次のように表現していた。

▼四月の売上総利益率の報告書を受け取ると、チームの売上は目標を三%、前年同月の結果を十一%上回っていた。四月の業績が目標や前年度を越えるものであったのは嬉し

図 2-1　インナーワークライフの構成要素

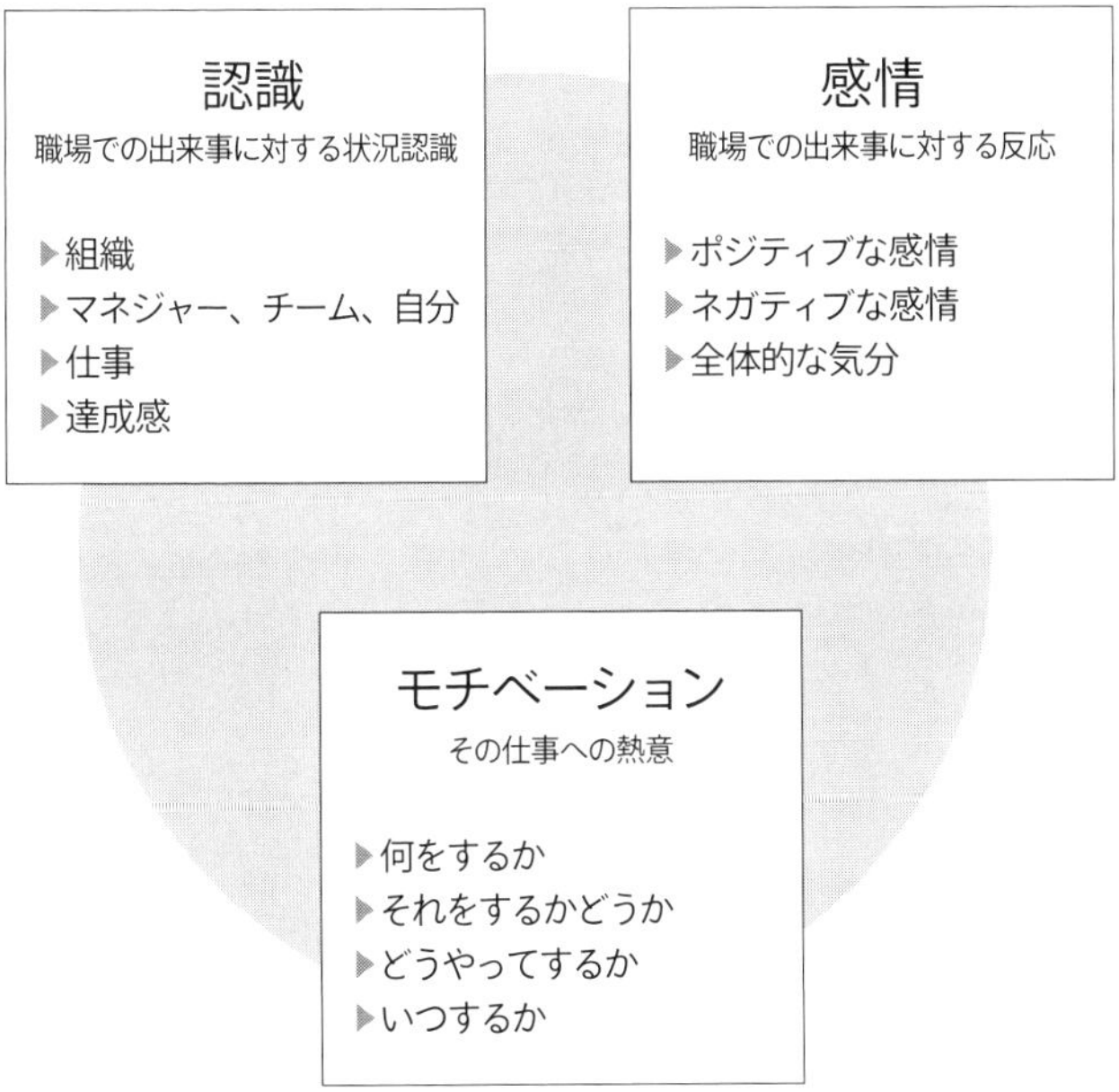

い驚きだった。売上の向上や新規顧客の獲得を目指してここ数か月懸命に働いたのが報われたということだ。

五月十八日　ルーカス　（太字は著者）

このときルーカスは仲間たちの成果に喜んだが、二か月後、厳しい締め切りに間に合わせようと必死になっていた彼はメンバー二人にひどく腹を立てていた。

▼チームは四半期決算の資料を精査する朝の会議を設定していた。私は財務情報をまとめ終えていたが、マイケルとクリストファーは資料の文面を何ひとつ完成させていなかった。私は**いら立った**。自分はこの二日間、必死で財務情報をまとめていたのに。

七月二十日　ルーカス　（太字は著者）

ルーカスは特殊な例ではなかった。二三八名の調査対象者のほぼ全員が、少なくともいくつかの日誌で感情に言及していた――そうしてくれとこちらが頼んだわけでもないのにだ。こちらが日誌の記述欄に書いていたのは「心に残った今日の出来事をひとつ簡潔に記してください」ということだけであり、その出来事にどう反応したか説明してくださいとは書いていなかった。にもかかわらず八十％以上の日誌が言葉や記号など何らかの形で感情を表現していた（数多くの「！！！」や

「?.?.?.」のみならず「＊！$@＊#！」などもいくつか目にした）。これはインナーワークライフにおける真実の一部を示している。つまり人は感情を切り捨てることはできない。多くのマネジャーや社員は感情を無視し、そうした「厄介な」物事など職場には存在しないかのように振る舞おうとするが、そうやって不自然に見て見ぬ振りをするのは危険なのである。

近年、マネジメントに関する文献の多くが、長く見落とされてきた職場における感情の役割を強調するようになってきている。賢明なマネジャーたちの多くは、自分や相手の感情を理解し、その理解をマネジメントの思考や行動の道しるべにする「感情知能」の必要性を語る文献を読んでいる。[6] 近年の研究ではさらに、感情が創造性や、意思決定や、交渉などを含む様々な職場での行動にポジティブな影響もネガティブな影響も与え得ることが明らかになってきている。[7] たとえば、ポジティブな感情は問題解決や交渉に優れた柔軟性をもたらす。明らかに、感情というものが重要な要素になっているのだ。

とは言え注意してほしい。感情はマネジメントにおける旬の話題でもあり、確かにインナーワークライフのすべてを「感情」に分類してしまいたくもなる。さらに、感情はインナーワークライフが表に現れたときに私たちが最もよく目にするものでもある。会社が破産申請をした二〇〇八年九月のあの日の、リーマン・ブラザーズ社員たちの青白い表情。そして二〇一〇年、3D映画『アバター』が興行収入世界歴代一位となったときの、20世紀フォックス社員の高揚は手に取るように想像できる。

しかしインナーワークライフは感情のみで構成されるものではない。感情はパズルの一ピースにすぎず、パフォーマンスの高い組織を築くにあたり感情知能だけに頼っているマネジャーは、インナーワークライフという全体像のごく一部に取り組んでいるにすぎない。私たちの提唱するインナーワークライフは感情知能についての理論を足場として、感情を認識とモチベーションという二つの要素と並べて考えていくものだ。この二つも、感情と同様に必要不可欠なものである。

認識

認識は、今起きていることやその意味に対する瞬間的な印象から、しっかり築かれた見解に至るまでを意味し得るものだ。その日の職場での出来事に対する単純な観察を意味することもあれば、組織や、社員や、仕事自体への意見を意味することもある。職場で何か気になることが起こったとき、人は**状況認識**を始める——その出来事の意味を理解しようと努めるのだ。特に掴みどころがなかったり不測の出来事である場合、様々な疑問が頭に浮かび上がってくる。そうした疑問や、それに対する回答が人の認識を形作っていく。[8] 興味深いことに、たいてい人はこのプロセスに自覚的ではない。もし上層部が突然予告や説明もなしにプロジェクトを中断なんかしたら、無意識のうちに様々な疑問が浮かんでくるだろう。上層部は何をしているか分かっているのか？　仲間たちが無能なのか？　私が無能なのか？　私の仕事は本当に価値があるのだろうか？

ドメイン・チーム のシニア・プロダクト・エンジニアのブルースは、六月三十日に行われた製品レビューのミーティング後、このような状態に陥っていた。「スプレー・ジェット・モップ」の企画を保留にすることは企画を中止するに等しいことだとした上で、彼は皮肉を込めてこう記している。「かつてのように、製品イノベーションの追随者でなく先導者になれればいいのに」。彼は、このプロジェクトが失敗に終わり、努力は無駄になり、会社は地に堕ちた巨人なのだと認識した。しかしなぜブルースはプロジェクトが潰えてしまったと確信したのだろう？　どうして彼は、会社がもはやイノベーションの先導者たり得ないと考えるようになったのだろう。

映画や演劇では、役者が役に入り込む助けとなるよう各キャラクターにバックストーリー（背景となる物語）が与えられている——たとえば『風と共に去りぬ』における南北戦争以前の南部でのスカーレット・オハラの世間知らずな令嬢としての子供時代や、映画『スター・ウォーズ』のルーク・スカイウォーカーが叔父の農場で育った幼年期などがそれにあたる。バックストーリーとはつまり、特定の時期における特定の環境下での当該キャラクターの蓄積された経験のことである。本書でもこの言葉を拝借したいと思う。インナーワークライフの一部を構成する「認識」の機能を説明するのに役立つからだ。現実の人間たちもそれぞれ職場における実際のバックストーリーを持っていて、そうしたバックストーリーを基に自らの認識を形作っている。

スプレー・ジェット・モップのプロジェクトがチームの優先事項から外されたと聞いたときのブルースの認識には長いバックストーリーがあった。同社に二十年近く勤めていたブルースは、経営陣が一新されてから何かが劇的に変わってしまったことを悟っていた。彼は新経営陣の意思決定のパターンを目の当たりにしてきていた。ジャック・ヒギンズおよび会社のトップであるCOOのバリー・トーマスは急進的な新商品の開発には尻込みしているように思えたのだ。残念ながら、ブルースは彼らの経営スタイルを、不断のイノベーション精神を持ち会社を自他ともに認める世界の頂点にまで引き上げた旧経営陣と比較してしまっていた。こうしたバックストーリーのもと、ブルースは自身が力を入れていたプロジェクトのミーティングで起こった事態を解釈し、極めて悲観的な結論を導き出したのだ。

誰もが毎日、組織内での自分のバックストーリーに基づいて社内の出来事を解釈している。

モチベーション

モチベーションとは、自分が何をするべきか理解し、いかなるときでもそれを行おうとする意欲のことだ。もう少し厳密に言えば、モチベーションとは、仕事をするかどうかの選択、それに努力を費やそうとする熱意、そしてその努力を続けようとする意欲の組み合わせである。[9] モチベーションの源泉となり得るものは数多く存在するが、職場生活に最も関連するものとして際立った源泉が三つある。[10]

一つめは、多くの人をある程度までやる気にさせる**外発的**動機づけ――何かを手に入れるために何かを行うというモチベーションだ。それは昇進へのモチベーションでもある。給料や手当にかなうものはない。そして勝手に決められたような締め切りに間に合わせるために一週間毎日十四時間働こうとしたり、業界内の賞を獲得するために何でもやろうとしたり、評価面談に向けて自分が良く見えるようなペーパーを作成しようとするモチベーションである。ルーカスが財務資料を必死に二日で仕上げたのは、おそらく厳しい締め切りによって外発的に動機づけられたからだろう。

二つめの**内発的**動機づけとは、その仕事自体を愛すること――それが面白く、楽しく、満足でき、熱中でき、個人的な挑戦であるから仕事をするということだ。内発的動機づけ――仕事への深い「エンゲージメント（没頭）」――は、対価がないように見える仕事にも驚くほどの努力を払う原動力となる。オープンソースのプログラミングで起こるイノベーションを考えてみるといい。そこでは無数のプログラマーたちがネット上で協力し合い、プログラムの開発や向上を図っている――しかも具体的な報酬など何もなしに[11]。

私たちが調査を行った当時、ドメイン・チームは組織内の重苦しい空気のなかにいて、ことあるごとに内発的動機づけを失っていった。しかし、そうした空気のなかでさえ、失われない内的動機づけもあった。四七歳のシニア・プロダクト・エンジニアのアルヴィンは、高校卒業と同時にカーペンター社へ入社していた。勤勉で強い意志を持つ彼は、実務を通じて製品開発を学びながら、大学の学位も取得した。会社の先輩たちを敬い、自分が開発を手伝った有名な製品の数々の名を挙げながら誇らしげに顔を輝かせていた。特にストレスの溜まる一日だった五月のある日、ドメインのプロダクト・マネジャーは、アルヴィンに原材料費を削減するべく三度目となる試作品のサイズ修正を要求してきた。これ以上小さくすると製品は機能しなくなるため、この作業は無駄なものだとアルヴィンには分かっていた。製品開発における数々の障害がまたひとつ襲ってきたわけだが、彼はこの状況においても内発的なモチベーションを失わなかった。

▼さらなる障害が発生し、想像以上に余分な仕事が増えた。
まあいいだろう——幸い、私は製品開発を愛しているから。
五月二六日　アルヴィン

三つめは、他人と関わったり他人を助けたいという欲求から生じる**関係的**あるいは**利他的動機づけ**だ[12]。気の合うメンバーたちと協力する際に生まれる仲間意識は仕事の動機となり、この仕事は人にとって、グループにとって、社会一般にとって本当に価値のあるものだという信念をもたらす。利他的な動機づけは広く普遍的なもの（「私の仕事は一型糖尿病の人たちに役立つ」）でもあれば、極めて具体的なもの（「私の研究は自分の糖尿病の子供の治療につながるはずだ」）でもあり得る。普通、関係的モチベーションを支える要因は病気の治療ほど切迫したものではない——しかしそうした劇的な理由でなくても人を動かす力になる（「私が協力すれば、この困っている若手デザイナーを助けられる」）。多くの人は、自分が好きで尊敬している相手や集団に貢献しようとやる気になるものだ。ニールがまさにその例で、彼は勤務評価でポールから仕事の前進を褒められたあと、次のように記した。

「（ポールは）心からやる気を持たせてくれたし、成功に向けて彼やチームをもっとサポートしようと思うようになった」

こうした様々な形のモチベーションはひとつの仕事に対しひとりの人間のなかで同時に共存できる。事実、内的に動機づけされた作業にはたいてい何らかの外的な動機づけが付随するものだ。たとえば、新サービスのマーケティング戦略を考案するという挑戦に直面して内発的にやる気が出ると同時に、来週その戦略を役員たちへプレゼンしなければならないという外発的な動機づけによってもやる気が出るということがあり得る。

残念ながら、外発的動機づけには厄介な欠点があり、そこに多くのマネジャーたちは気づいていない。外発的動機づけが強すぎたり際立ちすぎている場合、内発的なモチベーションを損ねてしまうことがあるのだ。そうなると創造性が失われてしまう。[13] CEOが先ほどのマーケティング戦略の締め切りについて一日に二度も釘を刺してきたとしよう。そうすると締め切りに間に合うように仕事をしているんだという感覚が勝るようになり、何か素晴らしいものを生み出そうという熱意が失われてしまう可能性がある。真に尊い「キラー」戦略を探るのではなく、目先の仕事を終わらせることに集中し始めるかもしれない。

多くの人びとは、少なくともキャリアの初期には、仕事に対する強い内発的なモチベーションを持っている。そのモチベーションは何かに妨害されるまでは存在し、継続していく。ここに大きなヒントがある。仕事がやりがいのあるものである限り、マネジャーは社員のモチベーションを高める方法を考えることに時間を割く必要がないのである。むしろ彼らの進捗を阻む障害を取り除き、達成から生じる内発的な満足を実感させる手助けをする方が社員たちは遥かに優れた仕事をしてくれるのだ[14]。

内発的モチベーションは人が最も創造的に仕事をするのに欠かせないものであるため、日誌の調査においては内発的モチベーションに焦点を絞った。

インナーワークライフ・システム

インナーワークライフとは、ある一定の状態を指すのではない。それは人間の認識と感情とモチベーションが一日のなかで織りなすダイナミックな相互作用である。この三つの要素は互いに影響し合い、その人の主観的な体験を形作る。それはつまり、インナーワークライフとはたえず相互依存的な各要素が絡み合うシステムだということだ。

インナーワークライフのダイナミクス

よりシンプルなシステムの例として、車のエアコンを考えてみてほしい。基本的に、このシステムは四つの主な要素で成り立っている。温度調節器、温かく湿った空気を冷たく乾燥した空気に変えるコンプレッサー、コンプレッサーから排出される空気を車へと吹き込む送風機、そして車内の空気だ。システム全般に言える重要な特徴は、一つや二つの要素だけを見ていては何が起きているか説明できないという点だ。温度調節器は送風機やコンプレッサーによって変動する温度に絶えず反応している。コンプレッサーは温度調節器からの信号が必要だ。送風機はコンプレッサーがきちんと機能しない限り冷たくて乾燥した空気を送ることができない。そして車内を適温にするにはこれらすべての要素が一体となって機能することが必要になる。

ひとつひとつの要素を知り、それぞれのダイナミックな相互作用を知れば、エアコンというシステム全体を理解できるだろう。同じように、インナーワークライフも、全体の文脈のなかで各要素を検討することによって理解できるひとつのシステムだ。ＣＥＯが一日のうち二度こちらのオフィスに顔を出してきて、来週月曜の役員会に向けたマーケティング戦略案は順調かどうか尋ねてきたとする。社員はそこで感じるフラストレーションや低下した内発的モチベーションを、このＣＥＯは干渉しすぎだという認識やこの仕事は運命を左右するものだという認識と切り分けて受け止めることが難しくなっていく。そんなとき、三つの要素の相互作用を考慮しなければインナーワークライフは理解できない。

図2-2は、インナーワークライフ・システムを表している。職場で何かが起こったとき――仕事関連の何かが起きたとき――ただちにシステムが起動する。認識、感情、モチベーションのプロセスだ。[15]ドメイン・チームの経費削減ミーティングで起きたことを思い出してみよう。上層部はチームに製品ラインのさらなる経費削減に向けた新たなアイデアを考えるように求めていた。しかしチームのリーダーであるクリストファーは、それを考えようとしていたチームの話し合いを中断した。彼は代わりに、これまでにやって来た削減の数字を良く見せる方法を考えることで上層部の要求に応えようと主張した。上層部にチームは実際には苦境に立っていないこと、つまり現実にはこれ以上の経費削減は必要ないことを説得するのが彼の目的だったのだ。

この出来事はドメイン・チームのメンバーたちにとって大きな「状況認識」の引き金となった。あるレベルのマネジャーたちが自分の上司からの要求を何とか切り抜けようとして自らの部下を困難な状況に追いやるという最近の他の出来事で起きていたバックストーリーを踏まえた上で、クリストファーの振る舞いは著しく好ましくないものだった。ニールはクリストファーが「組織をあざむいている」と記し、彼のことを保身に走る臆病者で、上司からのプレッシャーに立ち向かう勇気を欠いた人間だと見なした。こうした認識こそ、クリストファーが何としても避けたかったはずのものであり――実際には決して避けられなかったであろうものだ。彼はおそらく、あのミーティングでの自らの行動が、こうした自分への低評価につながったとは思いもしていなかっただろう。[16]

人は認識（あるいは思考）を形成すると同時に、出来事に対して感情的にも反応している。その出来事が何か期限の定まった具体的なものであれば、嬉しいとか腹立たしいといったハッキリとした感情を抱くことだろう。その出来事がより長期にわたるもので、何でもうまく行っている良い一日だとか、ミスが次々と起こる悪い一日といったものであれば、大まかに良い気分だとか悪い気分といった感情を抱くだろう。経費削減ミーティングがあった日のニールの日誌は「！」マークにあふれていたが、そのどれもがポジティブなものではなかった。「険悪だった!!」とミーティング中の雰囲気について記し、それは「クリストファーのコミュニケーションスタイル」が原因だとしている。

認識は出来事によって生じた感情を増幅させ、同時に感情も認識を増幅させる。

図2-2　インナーワークライフ・システム

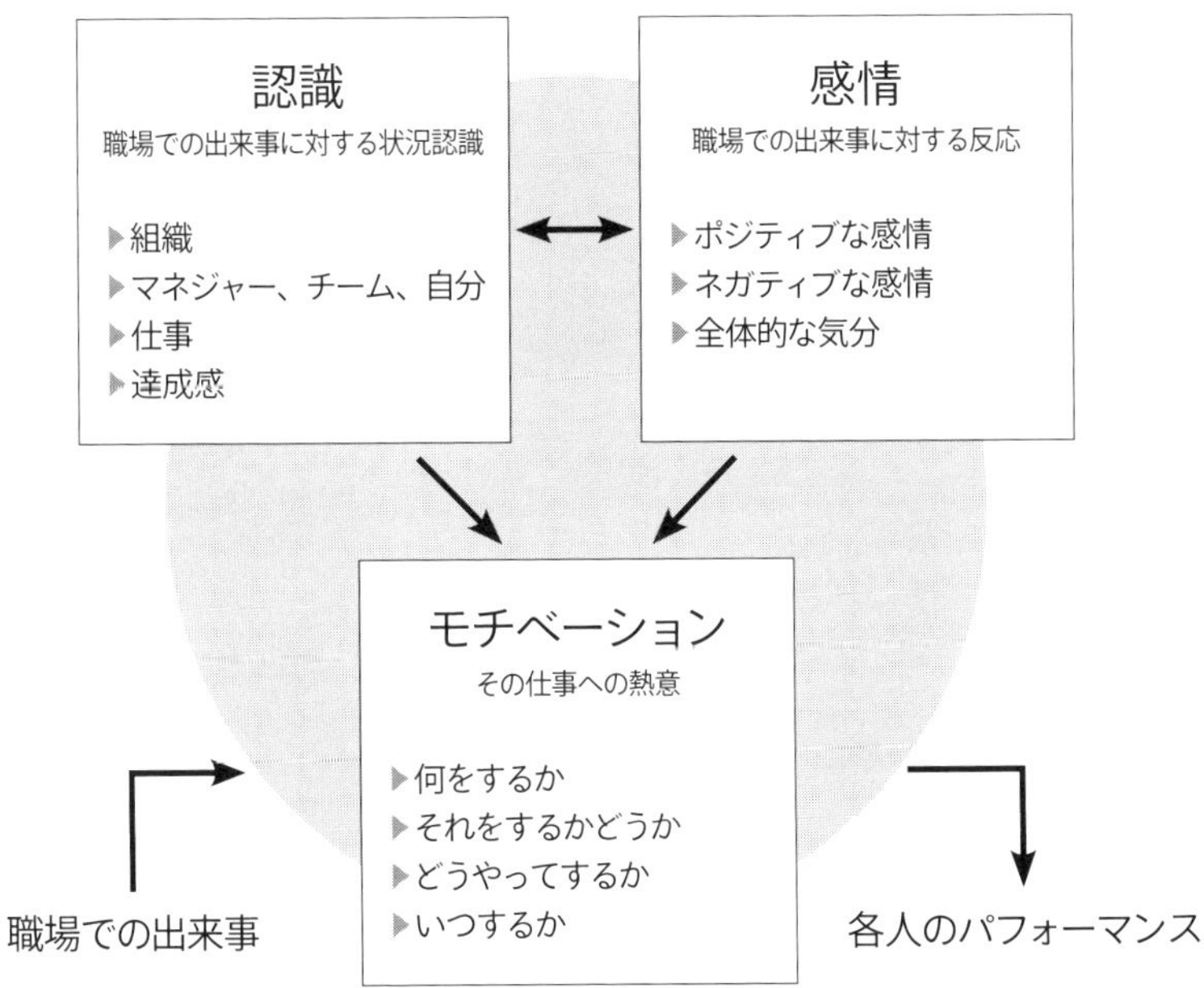

あのミーティングでニールが険悪だと感じれば感じるほど、クリストファーに対する見方も悪くなっていくのである。そしてクリストファーが臆病であったり保身に見えれば見えるほど、ニールはいら立っていく。たとえばネガティブな印象はいら立ちを深めるし、逆もまたしかりだ。幸福感は出来事に対する解釈をよりポジティブな方に傾かせるし、逆もまたしかりなのである。こうした認識と感情の動きに応じて、仕事に対するモチベーションは急上昇することもあれば急降下することもある（あるいはまったく変化しないこともある）。ニールのケースでは、モチベーションが大きく揺れ動いていた。クリストファーのもとで働くことについて、ニールは「彼のリーダーシップについていこうという気持ちはまったく湧かなかった。それどころか、まったくついていきたくなかった！」と記している。

インナーワークライフ・システムの全体がパフォーマンスに影響を与える理由は、各構成要素が互いに密に結びついているからだ。しかし一番影響力を持つ要素はモチベーションである。モチベーションは人が何をいつどうやって行うかを決めるだけでなく、そもそもそれを「やるかどうか」も決めるものだ。ある程度のモチベーションがないと、仕事に取りかかることすらなくなる。ドメイン・チームの人びとには経費を削減するための外発的モチベーション（上層部からの要求）はあった。しかし彼らにはほとんど内発的なモチベーションがなかった。驚くまでもなく、数字を上乗せしようとするクリストファーの案は経営陣には通じなかった。結局チームのメンバーたちは大幅な経費削減に向けて中途半端な心のまま突き進み続けることになり、そして徒労に終わるのだった。経営陣は彼らのパフォーマンスに満足しないままだった。

インナーワークライフという神経科学

インナーワークライフ・システムのひとつの構成要素に変化を引き起こす出来事はどれも、他の要素にも影響を与える可能性がある。認識、感情、そしてモチベーションは極めて密接に絡み合っているものだからだ。

脳科学は、各要素がどのように影響を与え合ってパフォーマンスを生み出すかを説明するのに役立つ。インナーワークライフがシステムのように機能するのは人間の脳がシステムのように機能しているからだ。感情を司る脳の部位は、認識や認知を司る部位と複雑な形でつながっている。たとえば脳画像研究によると、感情をかき立てられるような写真を見せられたとき、感情の起伏が起こらない写真を見せられたときに比べて視覚野も活性化することが分かっている。[17]これはつまり、人が見たものをどう「考える」かは、その見たものがどれほど「感情的に」影響を与えるかに左右されることを意味する。脳がどれほど注意を払うかさえ、その出来事が感情に与えた影響の大きさに左右されるのだ。

理性的な思考や意思決定は、感情がきちんと働かない限り正しく機能しない。『スター・トレック』シリーズはミスター・スポックによる感情を排した純粋に理性的な思考プロセスがより良い意思決定に導くことを前提としているが、本当はその逆が真実なのだ——少なくとも人間にとっては。感情を司る脳の部位が傷ついて苦しむ患者についての研究では、認識を司る領域には何も問題がないのに、患者には意思決定に機能的障害が見られることが明らかになっている。複雑な計算をしたり、言葉を理解したり、読み書きすることはできても、タクシーに乗るかバスに乗るかといったシンプルな選択さえ意思決定するのに多大な困難が伴うのである。[18] どちらの選択肢がより良いか彼らが決めることができないのは、すべての選択肢が等しく良く見えるからだ。たとえば恐れの感情がなかったら、ある選択肢と別の選択肢のリスクを秤にかけることができない。同じように、自分の達成に対する喜びを感じることができなかったら、仕事に対する内発的モチベーションをほとんど持つことができない。どちらのケースも、行動を起こそうというモチベーションが麻痺してしまうのだ。

感情は、出来事がもたらす自分にとっての価値を知らせてくれるものであり、今度はその価値が、何を選択するべきかを知らせてくれる。感情に欠け、非常時に落ち着いて機体の損失額と乗客の命を秤にかけるようなパイロットを人は求めてなどいない。人が求めているのは、人間の命を心から大切にし、決して機体の損失額など顧みないパイロットだ。[19]

こうした神経科学的相互作用の結果、個々人のパフォーマンス——個人が選択して行う仕事、それにどれほどの労力を費やすか、どれほど創造的であるか、仲間たちとどう接するか——は、個人の認識、感情、そしてモチベーションの複雑な相互関係に左右される。これがインナーワークライフの内実だ。それは脳の仕組みと密接に結びつくもので、人間であることに付随する切り離せない側面なのだ。

インナーワークライフと人間の尊厳

私たちのコンピュータ・システムに日々押し寄せてくる日誌を読んでいるうちに、インナーワークライフのダイナミズム、切実さ、重要性を認識するに至った。先に述べたように、私たちはただ各社員に一日のうちで印象に残った職場での出来事をひとつ記してくださいとしか尋ねていなかったが、多くの人びとはその出来事が自分の感情や、認識や、モチベーションにどう影響を及ぼしたかまで記していた——その記述は二つか三つの要素が絡み合うことも多かった。それは自身のインナーワークライフを私たちに伝えるよう何かが彼らを強く突き動かしているようだった。まるでこの重要な情報がなければ日誌は不完全なものになるとでもいうかのように。

私たちの分析から、インナーワークライフがパフォーマンスに影響を与えることは分かっている。そしてまた、インナーワークライフは自分自身にも影響を与えることも分かっている。最終在庫処分のオークションがあった日に駐車場へ姿を見せた元カーペンター社の社員たちは、野次馬的な楽しみのために集まっていたのではない。彼らの怒った顔、涙、罵りの言葉から分かるのは、あのオークション会場で売られていたのは彼ら自身の一部でもあったということだ。

長いあいだ、多くのカーペンター社員たちはインナーワークライフが豊かな優れた会社で素晴らしい仕事をすることに誇りを持っていた。しかし暗澹たる最後の数年で、その誇りは粉々になった。仕事を妨害され、経営陣から能のないモノのように扱われ、彼らは組織や、上司や、同僚や、プロジェクトや、ひいては自分自身について悪く考えるようになってしまった。しまいには、かつて愛した仕事に対する内からの溌剌（はつらつ）としたモチベーションを失ってしまったのだ。彼らのインナーワークライフは悪化し、彼らのパフォーマンスは平板なものになった。彼らのアイデンティティの一部はカーペンター社での仕事と結びついているものだったが、その一部が空虚なものになってしまっていた。人間としての尊厳に大きな打撃を受けていたのである。

　インナーワークライフは人間の人生にとって重要な部分であり、日々の生活の質に大きな影響を与えるものだ。会社でのパフォーマンスという価値を越えて、人は人間としての価値を持っている。人生の多くを仕事に費やすものであるため、人はポジティブな職場生活という尊厳を与えられるべきだ。日誌を読むことを通じて、仕事というものが、目標達成に向けて日々失敗のリスクに晒されながら時間や労力を費やす人間にとってどれほど個人的なものになり得るかを目にしてきた。経営陣からも支援されるやりがいのある仕事を持つことは、人生を計り知れないほど豊かにしてくれる。やりがいや、楽しみや、喜びのない仕事は、人生がとても空虚なものに感じられる可能性がある。

　これを自覚しているマネジャーは貴重なチャンスを手にしている。インナーワークライフをサポートする行動をとることで、彼らは社員たちにとってのヒーローになると同時に、組織に長期的な成功を築き、マネジャーとしての自身の仕事にもやりがいが増すことができる——それが翻って、自身のインナーワークライフの栄養となる。そこで、この三つの目標に向け、インナーワークライフが人やパフォーマンスにどう影響を与えるか、より詳しく見ていこう。

パフォーマンス		インナーワークライフ		職場での出来事
創造性 生産性 コミットメント 同僚性	←	認識 感情 モチベーション	←	進捗の法則 触媒ファクター 栄養ファクター

第3章

インナーワークライフ効果

創造性と生産性が高まる

ヘレンは微笑み、短いブロンドの髪を指で梳き、忙しい一日の仕事の終わりに日誌を書き終えた。夫からは保育園に子供たちを迎えに行ったとの電話があったばかりで、疲労困憊ではあったものの、四一歳のソフトウェア・エンジニアである彼女は、この十時間を振り返って深く満足していた。その日の朝、ドリームスイート・ホテルズに十五年勤め、現在は子会社に勤務するヘレンは、チームのリーダーから午後は彼女の小学二年生の娘が主演を務める発表会の劇を観に行く時間を取ってよいと言われ、感謝の念を抱いて一日をスタートさせていた。

▼一緒に働いているプロジェクト・マネジャーには本当に感謝してる。今回のように個人的に重要な家族の催しに参加する時間を取っていいと言ってくれるなんて。一日中やる気が続く。

三月三日　ヘレン

マネジャーのちょっとした行為によって、ヘレンのインナーワークライフはオフィスへ足を踏み入れる前からもう、大きな好転を見せていた。この好転のポジティブな効果は、彼女の感情（感謝）、認識（分別があり理解のあるプロジェクト・マネジャーを持ったという考え）、そしてモチベーション（予定していた分の仕事をやり切ること）のなかに見られた。実際にヘレンは、その日一日のことを「いい日だった！　たくさんの仕事をやり切ることができた」と記している。

その日の彼女の主な仕事のひとつは、最近彼女のチーム「インフォスイート」が行った複雑なプログラミング作業に対して質問を持つ内部顧客に回答することだった。それはドリームスイート社の企業割引プログラムを利用するクライアントに向けた新しい電子決済システムに関連するものだった。ヘレンは内部顧客のニーズに見事に応えたため、ランチに誘われた。

▼顧客から、私がどれだけ素晴らしい仕事をしたか伝えられた。それで彼女は、感謝の印としてランチをおごりたいと言ってくれた！　彼女のあたたかな心遣いに感動した。その仕事の完成に向けてもっと一生懸命働こうという気になったし、実際にいつもよりたくさんの仕事をこなせたと思う。

三月三日　ヘレン

ヘレンのインナーワークライフは彼女の内面に大きく作用し、彼女に「いい一日」をもたらした。より重要なのは、マネジメント上の観点から言うと、インナーワークライフが彼女のパフォーマンスにも影響したように見えることだ。彼女が普段よりも多くの仕事をこなせたのは、彼女がその日を明るい気持ちで始め、チームリーダーのことをポジティブに認識し、仕事に取り組む意欲を持っていたからだ。ヘレンは日誌でプロジェクト・マネジャーの協力的な態度が彼女を「一日中やる気」にさせたと記している。彼女が社内の顧客のためにもっと懸命に働きたいと思ったのは、その顧客があたたかな心遣いで彼女を「感動させた」からだった。

ヘレンの職場生活は外から見ると明るいものではなかった。腕利きの専門家たちが二人の優れた共同リーダーのもとで協力して働く彼女のチームは、いくつかの有名ホテルチェーンを含むグローバル企業であるドリームスイート・ホテルズの内部顧客をサポートしていた。

九人のインフォスイート・チームは、会社の財務部に奉仕するトップレベルのプログラマーと統計分析家で成り立っており、情報の収集、蓄積、検索、復旧、そして統計分析まで行う。しかしながら、重要な仕事をしているにもかかわらず、チームはダラス郊外にある改修した倉庫の汚い角の一画に押し込められていた。彼らはいつもドリームスイートの社員からも、子会社である自社の経営陣たちからも無視されていた。だからこそヘレンが三月三日に受けたドリームスイートの顧客からの感謝は特筆すべきものだった。ヘレンの仕事は本当に素晴らしいものであったに違いない。

ヘレンが普段より良い仕事をしたと思ったのは、彼女がその日ものすごく気分が良かったからだ。

しかし良い状態のインナーワークライフが「実際に」パフォーマンスを向上させるものなのだろうか？　インナーワークライフの状態が悪いと、パフォーマンスにネガティブな効果があるのだろうか？　研究者たちはパフォーマンスに対する感情やモチベーションの影響についてそれぞれ長いあいだ議論を行ってきた。しかし私たちの研究結果はハッキリとしている。

インナーワークライフの浮き沈みに伴って、パフォーマンスも浮き沈みするのだ。

ストレスか喜びか——優れたパフォーマンスを引き出すもの

仕事を行ういかなる瞬間も、社員たちはインナーワークライフの影響のもとで仕事を行っている。しかし、それはどのような影響だろうか？　一般の社会通念のなかにも、学術的研究と同様に二つの相反する見解があるようだ。十九世紀の歴史家トマス・カーライルの有名な言葉に、「圧力がなければ、ダイアモンドは生まれない」というものがあり、それは現代の「タフな状況になると、タフな人間が発奮する」という決まり文句を洗練させたような言葉だ。[1]この西洋の文化に強固に根ざした信念はつまり、高いパフォーマンスには苦難がつきものという考え方だ。多くの組織心理学者がこの見解を支持している。彼らは、不満足、不快感、そしてストレスがパフォーマンスを活性化させるということ——人はネガティブな感情、プレッシャー、あるいは報酬、評価、同僚との競争などの外発的なモチベーションを感じるときに最も良い仕事をすると主張している。[2]たとえば、ジェニファー・ジョージとジン・チョウは、短期間のネガティブな気分は創造性を豊かにすることを明らかにしている。彼らはネガティブな気分が「問題を解決しなければならない」という信号になるのだと結論づけている。[3]

しかし同じくらい強力な社会通念として、仕事を楽しめば成功できるという考え方もある。億万長者のイギリス人実業家であるアルカディアグループのオーナー、フィリップ・グリーンは「本当に物事を実現させるためには自分のすることを愛さなければならない」と語っている。[4] 先ほどのヘレンと同様に、多くの人は一日をポジティブな思考で始めたとき特に生産的であったり創造的な一日を過ごしたことがあるだろう。そして大半の人間がストレスや不機嫌な気持ちを抱えていてうまく仕事がこなせなかったり、まったく手に付かなかった日を経験している。この見方を裏付けるかのように、人びとは自分の仕事に満足し、幸福で、仕事への愛で内発的に動機づけられているときの方がパフォーマンスが高く、そうでないときはパフォーマンスが低下することが多くの研究で示されている。[5]

たとえば、二〇〇八年にマイケル・リケッタは仕事の満足度とパフォーマンスについての数多くの研究を分析した。その彼が見いだしたのは、仕事に対する満足度が高いとパフォーマンスも高くなる傾向にあるということだった。[6] また、特に感情に着目したバリー・ストウと彼の仲間たちは、職場に対してよりポジティブな感情を表明していた社員たちの方が、のちに上司からより高い評価を受け、より高い昇給率を示したことを突き止めた。[7] こうした研究者たちの結論は何か？　幸せで満足度が高いと、仕事の効率が上がるのだ。

学者というものは賢くエビデンスをまとめあげるものであり、どちらの意見にも一定の根拠があるため、どちらの立場に対してもそれを支持する研究を見つけることはできるだろう。[8]ポイントは、私たちの研究ほどに包括的なものはこれまでになかったという点だ。研究者が学生向けに用意した短い一度きりの作業をもとにした実験はある。実際の企業で実際の仕事を行う社員を追う研究もあったが、一度きりの実地調査を数か所で行うだけで、インナーワークライフのひとつの側面（たいていは感情）のみに焦点を当てたものだ。私たちほど広範なサンプルからデータを集めた研究はなく、社員たちの日々の経験を長期間追い続けたものはなく、長期間パフォーマンスの様々な側面を分析した研究はない。先行研究の不十分な調査法は、いかにインナーワークライフがパフォーマンスに影響を与えるかという問いに明確な回答を与える役にたつものではなかった。真の関連性が見えにくいのである。

私たちの調査結果は、先ほどの議論の片方の見解を支持するものだ。日誌は明らかに、ポジティブなインナーワークライフが優れたパフォーマンスを引き出すことを示している。これが**インナーワークライフ効果**だ。人は幸福を感じ、組織や社員へのポジティブな見方を持ち、仕事そのものからやる気を引き出されているときに普段より優れた仕事をする。短期間で見れば、人は大きな負荷のもとで極めて高いレベルのパフォーマンスを発揮することができるが、それは後に詳しく解説する特殊な状況でしか発揮されない。長期的な視点で見ると、ほぼどんな状況でも、人はインナーワークライフがポジティブな状態であるときの方が優れたパフォーマンスを発揮する。三月三日のヘレンの経験は、まさにインナーワークライフ効果を示すものである。

ポジティブな状態のインナーワークライフが仕事を簡単にするとか、ストレスを取り除くと言っているのではない。苦難は避けられない。現代の仕事に取るに足りないものなどないからだ。ヘレンがドリームスイート社内の人間に説明しなければならなかったあの新しい決済システムは極めて複雑なものだった。アマゾンがキンドル用に開発した電子インクは完成までにほぼ十年を要した。大半のガンに対する個別化治療はいまだに難しい課題で、最初に有望な研究が発表されてから何年も経過している。飛躍までにはいつも大きなハードルがあるものだ。しかしインナーワークライフがポジティブになればなるほど、そうしたハードルを乗り越える可能性が高まる。とても厳しい目標を達成しようと試みることが人を活気づけるのは事実である。反対に、周囲で起きる出来事によってインナーワークライフが悪化すると、パフォーマンスも低下する可能性がある。

性格のせいにはするな

性格ではインナーワークライフを十分には説明できないのと同じように、インナーワークライフとパフォーマンスの関連性も性格から完全には説明できない。しかし、そうでありながらも、性格を使って説明する誘惑に駆られてしまう。ある種の人びとは現実にインナーワークライフが悪い状態――幸せでなく、マネジャーを敵と見なし、仕事そのものよりも不安や怒りによってモチベーションを保っているときの方が良いパフォーマンスを発揮することがあるのではないかと聞いてくるマネジャーたちもいる。

そうした事態は確かにあり得るため、私たちは調査を始める前に参加者たちの性格や、教育、性別、在職期間といったいくつかの特徴を測定した。それらの要素によって多少の影響が出ることもあるが、こうした特徴によって私たちの研究成果を説明し尽くすことはできない。[9] 私たちは、**同じ仕事をする同じ人間のなかにも**、職場で起きる出来事次第で大きな振れ幅があることを目撃してきた。パフォーマンスの上下は職場で起こる出来事に対するインナーワークライフの上下と連動するものであり、性格やその他の特徴とは関係がない。

ヘレンの例を振り返ってみよう。彼女は常に快活で、勤勉で、前向きで、いつも最高のパフォーマンスを発揮していただろうか？　ネガティブな反応はしていなかったのだろうか？　そんなことはない。もう少し詳しくドリームスイート・ホテルズの物語を見てみよう。

四か月におよぶ調査を始めたころ、インフォスイート・チームのメンバーたちは、ドリームスイート社とコランダー・データ・システムズが十八か月前に発足させたジョイントベンチャーの子会社「ホテルデータ」で働いていた。このベンチャーの目的は、コランダー社の強みであるＩＴ技術を、ドリームスイート社が切に求める情報技術向上に活かすことだった。ホテルデータ社の大半はインフォスイート・チームのメンバーを数多く含む元ドリームスイート社の社員たちで、コランダー社からの出向は少なかった（多くは上層部だった）。

しかしジョイントベンチャーの発足からわずか十八か月でコランダー社は撤退してしまった。三月二九日、ヘレンの「素晴らしい一日」から一か月も経たないうちに、ホテルデータ社はドリームスイート社の完全子会社となった。インフォスイートのメンバーたちがこの再編成を知らされたのは実施のわずか数週間前だった。苦々しい気分を噛み締めながら、彼らはこの再編成をドリームスイートによる「乗っ取り」と表現した。

この苦々しい思いは、ホテルデータ社が発足した際にインフォスイートのメンバーたちが仕事を続けたければドリームスイート社の社員としての地位――そしてこれまでに得ていた手当――を手放す以外に選択肢がなかったことに大きく起因していた。ヘレンも、他の仲間たちと同様に、これをドリームスイート社からの解雇だと受け取っていた。しかし、コランダー社が離脱した今、彼らがフォローアップのミーティングすらなく書面で伝えられたのは、元の条件ではなく一からドリームスイート社ですべてをやり直すことだった。メンバーたちは、このドリームスイート社の「乗っ取り」に大きな反感を抱き、この親会社から価値を貶められたと感じていた。この知らせを初めて聞いたときのヘレンの反応は次のようなものだ。

▼今日、外部の人間から大変なうわさを聞いた。ホテルデータ社の社長が仲間の経営陣を引き連れて辞任し、私たちの行く末は今やホテルデータ社の上層部を占める元ドリームスイート社の愚かな

人間たちに委ねられているという。自分ではこの状況を何ともできないことは分かっているとはいえ、ドリームスイート社には今でも腹が立つ。私は十二年以上ドリームスイート社で働いてきたし会社を愛していると思う。「解雇」されたことにはまだ辛い気持ちが残っている。この知らせを聞いて心苦しい。うわさを聞いてから仕事にも影響が出てしまった。

三月十二日　ヘレン

この日誌には二つの重要な特徴がある。第一に、この苦しい状況に対するヘレンの反応を見ると、彼女が始終「幸せ」な状態ではなかったことがよく分かるという点だ。出来事に応じて彼女のインナーワークライフも変化し、彼女のパフォーマンスも変化していた。第二に、最後の一文がインナーワークライフがパフォーマンスに影響を与えるというさらなる証拠となっている。今回その影響はマイナスのもので、ネガティブなインナーワークライフはパフォーマンスも悪化させるということを示唆している。

パフォーマンスの測定法

現代の多くの組織におけるプロジェクトチームの仕事は協働的かつ複雑で、継続的な問題解決と深いエンゲージメントが求められる。これはまさしく私たちの調査参加者たちの仕事にも当てはまることだった。困難な問題を解決するために力を合わせて働かなければならない環境において、「ハイパフォーマンス」には四つの側面がある。創造性、生産性、コミットメント、そして同僚性だ。これらは多くの近代組織が勤務評価に用いる指標と同じだ。

創造性――新しく有用なアイデアを考え出すこと――は、おそらく現代のビジネス界におけるパフォーマンスで最も重要な側面だろう。しかし創造性だけでは十分でない。

生産性とは着実に仕事を仕上げ、常に質の高い仕事を行い、最終的にプロジェクトを見事にやり遂げることを意味する。

仕事、プロジェクト、チーム、そして組織に対する**コミットメント**とは、苦難を耐え抜き、仲間の成功を手助けし、仕事をやり遂げるために必要なことは何でもやることだ。

同僚性は、チームの結束に寄与するすべての行動を指す。メンバー間の人間関係をサポートし、チームの一員として行動し、チームがきちんと機能しているか気を配っているときに発揮されるものだ。

インナーワークライフは「個人的（インナー）」なものであるため、それを診断するには自己報告に頼るしかない。私たちの調査では、それらの情報は日誌に書かれた様々な認識、感情、モチベーションという形でやってきた。私たちはパフォーマンスの四要素（創造性、生産性、コミットメント、同僚性）について、チームの上司や仲間たちによる月々の採点から評価した。加えて、創造性と生産性は一般的に企業の収益におけるパフォーマンスに大きく貢献するものであるため、この二つの要素についてはデイリーアンケートに個別の項目を設けた。

証拠

すべての参加者から得た無数のデータを分析することで、インナーワークライフ効果の詳細――インナーワークライフの各要素とパフォーマンスの四要素の相関関係――を把握することができた。調査法や分析の詳細は巻末付録に記している。ここでは、主な分析結果を示しておく。

パフォーマンスのそれぞれの要素は、インナーワークライフの各要素（感情、認識、モチベーション）に応じて上下することが分かった。ここでは二つの理由から、創造性に焦点を絞りたいと思う。なぜなら第一に、革新的な仕事が要求される二一世紀の組織を考慮すると、創造性がパフォーマンスにおける最も重要な側面であるからだ。第二に、パフォーマンスにおける創造性とその他の要素のあいだには、調査結果のパターンに大きな違いがないからだ。創造性、生産性、コミットメント、そして同僚性は、インナーワークライフの三要素がポジティブな状態にあるときすべて高まる。そこでインナーワークライフの各要素を見ながら、創造性についての調査結果を見ていきたい。まずは感情だ。ここで紹介する日誌はごく少数だが、私たちが下した結論はすべての参加者データの統計的分析に基づいている。

日誌の調査によって判明したのは、ポジティブな感情と創造性には決定的な関連性があるということだ[10]。私たちは大まかな気分（一日の感情が全体的にポジティブだったかネガティブだったか）だけでなく具体的な感情まで分析した。全体の傾向として、その日の気分がポジティブであればあるほど、その日の創造性は増していた。全参加者を分析すると、日誌でポジティブな気分を記した日々の方が、ネガティブな気分を記した日々よりも創造的なアイデアを思いつく確率が五十パーセントも増していた。

創造性の測定に関しては、全一万二〇〇〇の日誌における「その日の出来事」の記述を、当該人物がその日に創造的思考を発揮した根拠とした。ここで言う「創造的思考」とは、アイデアを思いつくこと、問題を解決すること、問題解決に取り組むこと、あるいはアイデアを追い求めることを指す。明らかにルーティンと判断できるものは省いた。たとえば化学企業の研究開発者が創造的思考を発揮したとき、次のように記している。

▼樹脂を加工するためにあらゆる手段を試したが、どれもうまくいかなかった。その後、自分の知る限りでは今まで行われていない別の方法を試したら、今のところ見事に機能している。

再度記しておくが、私たちは創造的思考について報告してほしいとは伝えていないし、私たちが創造性について関心を持っているとさえ伝えていない。彼らが「その日の出来事」の欄にこうした自発的な報告をしてきたときのみ、私たちは彼らが「創造的思考」を発揮したと判断している。そしてこうした創造性は、ポジティブな感情を抱いていた日に発揮されることが遥かに多かった（コラム「幸福感が創造性を促進する」参照）。

私たちは創造性がポジティブな感情に続いて引き出されるという驚くべき残存効果さえも発見した。ある一日の気分がポジティブなものであればあるほど、翌日――そしてある程度はさらに次の日――に創造的な思考を発揮していた。その後の日々の気分を考慮したとしてもだ。これは心理学者たちが孵化効果と呼ぶものだろう。[11] 前向きな気分は思考をより広範に刺激し――より多くの認知のバリエーションを持たせ――一日かそれ以上持続することができる。[12] こうした認知のバリエーションは仕事に新しい知見をもたらし得る。つまり、たとえポジティブな感情を経験したすぐ後に新しいアイデアが生まれようとも、実際に表に出てくるのはもっと後かもしれないということだ。

私たちはヘレンのチームメートであるマーシャの日誌で、この残存効果を繰り返し目撃した。ドリームスイート社に勤めて三十年以上経つ小柄で外向的なソフトウェア・エンジニアであるマーシャは、勤勉なチームのなかで誰よりも懸命に働いていた。そして彼女は新鮮なアイデアを数多く生み出していた。マーシャの日誌の四分の一強に創造的思考が見られた。そうした「創造的なパフォーマンス」の大部分（八十パーセント）が、それ以前の日々のポジティブな感情から生まれているようだった[13]。

たとえば三月九日、マーシャはヘレンとの新たなプロジェクトを任された。マーシャは日誌に、そのチャレンジが楽しみだ、新たなシステムを学び、新しいコードを書くことになるだろうと記している。さらに、ヘレンと働くことについては「ヘレンと仕事をするのは喜ばしいこと。いつも彼女からたくさんのことを学んでいるし、一緒にいて楽しいから！」と記している。その仕事について知らされた日、マーシャは自らの気分について平均よりも遥かに高く採点を付けていた[14]。その翌日、彼女はいくつか新しいアイデアを提示しただけでなく、創造的に問題解決を図ったと報告している。

▼今日、ハリー（チームリーダー）とヘレンとのミーティングに出席し、私たちの新しいプロジェクトについて話し合った。私は現状のシステム内のコードを援用して予定時間を大きく削減する方法を思いついた。それから、プロジェクトの計画段階でいくつかの良い提案をできたとも思う。（中略）今日の自分はものすごく創造的だったはず！

三月十日　マーシャ

このマーシャの日誌のようなパターンは、私たちの調査参加者全体に広く見られる傾向だ。ある一日に気分の高揚を経験した彼女は、翌日に創造性を発揮した。彼女は新たな挑戦やヘレンとの仕事を楽しみにしていたが、そうした感情が創造性に火をつけたのだ。

認識

創造性は調査参加者たちが職場環境——会社の上層部や組織全体から自らの仕事に至るまで——に対してポジティブな認識を持ったときの方が高まっていた。人は、自分の組織やリーダーをポジティブに捉え、協力的で、協働的で、新しいアイデアにオープンで、新しいアイデアを公正に育んだり評価し、革新的なビジョンを重んじ、創造的な仕事を積極的に讃えるものだと考えるとき、より創造的になっていた。言い換えると、たとえ最終的に実行不可能なものであっても新しいアイデアが大切なものとして扱われるとき、人はより積極的に意見を出していた。対照的に、組織やリーダーのことを、社内政治や内部での競争に躍起になり、新しいアイデアには厳しく批判的で、リスクを嫌う人びとだと見なしていると、創造性は低下していた[15]。

チームやリーダーへの認識もまた重要だ。人はチームリーダーやチームメートからのサポートがあると感じるときの方が創造的になっていた。たとえば、インフォスイートのソフトウェア・エンジニアであるトムは、ドリームスイート社で二十年以上働き定年に近い歳であったにもかかわらず、遥かに歳の若いプロジェクトリーダーのルースとハリー（ともに三十代）へ大きな敬意と愛情を抱いていた。彼ら二人は自らの能力とチーム全員に示す心遣いによって、この敬意を勝ち取っていたのだった。結果的に、トムはルースかハリーとのやり取りについてポジティブな見方を記した日々では、特に高いパフォーマンスを見せていた。

仕事自体に対する認識もまた創造性に影響を与える。三月十二日、マーシャはさらに新しい仕事を割り当てられた。ドリームスイート社のホテルチェーンのデータが一部欠けていたのだ。そのデータを見つけ、他のデータ処理に問題を生じさせることなく適切に管理しなければならなかった。マーシャは「今回のように急な要件をアドホックと言う……その作業は厳しいものになりそうだ、なぜなら急ぐ必要があると同時に、完璧に仕上げないとデータベースに混乱を生じさせてしまう可能性があるからだ。この種のチャレンジは嫌いじゃない」と書いている。マーシャはその仕事を当日のうちに片付けた。彼女と同様、多くの人は任務の難易度が高いと認識し、その任務を実行するにあたり自主性を与えられているとき、より創造性を発揮していた[16]。

その他に創造性を後押しする重要な要素として、その仕事に対する十分なリソースと十分な時間がある。こうした環境の効果については第六章で詳しく述べるが、特に時間的制約に対する認識から生まれる効果については驚くべき発見があった（ヒント：十分な時間は必要だが、マーシャが「急いで」いながら創造性を発揮したのは例外的な出来事ではない）。

インナーワークライフの三つめの要素であるモチベーションもまた創造性へ影響を与える。過去三十年間、私たちは仲間と協力していくつかの研究を行い、関心や、喜びや、満足感や、仕事へのチャレンジといった内発的な要素によってモチベーションを上げた方が、報酬や、低評価への恐怖や、勝つか負けるかの競争のプレッシャーや、厳しすぎる締め切りといった外発的な要素によって突き動かされるよりも創造的になることを示してきた。実験から得た証拠の多くが、この因果関係を結論づけている。内発的モチベーションが下がるか、外発的モチベーションが上がると、結果として創造性が低下するのである。[17]

ある実験では、七二名の創造的な作家たちを集めた。[18] 彼らが個別に心理実験場に到着すると、全員に「雪」をテーマに短い詩を書いてもらった（実験は冬のボストンで行われたのだ）。私たちはそれらの詩を創造性の比較検討に用いることにし、それから作家たちのモチベーションを上下させた。ランダムに選んだ三分の一の作家たちは外発的モチベーションの高い状態にした。彼らに「自分が書く理由」というアンケートを渡し、作家になる七つの理由を順位づけしてもらった。質問項目はすべて、「小説や詩集が一冊ベストセラーになれば経済的に保証されると聞いたことがあるから」といった先行研究から外発的な要素とされるものだった。順位づけの結果自体には意味がなく、ポイントは作家たちに数分間外発的な要素について考える時間を持たせることだった。別の三分の一の作家たちには「自己表現の機会を享受できるから」といった内発的な理由のみが項目に記された「自分が書く理由」のアンケートに回答してもらった。残りの三分の一（統制群）には、数分間まったく関係のない物語を読んでもらった。

その後、すべての作家に「笑い」をテーマにした短い詩を再び書いてもらった。七二名の作家たちが書き終えると、彼らとは別の十二名の作家が各々すべての詩の創造性のレベルをジャッジした（誰がどの詩を書いたかは知らない状態で）。結果はシンプルかつ明確なものだった。比較検討用の詩では創造性の大きな違いは見られなかったものの、書くことに対する外発的な理由について考えさせられた後に書かれた詩は、他に比べて遥かに創造性が低かった。つまり、外発的モチベーションよりも内発的モチベーションの方が創造性には役立つのだった。

考えてみてほしい。たった五分、外発的な要因を考えるだけで普段は詩を書くことを愛する人間の創造性が一時的に下がってしまうのだ。これは些細な出来事の重要性を示している。毎日アメとムチで突き動かして社員を苦しめる職場では、どれほど大きくモチベーションや創造性が低下することだろうか。

日誌を調査した結果、この発見が実験室の中でのみ起こることでも、作家だけに起こることでもないことが分かった。内発的モチベーションは組織内の創造性にも重要な役割を果たすのだ。日誌調査の参加者たちは、内発的なモチベーションが高いときの方が個人としての仕事の創造性は高かった。さらに、全体を通して極めて高いレベルの創造性を示したプロジェクトは、メンバーたちの日々の仕事に対する内発的モチベーションの平均点が極めて高いプロジェクトだった。

ここでまた、マーシャの目を通して職場におけるインナーワークライフの影響を見てみよう。二月十八日、翌日から三連休を取るためマーシャの気持ちは焦っていた。彼女は二つの作業を想定より遥かに少ない時間で仕上げるための創造的な方法を見いだした――それは顧客を喜ばせただけでなく、ホテルデータ社の資金の節約にもなった。日誌のなかで、マーシャは短い時間で仕事を仕上げる原動力となったのは内発的な要素であり、外発的なものではないと言明している。「外側から何らかのプレッシャーがあったわけじゃない。この任務を今日帰るまでにやり終えると自分に課したのは自分自身だった」

個人的満足から組織的成功へ

インナーワークライフがポジティブな状態であると、どの業界でも（私たちが調査した業界でも、調査していない業界でも）パフォーマンスは向上する。オンラインで靴や衣服を販売するザッポスを見てみよう。

同社についての二〇〇九年のケーススタディでは、二〇〇〇年以降のザッポスの目覚ましい発展には社員の幸福度が重要な要素だったと結論づけている。CEOのトニー・シェイとCOOのアルフレッド・リンは、社員の幸せについて度々口にしていた。「我々の哲学は、幸せな社員を持つこと抜きに幸せな顧客を手にすることはできないというものだ」とリンは言う。[19] 幸せに重きを置くことが、カスタマーサービスのコールセンターから忙しない商品保管所まで、各所での仕事の高いクオリティに寄与していると多くの社員が信じていた。ザッポスの例のように、私たちの調査結果も、ポジティブなインナーワークライフを促進することは人の気分をより良くするだけでなく、人をより良いパフォーマンスへと導くことを示している。

二〇一〇年、ギャラップ社のジェームズ・ハーターは、数名の仲間とともに、各社員のインナーワークライフがポジティブな状態だと会社の業績が向上するという結果を確かな証拠とともに発表した[20]。ヘルスケアから運輸会社まで十の異なる企業の二〇〇〇以上のビジネスユニットを調査し、十四万一九〇〇名の社員の仕事に対する満足度と職場環境に対する認識をいくつかの時点でデータ収集した。研究員たちはこうしたインナーワークライフの各要素をビジネスユニットの将来のパフォーマンスを予測する材料に活用した。結果は、社員の満足度と組織やマネジャーや同僚や仕事への認識を基に、売上や、利益や、顧客ロイヤルティ、そして社員の定着率に至るまでかなりの部分を予測できることを示していた。言い換えれば、社員のインナーワークライフが良い状態にあると、会社や顧客や株主にとって具体的な利益につながるのである。

インナーワークライフはいかにパフォーマンスへ転じるか

私たちの調査結果から、プレッシャーや、不安や、不満や、恐れを感じるときの方が社員はより力を発揮すると言うマネジャー——あるいは密かにそう信じているマネジャー——は純粋に間違っているということが分かる。ネガティブなインナーワークライフはパフォーマンスの四要素に対してネガティブな影響を与える。人はインナーワークライフが悪化しているとき、創造性が低下し、生産性が低下し、仕事に深くコミットできなくなり、同僚性が低下する。しかし、なぜだろうか？いかにしてインナーワークライフは仕事での振る舞いに転換されるのだろうか？

心理学や神経科学はインナーワークライフのひとつの側面――感情――に対するヒントを与えてくれる。脳の研究者たちは、ネガティブな感情とポジティブな感情は別々の脳のシステムから生み出されていることを突き止めている。その結果、この二つの感情には人の思考や行動に対して極めて異なる効果があるのだ。[21]

心理学者のバーバラ・フレデリックソンは、ポジティブな感情が人間の思考や行動の幅を広げるのに対し、ネガティブな気分には正反対の効果があることを理論的に解き明かした。[22]仲間たちとともにフレデリックソンは彼女の理論をあらゆる方法で検証してきた。〇四名の大学生に対して行った二つの実験において、彼女はポジティブ、ネガティブ、あるいはニュートラルな感情を引き出す映像を見せ、それから彼らに作業を行ってもらった。[23]最初の実験の作業は注意力の範囲を測定するべく、学生たちが幾何学模様全体のパターンを捉えるか、細部に着目するかをテストした。感情がニュートラルな状態だった学生たちに比べ、感情がポジティブだった者たちは細かな部分に着目するのではなく全体を見る割合が高かった。

フレデリックソンによる二つめの実験は空欄に記入する作業で、見たばかりの映像によって引き起こされた特定の感情状態のもと、学生たちがこれからどんな行動を取りたいか列挙してもらうものだった。ニュートラルな状態の学生に比べ、ポジティブな感情だった学生たちは多くの行動を列挙し、ネガティブな感情だった学生たちが挙げる行動の数は少なかった。合わせて考えると、この二つの実験が示しているのは、ポジティブな感情は人を解放するもので、ネガティブな感情は人を抑圧するものだということである。この研究は、インナーワークライフのひとつの要素がどれほど働く人間に影響を与え得るかを示唆している。

日誌を入念に分析することにより、私たちはインナーワークライフの三要素が創造性、生産性、コミットメント、そして同僚性に与える影響の包括的な見取り図を描くことができた。私たちが発見したのは、インナーワークライフ効果には三つの大きな現れ方があるということだった。作業への**集中**、プロジェクトへの**エンゲージメント**、そして懸命に働こうという**意欲**である。インナーワークライフがポジティブな状態のとき、人はより仕事自体に注意を払うようになり、よりチームのプロジェクトに深く関わるようになり、素晴らしい仕事をしようという目標を強く持つことが多い。インナーワークライフが悪い状態のとき、人は仕事から気が散り（主にインナーワークライフを阻害する要素が原因）、チームのプロジェクトに積極的に関わらず、定めていた目標へ到達する努力を放棄することが多い。

インフォスイート・チーム最悪の日々は、その全体像を知る手がかりになるだろう。ここでネガティブなインナーワークライフを採り上げるのは、調査の参加者たちが日誌に鮮明に記すのは不快な出来事であることが多かったからだ。しかしこれらはポジティブなインナーワークライフの合わせ鏡のイメージだと覚えておいてほしい。そしてこのネガティブなインナーワークライフはインフォスイート・チームだけでなく、調査したあらゆる企業のチームにも見られるものだということを忘れてはいけない。

インフォスイート――実作業におけるインナーワークライフの影響

全体として、インフォスイート・チームの日々のパフォーマンスは、大きな上下動を繰り返しながらも平均的なものだった。そうしたパフォーマンスの上下動は、メンバーたちのインナーワークライフの大きな上下動と呼応している。彼らには素晴らしい日々が数多くあった一方で、嫌になるような日々も数多くあった。

チームに影響を与えたネガティブな出来事の多くは、ホテルデータ社や親会社ドリームスイートの上層部の経営判断に起因していた。ドリームスイート社がホテルデータ社を完全子会社化した際にメンバーたちが「乗っ取り」だと語ってネガティブな反応を示したのは先に記した通りだ。その決定的な出来事のあと、事態はさらに悪化していった――それも急速に。

ドリームスイート社による買い戻しの直後、解雇のうわさが広まり始め、やがてそれが現実のものとなった。それは波のように押し寄せ、地位の高いマネジャーの解雇から始まり、プロジェクト・マネジャーのレベルへ、そして私たちの調査を終えた直後にはチームメンバーにまで及んだ。そのため、調査の最後二か月ほどは、インフォスイートのメンバーたちは彼らのプロジェクト・マネジャー（二人の共同リーダーのひとり）が解雇されるのではないか、ひいては自分たちも職を失うのではないかと懸念していた。さらに経営陣が新たな解雇の基準を十分に説明していなかったため懸念は一層強まってしまっていた。そのうえ経営陣はインフォスイートのチームを年に一度の会社のピクニックに招待し忘れてしまったことで、チームの疎外感や、もう会社の一員ではないのではないかという不安は高まっていった。結局調査中に彼らは誰一人として解雇通知を受け取ることはなかったが、それでもこの一連の出来事は、特に解雇が中心的な話題となっていた日々におけるチームメンバーのインナーワークライフとパフォーマンスに壊滅的な影響をもたらしていた。

解雇が始まった当日のマーシャの日誌を読んでみてほしい。それを読むにあたって、マーシャのバックストーリーも心に留めていてほしい。彼女はドリームスイート社に三十年間勤め、その期間を通じて数々の社員解雇を経験し、生き残ってきていた。それは決して慣れるような経験ではなく、毎回彼女は職を失うことを恐れながら、親しい仲間たちが荷物をまとめて職場から去っていくのを目にしていたのだ。

▼今日は仕事をきちんとやり遂げるのがすごく難しい。三九人が仕事を失った（中略）それにこれはまだ始まりに過ぎないように思える。経営陣は次にプロジェクト・マネジャーレベルを排除して、

それから私たちの解雇に移るだろう。しかも彼らは解雇を文書で発表していた！　虐げられているのに相手から離れられないでいる配偶者のような気分。次こそはと相手にチャンスを与え続けているのに、いつもこっちが痛い目に遭い続けている。立ち上がって少しの尊厳を持って職場を立ち去ることができない自分が恥ずかしい。そうする代わりに、私はただここに座って、彼らが私の運命を決めるのを待っている。
　四月十五日　マーシャ

　虐げられた配偶者のように感じるときほどインナーワークライフの状態が悪くなるときはない。この精神状態が四月十五日のマーシャのパフォーマンスに与えた最も明らかな影響は、インフォスイートの仕事に求められる複雑な知的作業に集中できないということだった。他のメンバーたちの多くと同じように、その日のマーシャの心は乗っ取られた状態だった。解雇が続くなか、社員たちは仕事に集中することがどんどん難しくなっていった。

▼今日は朝からランチの直後までに三十人のプロジェクト・マネジャーが去っていった。すごくうろたえたし、一日の大半は誰もが解雇について話すか考えることしかできなかった。チームのなかにはデスクで泣き出す人もいた。
　五月二十日　ヘレン

メンバーたちのパフォーマンスに対するこの日のネガティブな感情の影響は専門的な神経科学のメカニズムを持ち出す必要すらない。周りの誰もが解雇について話しているときに仕事へ集中するのは難しい。パソコンのモニター上の文字が涙で波立っているときに、プログラミングの仕事に集中することなど不可能だ。

解雇はメンバーたちの仕事に対する積極性も失わせた。マーシャは四月十五日に「ただここに座って、彼らが私の運命を決めるのを待っている」と記して目の前の仕事に対する無気力を認めていた。ドリームスイート社の経営陣――そして自分自身――へのマーシャの嫌悪感がこの無気力につながっている。彼女はドリームスイート社を敵のように見なし、自分自身のことを意気地なしの愚か者のように見なしていた。こうした認識がマーシャの仕事からポジティブなやりがいを奪ってしまったのだ。ホテルデータ社の社員として、そして再びドリームスイート社の社員として働くことは彼女にとって大きなストレスとなり、社員ＩＤは恥の印となっていた。彼女が仕事から距離を置きたくなるのは無理もないことだった。

仕事から個人としてのやりがいを奪われると、懸命に働こうという意欲も消え失せる。こうした状態になるのは、もはや仕事に内発的なモチベーションが持てなくなり――もはや仕事が面白いものでも、楽しめるものでも、個人的な挑戦でもなくなっているからだ。仕事へのモチベーションが純粋に外発的なもの――金銭や手当を得るためだけに時間を費やすもの――になってしまうと、人は必要最低限のことだけをやり、それ以上のことはしなくなる。目標は低くなり、それ以上の仕事は余計なことに思えるようになる。ドリームスイート社による買い戻しの直後に解雇が始まると、マーシャは次のように記していた。

▼何人かの名前を聞いたけれど、もちろん誰も何も言わない。ドリームスイート社が再び舵を取るなり、みんな不安を抱きながらうろたえて、自分の仕事を心配している。（中略）私を悩ませているのは、このあと、会社は態度を翻して、なぜみんな会社のために身を粉にして働かないのかと言い出すと思うからだ。本当に最低。
四月十四日　マーシャ

マーシャの苦しみは、ホテルデータ社の社員に高いモチベーションとパフォーマンスを要求しながらも、彼らを消耗品のように扱う会社の辛辣さに起因していた。彼女からすれば、経営陣は自らをごまかして社員が会社にすべてを捧げたいと考えているのだと信じ込もうとしているように思えたのだ。明らかに――少なくともこの日――マーシャにそのような気持ちはなかった。

この期間、インフォスイートのどのメンバーの日誌でもほとんど毎日のようにマーシャと同じような反応が見られた。そしてこれはチームのメンバーたちにとってのみの厳しい事態ではなく、ホテルデータ社とドリームスイート社にも危害が及ぶものだった。インナーワークライフが悪化しているときに高いパフォーマンスが続かないのは、インフォスイートやその他多くの日誌で見てきたように、プロジェクトに対する集中や、エンゲージメントや、意欲が失われるからだ（他にもコラム「感情的健康の身体的症状」を参照）。一方でインナーワークライフが良い状態にあると、人は仕事に集中し、深く関わり、プロジェクトの目標を達成するためには何でもやる。そうしてパフォーマンスが向上するのだ。

インナーワークライフの教訓

結果は明らかに物語っている。インナーワークライフこそが社員のパフォーマンスと仲間たちへの振る舞いを司るものだ。インナーワークライフ効果についての調査結果はポジティブな状態を支持している。長期間高いレベルのパフォーマンスを発揮したければ、インナーワークライフを暗転させる出来事を除去しなければならない。ドリームスイート・ホテルズにとって、コランダー社とのベンチャー事業の解消はビジネス的に必要なことであったかもしれないが、その忠実な社員たちを始めから終わりまで雑に扱う必要はなかった。

ネガティブなインナーワークライフにつながる出来事を除去するというのは、下手な組織の再編成から社員ピクニックへ招待しなかったことまで、職場における大小のネガティブな出来事を除去することである。それは前向きに言えば、日々の職場において社員のインナーワークライフをポジティブに変える出来事は様々にあるということだ。娘の劇を見に行くために上司が与えたオフの時間と、ヘレンの素晴らしい仕事ぶりの費用便益比を計算してみよう。その計算は不可能だ、なぜならコストはゼロで――ヘレンのインナーワークライフやパフォーマンスに対する利益は計り知れないものだったからだ。

インナーワークライフ効果のこうした教訓は、どんな組織にも当てはまる。数年前、私たちは成功していると言われる大手ハイテク企業の社員たちの職場環境に対する認識を研究した。[24] 創造性と生産性とともに、インナーワークライフの主要な側面のデータを集め始めてから半年後、経営陣は大規模な事業縮小を発表した。追跡調査では創造性と生産性は共に低下し、その低下は事業縮小が完了してから四か月後も続いた。その追跡調査で、この出来事が社員たちの職場に対する認識に大きな悪影響を与えていたことを突き止めた。社員たちへの聞き取り調査によって、その理由が判明した。社員たちは仕事にコミットしなくなり、前よりも協力的でなくなり、互いに助け合うことが減っていたのだ。

一九九六年に「チェーンソー」の異名をとるアル・ダンラップがCEOに就任すると知ったとき、家電大手サンビーム社の社員たちのインナーワークライフに起こったであろうことを想像してみよう。ダンラップのこの大層な異名は、彼がCEOを務めた時期にスコット・ペーパー社で一万一〇〇〇人以上の社員を削減したことに由来する。サンビーム社の社員たちが「チェーンソー」の到来に気を揉みながら最高の創造性や生産性を発揮できたとは考えにくい。

幸せな社員は優れた社員だと長く信じてきた人もいるかもしれない。しかし全員がそう考えているわけではなく、多くのマネジャーたちはそう信じているように振る舞ってはいない。カーライルが「圧力がなければ、ダイアモンドは生まれない」と言ったとき、彼は圧力（プレッシャー）が素晴らしい仕事を生み出す最善の方法であるのみならず、「唯一の」方法なのだとも指摘している。同じように、マネジャーたちが「経費削減」を求めるとき、彼らは暗に、最大の効率性を発揮する際の人的コストを無視して優れた仕事を求めているのだ。

そして二十世紀で最も尊敬される経営者のひとりとされるジャック・ウェルチが「タフな人間が一番早くやり遂げる」と記したとき、容易にマネジャーたちはインナーワークライフに対する自らの行動の影響は考慮しなくていいのだという認識に陥ったことだろう。極端に言えば、少なくともある種の社員に対しては厳しく当たる必要もあるのだと結論づけるマネジャーさえいたことだろう。[25]

現代の多くの組織では社員たちに大きなストレスを強いている。しかし人を極端なストレス状態に、しかも長期間晒していると、ダイアモンドではなく石炭が生まれる可能性が高い。ある程度のプレッシャーが避けられないのは当然だが、優れたマネジャーというのは、たとえ厳しい状況にあっても、社員が創造的かつ生産的にコミットできるよう戦略的な方法を採る方が理にかなっていることを理解している。少なくとも、事業規模を縮小するとなれば、彼らはオープンかつ敬意を持って社員に対応する。繰り返しインナーワークライフを傷つけることは、それがほんの些細なことであれ、事業全体を危険に晒すことになるのだ。

次の章では、インナーワークライフを好転させ、パフォーマンスを向上させる方法について検討する。ここではちょっとしたヒントを記しておこう。ホテルデータ社の三十名のプロジェクト・マネジャーが解雇されインフォスイートのメンバーたちが涙を流してからわずか五日後、チームは規模が大きく時間の短いプロジェクトを託された。ヘレンはこの仕事をやり遂げるために休暇から呼び戻された。休暇を切り上げて戻ってくるよう要請されて初めは怒っていたヘレンだったが、彼女は自ら進んで――むしろ嬉々として――「休暇の週」にそのプロジェクトへ五八時間を費やした。そして現実に、彼女のインナーワークライフはピークの水準にまで達した。どうしてこのようなことが可能だったのだろうか？

column

幸福感が創造性を促進する

感情が本当に創造性へ影響を与えるかどうか訝（いぶか）しんでいる人もいるだろう。コーネル大学の心理学者アリス・アイゼンは感情と創造性の関係を研究するパイオニアであり、感情は創造性に影響を与えることを明らかにした。メリーランド大学で研究していた一九八〇年代に、彼女は仲間たちと創造的な問題解決に対する感情の影響を検証するため数々の独創的な実験を行った。

ひとつの実験では、実験室に到着した被験者たちを、個別に（ランダムに）特定の感情的状態に置いた。[1] ポジティブな感情を引き出すためには、コメディ映画の映像を五分間見せた。ネガティブな感情を引き出すためには、ナチスの強制収容所についてのドキュメンタリー映像を五分間見せた。被験者の学生たちをニュートラルな状態に置くためには、数学についての映像を五分間見せるか、一分間の運動（踏み台昇降）をしてもらうか、何もしないかの三つのうちのひとつの処置をランダムに行った。[2]

その後、三三名の男性と八三名の女性被験者は全員、個別に同じ問題を解決するよう促された。画びょうの入った箱、ロウソク、ブックマッチを渡された被験者たちは、十分以内にロウを床に垂らさないような形でロウソクを壁のコルクボードに固定することを求められたのだ[3]。コメディ映画を見た学生たちは、この問題を解決する確率が遥かに高かった。無作為割付や統制群との比較を可能にするための入念な調整により、この実験はアイゼンによる他の実験と同様、因果関係を確かに証明するものになっている。ポジティブな感情は、より良い創造的な問題解決につながるのだ[4]。

column

感情的健康の身体的症状

インナーワークライフを重視するにあたって社員のパフォーマンス以外にも理由が欲しいというのであれば、もうひとつ理由を挙げよう。それが社員の健康だ。研究者たちは健康と感情に直接的な関係があることを突き止めている。ポジティブな気分が多くネガティブな気分が少ないとき、身体的健康は向上する。おそらくはポジティブな気分が免疫システムに影響するからだ。こうした発見は風邪のように日常的な病気から、脳卒中のような命を脅かす病気にまで当てはまることを知ったら驚くことだろう。[1]

マーシャの日誌には、インフォスイートで解雇が始まった時期に感じていた不安や心配から生じる健康上の問題が記されていた。「疲労感があるし、気分が上がらない（中略）自分じゃないみたいだ。昨日は夜中の二時に目が覚めて、それから眠れなかった。きっとそのせいだ」。マーシャは四月にそう記している。「かかりつけの医者が昨日何かストレスがかかっているのではないかと尋ねてきて私は笑ってごまかした。集中をしっかり保って仕事をやり切ろうと必死に試みているけど、廊下で会う人たちはみんな解雇のことについて話したがる。みんな本当に、心から恐れている」

明らかに、体の調子が悪いと、人の生産性、創造性、果ては仕事をする力そのものが損なわれる。しかしマネジャーが社員の身体的健康に注意すべきなのは、それがパフォーマンスの指標となるからだけではない。身体的健康はインナーワークライフの健康について極めて重要な情報を教えてくれるものでもあるのだ。病欠に関する方針の変更や世間を騒がす健康危機がないのに、社員が以前にも増して頻繁に体調を崩すようであれば、それを警告のシグナルだと受け止めよう。

パフォーマンス		インナーワークライフ		職場での出来事
創造性 生産性 コミットメント 同僚性	←	認識 感情 モチベーション	←	進捗の法則 触媒ファクター 栄養ファクター

第4章

「進捗の法則」の発見

マネジャーにとって最も大切な仕事

初めて五月二五日のヘレンの日誌を見たとき、私たちは驚いた。彼女の会社のプロジェクト・マネジャー三十名が解雇されてからわずか五日、しかもホテルデータ社のインフォスイート・チームがいまだに自らの解雇を恐れているときのことだった。怒りと苦しみのただなかで、ヘレンとメンバーたちは親会社ドリームスイート・ホテルズへの信頼をほとんど失っていた。そんななか、何らかの変化が起きていたのだ。

▼「ビッグ・ディール」のプロジェクトに取り組んでくれと呼び戻された。ドリームスイート社が訴訟を起こされたらしい。確かに一大事（ビッグ・ディール）だ。私の休暇はどうなるの？　呼び戻されて腹立たしい。でもプレッシャーのなかでずいぶん良い仕事ができたと思う。本当にチームをサポートできたと感

じている。

五月二五日　ヘレン

日誌の最初の部分は想像通りの反応だろう。ヘレン（第三章で紹介したソフトウェア・エンジニア）は、いら立ち少し皮肉っぽくなっていた。彼女は心を休めるために五日間の休暇を取り、学校に通う二人の子供たちと夕方を過ごす予定だったのだ。しかし日誌の最後の二行で彼女に何が起こっているのだろう？　彼女は自分がやり遂げた仕事に誇りを持ち、チームをサポートしたことに満足しているように見えた。さらに、当日のインナーワークライフの三要素――認識（特に、仕事の進捗への認識）、感情、そしてモチベーション――のすべてに平均以上の採点をつけていた。しかも休暇中の一日を仕事に費やした彼女がだ。

インフォスイートは私たちが初期に調査したチームのひとつだったため、この劇的な変化を理解する手がかりがまだほとんどなかった。これはヘレンに限った特別な例だったのか？　私たちの知らない何かの出来事が彼女を元気づけたのか？　そうではなかった。私たちはすぐに、インフォスイートの他のメンバーたちもヘレンと同じくここしばらくないほど仕事を楽しんでいることを知った。ドリームスイート社は一億四五〇〇万ドル規模の訴訟に直面し、数日にわたってチームの数人はすべての力を注ぎ、訴訟を戦うために必要なデータの収集と分析をして遅くまで働いた。なかには祝日の週末を返上して仕事に出る者もいた――しかもそれを楽しんでいた。

初め、私たちは目に見えるモチベーションの要素を探した。評価のため？ 違う。インフォスイートのチームは確かに経営陣からの評価を受けたが、それはプロジェクトが完了したときのことだ。これではヘレンのインナーワークライフ向上の説明にはならない。同様に、チームは長い祝日の週末の返上や追加労働に対する目に見える報酬も受け取っていなかった。

このビッグ・ディール・プロジェクト中にインフォスイートのチーム内で起きていたことを初めて完全に理解できたのは、二六のチームすべてのデータを分析し終えたときのことだった。私たちはそれらを通じて「進捗」の持つ力を繰り返し目にしたのである。この力こそ、私たちの研究全体における最も重要な発見のひとつだ。やりがいのある仕事が前に進むことこそ、インナーワークライフを輝かせ、パフォーマンスを長期にわたって引き上げるものなのだ。

仕事が実際に進捗すると、たとえば満足や嬉しさ、さらには喜びといったポジティブな感情が引き出される。進捗は達成感や自尊心、そして仕事やときには組織へのポジティブな認識につながる。こうした思考や認識は（ポジティブな感情とともに）素晴らしいパフォーマンスを発揮するのに重要なモチベーションや深いエンゲージメントの糧となる。

第三章では、ポジティブなインナーワークライフが優れた創造性と生産性につながることを示した。[1]本章では、進捗すること（生産的で創造的になること）がポジティブなインナーワークライフにつながることを示す。これが進捗とインナーワークライフが互いを促進し合う自己強化型のプロセスである**進捗ループ**を生み出す。この進捗ループと、その意義については第五章で解説する。

ビッグ・ディール・プロジェクト

インフォスイートのチームは、五月二五日から始まったプロジェクトを、ヘレンの皮肉めいた言葉から拝借し冗談めかして「ビッグ・ディール」と呼んだ。このプロジェクトに必要な専門知識を持つインフォスイートのメンバーたちには、裁判に必要なデータを集めるのにメモリアルデー（戦没将兵追悼記念日）の週末を含めて八日しかなかった。しかもチームはハンデを負っていた。チームリーダーのひとりであるハリーが病気で不在、そしてもうひとりのリーダー（かつプロジェクト・マネジャー）のルースは大きな手術を受けたあとの病み上がりの状態だったのだ。しかしながら、プロジェクトの記録から分かるのは四人の主要メンバー（と四人のサポートメンバー）は、初日から着実な進捗を見せていたということだ。そして彼らの認識、感情、モチベーションの大部分には大きな上昇が見られた。最終的に、このプロジェクトは圧倒的な成功に終わった。

このビッグ・ディール・プロジェクトの細部には、「進捗」の効果に関する大きな手がかりが眠っている。それらを解き明かしていくにあたって、次の重大な事実を覚えておいてほしい。道中での数々の障害にもかかわらず、チームは日々着実に歩みを進めていったのだ。「ビッグ・ディール」は複雑なプロジェクトであったため、マーシャと、ルース（ドリームスイート社に十年勤めた三十代後半の統計分析家）と、チェスター（ドリームスイート社に五年勤めた同じく三十代後半のプログラマー）の技能が必要だった。ヘレンはエンジニアリングの専門知識を持っており、四人目の主要メンバーとして呼び戻された。五月二五日の日誌の憤った調子とは対照的に、プロジェクトの二日目になると、ヘレンは休暇を放棄したことにすら言及しなくなっていた。

▼今日もまたドリームスイート社の大きな訴訟問題に取り組んだ。上司の上司も激励しにやってきた。いいことだった。ペットボトル入りの水まで買ってくれた！　私の買う安物ではなくて。疲れる！　誰もまだ音を上げてないけど。自分はプレッシャーのもとで仕事をするのが好きだと認めなきゃならない。

五月二六日　ヘレン

大きな窮地に触発されて、ヘレンはこの仕事に喜びを感じた。そのひとつの要因は、メンバーが必死に働くエネルギーに充満した雰囲気であるように見えた――だがそれは確かな進捗の前提条件に過ぎない。最も重要な要素は、彼女が初めに言及したように、極めて些細なもののようだ。それは上層部のマネジャーがインフォスイートのオフィスである味気ない洞窟のような倉庫に激励にやって来て、チームに「上等な」飲料水を振る舞ったことである。ブランド飲料水の何本かといくつかの激励の言葉は、ヘレンに課せられた要求に比べるとほんの些細な埋め合わせでしかないように見えるが、その行動は彼女を喜ばせ、ポジティブな認識を生んだ。おそらくかなり久々にトップの経営者を人間として認識することができた。彼が「親切」を行ったからである。彼は自分がヘレンの仕事について認識していて、気を配っていることを示したのだ。

しかしそのマネジャーの振る舞いが**仕事そのものに対する認識**を変えた。それは進捗がインナーワークライフに影響を与えるにあたって重要になるものだ。これまで上層部がインフォスイート・チームを励ますために建物へ立ち寄ることなどどんな形であれほとんどなかったため、彼の行動はチームに、このプロジェクトが組織にとってどれほど重要なものであるかを知らせるシグナルとなった。仕事はこれまで以上にやりがいを持つものとなり、それゆえにヘレンとチームは一つひとつ進捗するたびに大きな**達成感**――ポジティブなインナーワークライフにとって鍵となる認識的要素のひとつ――を得たのだった。

コンピュータサイエンス学科を卒業したばかりで、インフォスイート・チームに入って一年にも満たないクラークでさえ、このプロジェクトに取り組むチームに対する経営陣の配慮に深く影響を受けていた。日誌で彼は、この出来事が自分たちは重要な仕事に取り組んでいるのだということ、自分はエキスパートの集まるチームにいるのだということ、そして経営陣がサポートしてくれていることを示すものだったと記している。チームに直接関わってはいなかったものの、彼は自分のことのように達成感を抱き、チームと仕事に対する自分の認識がかつてないほどに向上していることを知った。「僕は関わっていなかったけど」と彼は書いている。「それはとてもポジティブな体験だった」

ビッグ・ディール・プロジェクトは五月二七日、部長数名がプロジェクトの進捗を確認しに訪れた日に勢いを増した。うち一人はペットボトル入りの水とピザを差し入れた。さらに経営陣はビッグ・ディール・プロジェクトに取り組む人びとには他の仕事を脇へ置いたとしてもネガティブな評価を下さないと明言し、そうやってチームは他の仕事から守られていた。

ここで起きているモチベーションのダイナミクスに注目してみよう。トップの経営陣はインフォスイートのチームを動機づけるためにインセンティブをつける必要がなかった。チームは重要で困難な仕事によって主に自らモチベーションを高めていた。経営陣が実際にやらねばならなかったこと（そして効果的に行ったこと）は、今あるモチベーションを妨害しかねない障害を取り除くことだった。たとえば無関係な仕事や空腹による苦痛といった障害だ。経営陣はそのプロセスを通じて、ビッグ・ディール・プロジェクトに取り組む社員たちは組織に欠かせない貴重な人材だと感じさせることで彼らのインナーワークライフを向上させた。この感覚は、インフォスイートのチームが会社のピクニックに招かれなかったときに感じた疎外感とは大違いのものだった。

クラークと同様に、もの静かで忠実でチーム最年長のトムも、このプロジェクトではちょっとしたサポート役を行うのみだった。それにもかかわらず、彼のインナーワークライフもチームの前進や、目の当たりにしたサポート（特に彼が「社内のお偉方」と呼ぶ人物たちからの激励）、そしてルースの優れたリーダーシップによってポジティブなものとなっていた。彼は日誌にこう記している。「社員たちは恐ろしいほど長時間働いていて、部長たちもひっきりなしにオフィスにやって来て、素晴らしいミス・ルースは私たちを前進させるのに見事な仕事をしている」

進捗の力は、チームの主要メンバーであるマーシャにも大きな影響を与えていた。彼女はその「恐ろしいほど長時間」の勤務を大いに楽しんでいるように見えた。思い出してみてほしい。この彼女は、わずか六週間前には、ドリームスイート社から虐げられた配偶者のように扱われているみたいだと書いていた人物だ。

▼今日も職場全体が本当のチームのように仕事ができた。素晴らしいことだった。みんな今のストレスのかかる状況については忘れて、大きなプロジェクトをやり遂げようと休みなく働いていた。十五時間働き続けているけど、ここ数か月で一番の日になっている！

五月二七日　マーシャ

チームと懸命に働き、力を合わせ、明確で重要な目標へと進んでいくことはマーシャの後ろ向きな認識と感情を忘れさせた。その結果、彼女の言うように「一番の日」（豊かなインナーワークライフ）が訪れたのだ。

インフォスイートのメンバー数人はビッグ・ディール・プロジェクトへ多大なるコミットメントを見せていた。元々の「休暇」だった最後の日、ヘレンは自分の担当箇所を仕上げ、他のメンバーをサポートするために遅くまで会社に残り、メンバーたちがどれほど力を尽くしたか、次のように記している。「休暇の週に五八時間働いた。これでも全員のなかで一番短い」。驚くべきことに、翌月曜の祝日（戦没将兵追悼記念日）にも、マーシャ、チェスター、そしてルースはプロジェクトの総仕上げに三日連続となる十四時間勤務を行った。そして彼らは、高いクオリティで仕事を完成させた。マーシャは、この祝日の日誌で「一緒に働くメンバーは素晴らしく、ストレスのかかる仕事だったとはいえ、雰囲気は楽しく明るいものだった」と記しているが、チェスターとルースも、マーシャと同じく目覚ましいインナーワークライフを報告していた。

この祝日のチェスターによる日誌は進捗することの影響力を見事に物語っていた。彼はチームの力を合わせた進捗がいかに強くポジティブな認識の形成につながったかを記しており、成功を後押しした数々の要因を詳細に採り上げている。

▼この大きな試練のあいだじゅう見事に力を合わせることで手にした達成感は、それ自体が大きな出来事だ。

五月二五日から三十日まで、私は七十時間以上も働き、他のメンバー数人も同じだけ働いていた――そのなかには、私たちが健康状態をいつも懸念していたルースもいた。だがいつものように、彼女の仕事ぶりは素晴らしかった。あらゆる不測の問題に行き当たり、あらゆる決断を下さねばならなかった。何度か、やり切ったと思っても、データに問題箇所が見つかり、全部最初からやり直さねばならないときもあった。（中略）このプロジェクトには少なくともチームの五人が携わり、休日や休暇さえも返上して深夜まで働いた。他のチームの人びとも進んで力を貸してくれて（しかも顔に笑顔を浮かべて！）、そのサポートは最高のものだった。（中略）今回のプロジェクトはチームをいつも以上に密にしただけでなく、私たちの努力は経営陣も見てくれていて、週末も食事を持って来てくれるなど職場に付き添ってサポートしてくれた。

五月三一日　チェスター

チェスターはまさに最初の一行から、「大きな試練」を力を合わせて進むことからくる強い達成感について言及していた。その他のポジティブな認識も、感情やモチベーションと並んで、言葉の端々から感じ取れる。彼はこのプロジェクトの重要性を強調し、休暇を辞して、所定外の労働をし、数々の障害を乗り越えた多大なる努力を詳細に記している。彼の日誌はチームの進捗を後押ししたいくつかの具体的な要素に光を当てている。一つめとして、チェスターはメンバーたちがプロジェクトの実行に大きな**自主性**を持たされていて、それに基づいて決断を下していったことをほのめかしている。二つめは、ルースが**問題に対処する**ためにチームを導き、進むべき最善の道を見つけるためには、後戻りも辞さなかったことだ。三つめとして、チェスターはこのプロジェクトのあいだじゅう他のチームがインフォスイート・チームに**力を貸して**くれたこと――しかも祝日の週末を通して手伝ってくれたことを記している。そして最後に、経営陣がチームを**サポート**してくれたことに感謝を示し、水やピザだけでなく、実際に現場に姿を現したことに大きな意義を感じていた。

プロジェクトが完了した翌日、ルースはホテルデータ社とドリームスイート社のマネジャーたちにチームの努力を報告した――チームへの心からの称賛を添えて。彼女はインフォスイートの仕切られた狭いオフィスに戻り、賛辞で彼らを喜ばせ、全員からチームへ大きな拍手を送らせ、特に週末を返上した「働き蜂」たちに心からの感謝の意を表した。このプロジェクトはドリームスイート社に大きな勝利をもたらした。数日間のうちに会社が訴訟で無事和解できたのは、大部分がインフォスイート・チームの働きのおかげだった。

このプロジェクトにおけるチームの働きがどれほど驚くべきものだったか考えてみてほしい。ビッグ・ディールのプロジェクトを任されるわずか数日前まで、彼らは極めて尊敬されていたプロジェクト・マネジャーたちを解雇するという会社の決断に心をかき乱されていた。プロジェクトが完了してから程なくして、彼らは再び無理解な上層部による組織変更の苦しみに直面することになる。しかしながら、プロジェクトの期間中においては、やりがいある仕事が協力的なチームと経営陣のサポートによって前進していた効果は十分に強く、解雇のトラウマを（少なくとも一時的には）乗り越えて、豊かなインナーワークライフと高いパフォーマンスが引き出されていた。

チームが受けた手助けや、その他の仕事からの解放や、個人間または経営陣からのサポートや感謝など、進捗以外にも様々な要素がチームのインナーワークライフを向上させていた。しかし、インフォスイートやその他二五のチームのデータを分析した結果、私たちは**やりがいのある仕事が進捗することこそ**がインナーワークライフを向上させる最も強力な要因であるという結論に至った。

障害――負の側面

進捗がインナーワークライフを向上させる最大の要因である一方で、障害は最大の低下要因だ。残念なことに、いかなるやりがいのある仕事にも障害はつきものだ――悩ましい問題を解決しようとして行き詰まったり、目標達成の努力を邪魔されたり、重要な情報を見いだせなかったりする。もちろんインフォスイートのメンバーたちにも調査期間中に数々の障害が立ちはだかっていた。たとえば、ビッグ・ディール・プロジェクトが始まるずいぶん前、トムは決済プログラムに変更を加えようとして幾度となくバグに突き当たっていた。彼のインナーワークライフに対する自己採点は、こうしたフラストレーションが彼の一日に悪影響を与えたことを鮮明に物語っていた。

▼今日は目立った出来事はなく、今週のいら立たしい仕事が続いただけだ――ものすごく複雑な設定と実行システムに極めてシンプルなコードの変更を加えようと頑張った。正直言って、誰も詳細なんて聞きたくないだろう。

四月九日　トム

責めるべき相手もいなかった。トムが直面した障害は彼の仕事にはつきものだった。対照的に、三月十八日のマーシャの仕事は社内の顧客によって妨げられていた。マーシャとヘレンが制作するホテル予約ソフトを発注したドリームスイート社のオペレーション・マネジャーたちだ。

▼ヘレンと私は内部顧客とのミーティングに一日中終始していた!!（中略）ミーティングの目的は彼らの要求を明確にして仕事を先へ進めていくことだった。彼らが設定した締め切りは四月末。唯一の問題は何が必要か、あるいは何が欲しいのか彼らが自覚していないことだ。一日付き合った結果、彼らで再び検討することになり、改めて会うときに何が必要かを伝えたいとのことだった。ダメな会社を皮肉る漫画の「ディルバート」みたいだ!!

三月十八日　マーシャ

マーシャの認識、感情、モチベーションは、仕事を先に進められないことで――というよりも始めることすらできないことで――すべて危険に晒されていた。さらに、マーシャは相手が何が必要かすら分かっていないこの仕事はやりがいがあるものなのかどうかも疑問に感じていた。自主性という点で言えば、彼女とヘレンはクライアントの逡巡のために動きを封じられていた。このマーシャの境遇は、トムの「今週のいら立たしい仕事」と同様に、ビッグ・ディール・プロジェクトとは極めて対照的な個人的職務体験だ。

インフォスイート・チームは例外ではなかった。私たちが調査したどのチームにも様々な障害が確認できた。なかには、まったくの不運に見えるものや、技術上避けられない困難もあった。

▼化学合成の実験はまったくうまくいかなくて、完全なる失敗だった。どうしてこんなことになったのか分からない。すごく入念にプランニングして実験したのに。こうしたことが起きると腹立たしい。

化学企業の研究者

またある時には、障害の原因は鈍感な上層部や非協力的な仕事仲間であることもある。

▼アイデアを経営陣に売り込もうとしたが、私の考えを分かってくれなかった。彼らは自らの考えに固執し、別の意見に耳を貸さなかった。同時に、彼らのひとりに単刀直入に質問をしてみると、いつも回答を持ち合わせていない。

消費財メーカーのチームリーダー、マーケティングの専門家

▼私が取り仕切ったミーティングで、ヴィクター（チームメンバー）はファシリテーターである私にものすごく非協力的だった。クライアントの前で、彼は私が完遂しようとしていた仕事を否定した。その結果、ミーティングでめぼしい成果を引き出すことができなかった。これは彼の乏しい判断力が影響したものだと思う。

ハイテク企業のチームリーダー、シニアコンサルタント

どちらの例でも、障害が発生したこと自体がインナーワークライフをネガティブなものにしていた。多くの場合、結果として主に達成感が削がれていた。もし障害が単に仕事の難しさから生じるものであれば、自力であれサポートがあれ、その難題を乗り越え始めるに従ってインナーワークライフはネガティブなものからポジティブなものへと変わっていった。

しかし障害は、マネジャーや仕事仲間がアイデアを切り捨てたり、必要なときに手を貸さなかったり、人の努力を台無しにするなど、他人の振る舞いによって直接的あるいは間接的に引き起こされることが多々あった。そうした場面では、インナーワークライフをネガティブなものからポジティブなものへ変えるには、進捗の障害となるものを取り除くか無効化する必要がある——つまり、進捗し始める前に別の何かに取り組まねばならないのだ。こうした出来事が重なると、組織に対するバックストーリーが悪化の一途をたどる可能性がある。

インナーワークライフはたいてい目に見えないものであるとは言え、進捗や障害について語る日誌の記述の数々のなかに明らかに現れていた。私たちは日誌記入者の達成感（あるいはその欠如）や、自分は有能だ（あるいは無能だ）という認識や、周囲が協力的である（あるいは悪意がある）という見解を目にしてきた。進捗があった後には満足や、喜びや、誇りといった感情を、障害が発生した後には怒りや、いら立ちや、情けなさといった感情を目にしてきた。そしてモチベーションの浮き沈

みを目にしてきた。これがポジティブな形とネガティブな形の進捗の力だ。

インフォスイートの複雑な決済プログラムのバグに悩まされていたトムの日誌にも、進捗の力を見て取ることができる。この障害が進捗へと変わり始めたとき、彼の喜びは目に見えるほど明らかだった。

▼ほぼ一週間僕をいら立たせてきたバグをやっつけた。大したことじゃないと思われるかもしれないけど、自分は単調な生活を送っているから、自分にとってはものすごく嬉しいことだ。見ている人は誰もいない。メンバーの三人は今日会社にいなかった——だから僕は席に座ってひとりで悦に入っている。
四月十二日　トム

確かな証拠——進捗はインナーワークライフの糧になる

インフォスイート・チームの日誌の記述に突出して見られたのが進捗と障害をめぐる出来事だった。このパターンこそが私たちの呼ぶ**進捗の法則**だ。インナーワークライフに影響を与えるすべてのポジティブな出来事のなかで、最も強力なのが**やりがいのある仕事が進捗すること**である。インナーワークライフに影響を与えるすべてのネガティブな出来事のなかで、最も強力なのが進捗とは反対のもの――仕事における障害だ。私たちはこれが根源的なマネジメントの**法則**であると考えている。進捗を手助けすることこそ、マネジャーにとってインナーワークライフによい影響を与える最も効果的な方法なのだ。たとえ進捗が小さなものであっても、重要な目標に向けて着実に前進しているという感覚は、その一日が素晴らしい日になるか散々な日になるかの大きな分かれ目となる。

この法則はすべてのチームの日誌を調査するにつれてますます明白になっていった。人のインナーワークライフはプロジェクトがたとえわずかであれ前進するかしないかによって上下するように見えたのだ。**小さな勝利**にはしばしば驚くほど強くポジティブな効果があり、**小さな敗北**には驚くほど強くネガティブな効果があった。私たちはこの仮説を二つの方法でより徹底的に調査した。そしてどちらの調査結果も、進捗の力がインナーワークライフを支配していることを裏付けるものだった。

数字が解き明かすもの

収集したデータの統計的分析結果は、進捗の法則を支持するものだった。全体にわたり、インナーワークライフは進捗のあった日々の方が障害のあった日々よりも遥かに良いものだったのだ。日誌の記入フォームに収録したデイリーアンケートでは、その日の仕事やチームや職場環境や上司に対する**認識**、その日の**感情**、その日の仕事への**モチベーション**というインナーワークライフの三要素を自己採点してもらった。合計一万二〇〇〇の日誌の数字を使って、日誌の記述欄で進捗が報告された日のインナーワークライフと、障害が報告された日のインナーワークライフ、そしてどちらでもない日のインナーワークライフを比較した（統計分析の詳細については巻末の付録を参照）。

まずは**モチベーション**。進捗のあった日、人は面白さや喜びや挑戦や仕事に取り組むこと自体によってより内発的なモチベーションを抱いていた。障害のあった日、日誌記入者は感情的に普段より内発的なモチベーションを欠くだけでなく、認識の上でも**外発的動機づけ**に欠いていた。どうやら、仕事における障害は仕事をすること自体への無気力につながるようだ（コラム「進捗の法則を活用してイノベーションを加速させる」を参照）。

予想通り、調査参加者たちは進捗があった日の方が障害のあった日よりも**感情**がポジティブだった。全体的に、より前向きな感情が報告されていた。さらに優しさや誇りだけでなく、喜びも多く書き記されていた。仕事上の障害に苦しんでいるときは、フラストレーションや、不安や、悲しみの記述の方が多かった。

認識についても様々な違いが見られた。進捗のあった日は、仕事のなかにポジティブな挑戦を見いだす方が遥かに多かった。チームのこともより相互協力的だと考え、チームや上司との協力関係もよりポジティブなものとして報告されていた[2]。あらゆる次元で、プロジェクトに障害が発生したときは認識についても後ろ向きなところが見られた。仕事にポジティブな挑戦を見いだすことが少なくなり、仕事に対する自由度が少なくなっているように感じ、仕事に向けたリソースが不十分だと報告されている。さらに、障害のあった日は、チームや上司に対して通常よりも協力的でないと感じていた。

こうしたインナーワークライフの差は日々の進捗や障害によって引き起こされたのだろうか、それともインナーワークライフの差が進捗や障害を引き起こしたのだろうか。それは数値的なデータを見るだけでは分からない。しかしながら、達成感、満足感、幸福感、さらには高揚感といったポジティブな認識は、進捗の後についてくることが多いものであると日誌が教えてくれている。そしてフラストレーション、悲しみ、さらには嫌悪感といったネガティブな認識は、障害の後についてくることが多かった。ほぼ間違いなく、二つは双方向的な因果関係にある。第三章で指摘したように、ポジティブなインナーワークライフは、より良いパフォーマンスにつながるからだ。こうした双方向性の力学はマネジャーたちに強力なツールを提供することになる――詳しくは第五章で紹介しよう。

進捗vsその他の重要な出来事

仕事上で発生するすべての出来事のなかで、進捗と障害はどれほどの重要度を占めるものだろうか。調査対象者たちが「その日の出来事」を日誌に記す際、彼らは数々のポジティブな出来事に言及していた――仕事の進捗だけでなく、他人から協力を得たこと、重要な情報を発見したこと、必要なリソースにアクセスできたこと、達成が評価されたこと、激励を受けたこと、他にも多くが挙げられる。これらポジティブな要素はすべて豊かなインナーワークライフにつながるもので、一般に、それらが仕事における「良い一日」を織りなすものだ。

反対に、日誌では数々のネガティブな出来事にも言及されている――仕事の障害だけでなく、細かく管理されること、リソースの要求が却下されたこと、他人の行動がプロジェクトを台無しにしたと知ったこと、バカにされていること、無視されていること、プレッシャーがかかりすぎていること、などが挙げられる。これらネガティブな要素はすべてインナーワークライフの悪化につながるもので、一般に、それらが仕事における「悪い一日」を織りなしていた。

これらすべてのなかで、進捗と障害は本当に際立った職場での出来事だったのだろうか？　答えはイエスだ。この回答を見極めるべく、私たちは日誌で報告されたすべてのポジティブな出来事、ネガティブな出来事、どちらでもない出来事をカテゴリー分けした。

たとえば、日誌で記入者やチームが前進したとか何かを達成したという記述が見られたら、その出来事を**進捗**に振り分けた[3]。チェスター、マーシャ、そしてルースがビッグ・ディール・プロジェクトの総仕上げを行ったとき、彼らは日誌に進捗と見なせる出来事を数多く記していた。進捗が妨害されたり、何らかの形で仕事が後退したときは**障害**に振り分けた[4]。出来事のカテゴリー分けの方法を精査し検証したあとで、私たちは参加者のインナーワークライフが最も良かった日々のすべての出来事を分類し、それらを最も悪かった日々の出来事と比較した。

結果はこの上なく明確なものだった。進捗と障害は他と比べ物にならないほど最も突出したポジティブな／ネガティブな出来事だった。インナーワークライフが最も良かった日々に記されたすべてのポジティブな出来事をシステマチックに数えてみると、「進捗」についての記述が群を抜いて多く見られた。インナーワークライフが最も悪かった日々では、「障害」が最も多く言及された出来事だった。

さらに重要なのは、すべてのタイプの出来事のうち、インナーワークライフが最も良かった日々と悪かった日々において、進捗と障害のあいだに最も大きな**対照性**が見られた。たとえば、私たちはその日の全体的な「気分」を測定する尺度を作って感情を調査した。その測定は日誌のデイリーアンケートに載せていた感情に対する六つの質問への回答を基に行ったものだ。

私たちは最も気分の良かった日々と最も気分の悪かった日々を比較した。最良の日々の七六パーセントに進捗が伴っていた一方、障害が記されていたのは一三パーセントで、六三パーセントもの開きがあることを知った。最悪の日々はこの裏返しだった。そうした日々に進捗は二五パーセントしか記されておらず、反対に障害は六七パーセントも記されていた――四二パーセントの開きだ。最良の日々と最悪の日々において、これほど大きな対照性を見せる二対の出来事は他になかった。

小さな勝利（見た目にはごくわずかな進捗）は、インナーワークライフに大きな恩恵をもたらし得るもので、かなりの進捗を見せたときと同じ程の恩恵をもたらすこともある（マネジャーは、こうした些細な出来事を活用し得る。詳しくはコラム「人はどうやって進捗したことを知るのか」を参照）。マイナス面で言えば、見た目には些細な障害さえ、インナーワークライフを暗転させ得る。もし一日の終わりに素晴らしい気分なのであれば、仕事で何らかの進捗があった可能性が高い。ひどい気分なのであれば、障害が発生した可能性が高い。かなりの程度、インナーワークライフの浮き沈みは仕事における進捗と障害に呼応する。これが進捗の法則であり、仕事の最も上手くいった日と上手くいかなかった日に顕著だとはいえ、その法則は毎日機能している。

インナーワークライフに影響する三大要素

進捗と障害は最も重要な影響要素だが、最高のインナーワークライフと最低のインナーワークライフを分けるのはそれらだけではない。その他の日々の出来事も重要な役割を果たしている。進捗と障害に加えて、私たちは強い影響を与える出来事のカテゴリーを二つ発見した。それら二つのカテゴリーについては「法則」ではなく**ファクター**と呼ぶことにする。進捗と障害ほどに顕著ではないからだが、進捗の法則とこの二つのファクターは共にインナーワークライフに重大な影響を与えている。

進捗の法則はインナーワークライフに影響を与える出来事の**三大カテゴリー**のうちの第一のものだ。第二のカテゴリーを私たちは**触媒ファクター**と呼ぶことにする。「触媒」とは、ある人物やグループによる仕事への直接的なサポートを意味する――たとえばチェスターが言及したようにビッグ・ディール・プロジェクトに取り組むインフォスイート・チームに対するホテルデータ社の他のチームからのサポートが触媒に当たる。その他の触媒ファクターは、目標や、リソースや、時間や、自主性や、アイデアの交換や、仕事上の問題対処などに関係するものだ。

インナーワークライフに影響を与える出来事の第三カテゴリーは**栄養ファクター**だ。触媒ファクターが仕事に直接関係するものであるのに対し、栄養ファクターは人間関係に関わるもので、人間に直接作用する。そのファクターには尊重、励まし、慰め、その他社会的あるいは感情的なサポートが含まれる。ビッグ・ディール・プロジェクトで経営陣が祝日の週末に飲み物や食べ物を持って激励に訪れ、プロジェクトの終わりに優れた仕事ぶりを讃えたことなどが栄養ファクターに該当する。

障害が進捗と対をなすように、触媒ファクターと対をなすのが**阻害ファクター**であり、栄養ファクターと対をなすのが**毒素ファクター**だ。こうしたネガティブな行動には、プロジェクトの妨げになる行動や何らかの形で人を軽んじることだけでなく、人やチームをサポートしないことも含まれる。

図4-1は、インナーワークライフに影響を与えるこれら三つのカテゴリーのポジティブな形とネガティブな形を記したものだ。図の縦棒は最も気分の良かった日々の日誌に記述されていたパーセンテージを表している。ぱっと見るだけで、気分の良い日々には進捗が最も頻繁に言及される出来事だということが分かるだろう。触媒ファクターと栄養ファクターも度々言及されている（これらは二つ合わせて、あるいは進捗とともに言及されることが多い）。見て分かる通り、対をなす対照的な出来事（障害、阻害ファクター、毒素ファクター）にはほとんど言及されていない。ポジティブな気分

にとって、進捗、触媒、栄養の三大要素に匹敵するほどの影響力を持つ出来事タイプは見当たらなかった。最も気分の良い日々では八五パーセントもの割合で三大要素のうちの一つかそれ以上の出来事が言及されていた。

同じパターンはポジティブな具体的感情（喜びや愛情）と内発的モチベーションにも言える。[5] 最高のインナーワークライフは、仕事に進捗があり、進捗の触媒となる手助けを得て、感情的・社会的な栄養を手にした日々に感じられる可能性が遥かに高くなる。

図4-2（135頁）はインナーワークライフが最低の日々に突出して見られた出来事を示しており、そのパターンは図4-1の合わせ鏡のようだ。障害は最も

図 4-1　最良の日々で何が起きているか？

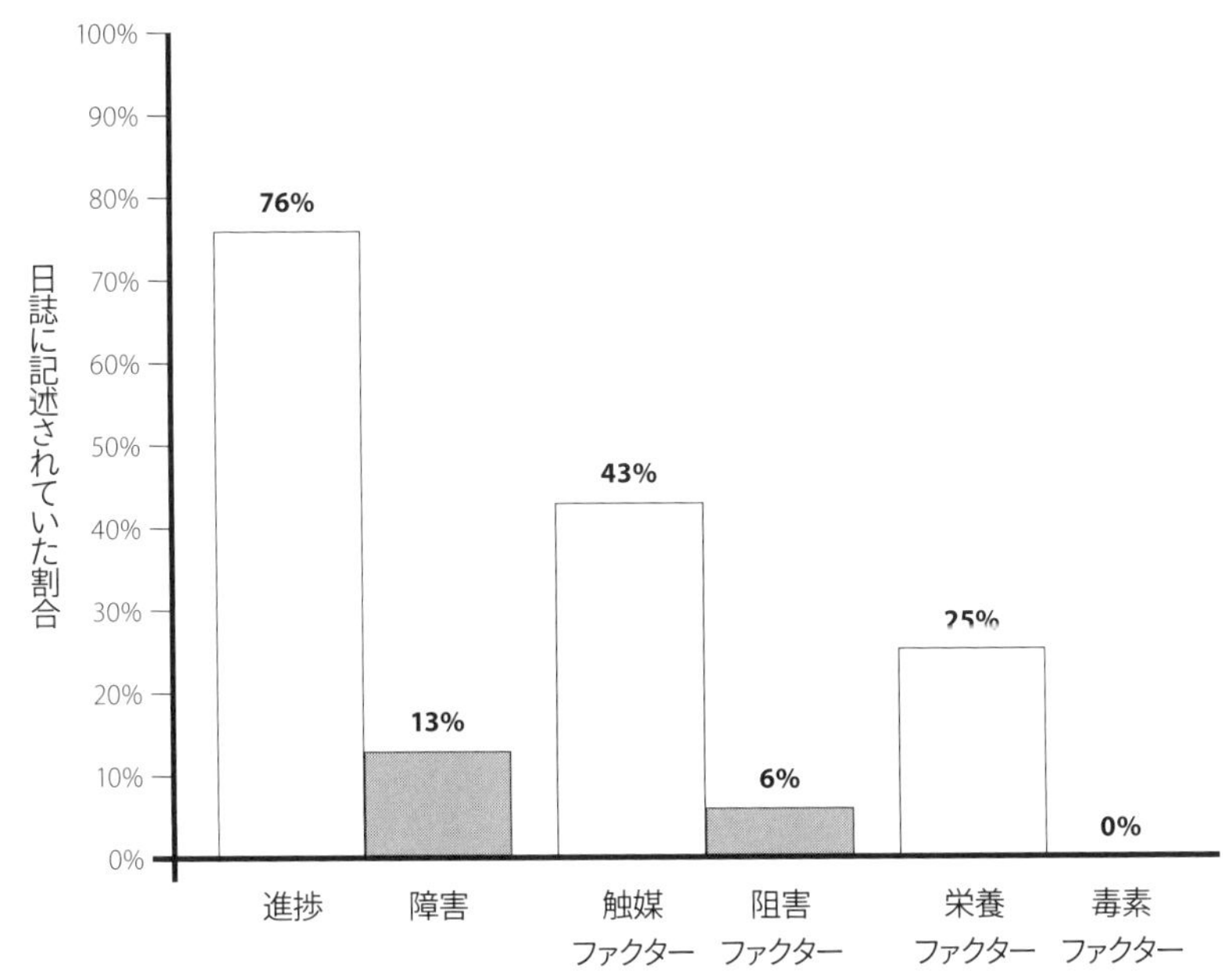

気分の悪い日々で一番顕著な出来事であり、そうした日々における日誌の六七パーセントが言及していた。阻害ファクターと毒素ファクターも頻出している。驚くまでもなく、それらと対をなす要素（進捗、触媒ファクター、栄養ファクター）は気分の悪い日々ではほとんど見られない。ここでもまた、ネガティブな気分にとって、障害、阻害、毒素の三大要素に匹敵するほどの影響力を持つ出来事タイプは他に見当たらなかった。最も気分の悪い日々の八一パーセントで三大要素のうちどれか一つの出来事が言及されていた。同じパターンはネガティブな具体的感情（怒り、不安、そして悲しみ）と低い内発的モチベーションにも言える。最低のインナーワークライフは、仕事で障害が起こり、仕事が何らかの形で阻害される経験をし、社会的動物としての幸福に有毒となる出来事に苦しむ日々だと生じる可能性が遥かに高くなる。

図4-3はインナーワークライフにポジティブな影響を与える三大要素をまとめたものだ。

インナーワークライフは、職場以外での出来事——たとえば会社の株価の上下や私生活での面倒事など、あらゆる出来事に影響される。しかし、たいていの場合、インナーワークライフは社内で起こる三つの大きな出来事群を中心に変化するものだ。続く三つの章では、その三大出来事群がそれぞれどのように作用し、喜びや、エンゲージメントや、組織内の創造性を促進するために活用し得るかを提示する。触媒ファクターと栄養ファクターの話に移る前に、まずは進捗の法則が最も根源的な要素である理由を解き明かそう。

図 4-2　最低の日々で何が起きているか？

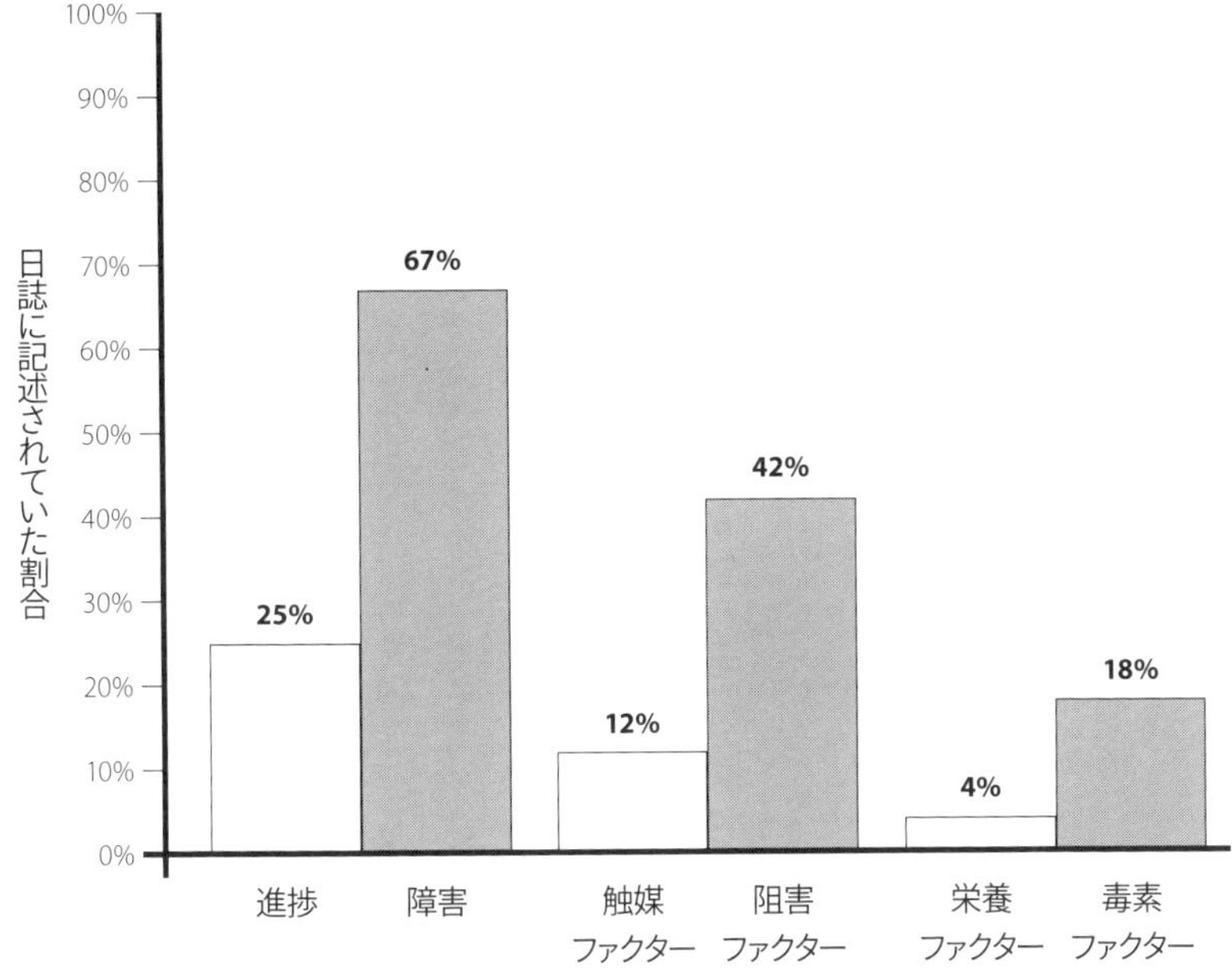

図 4-3　インナーワークライフに影響を与える三大出来事群

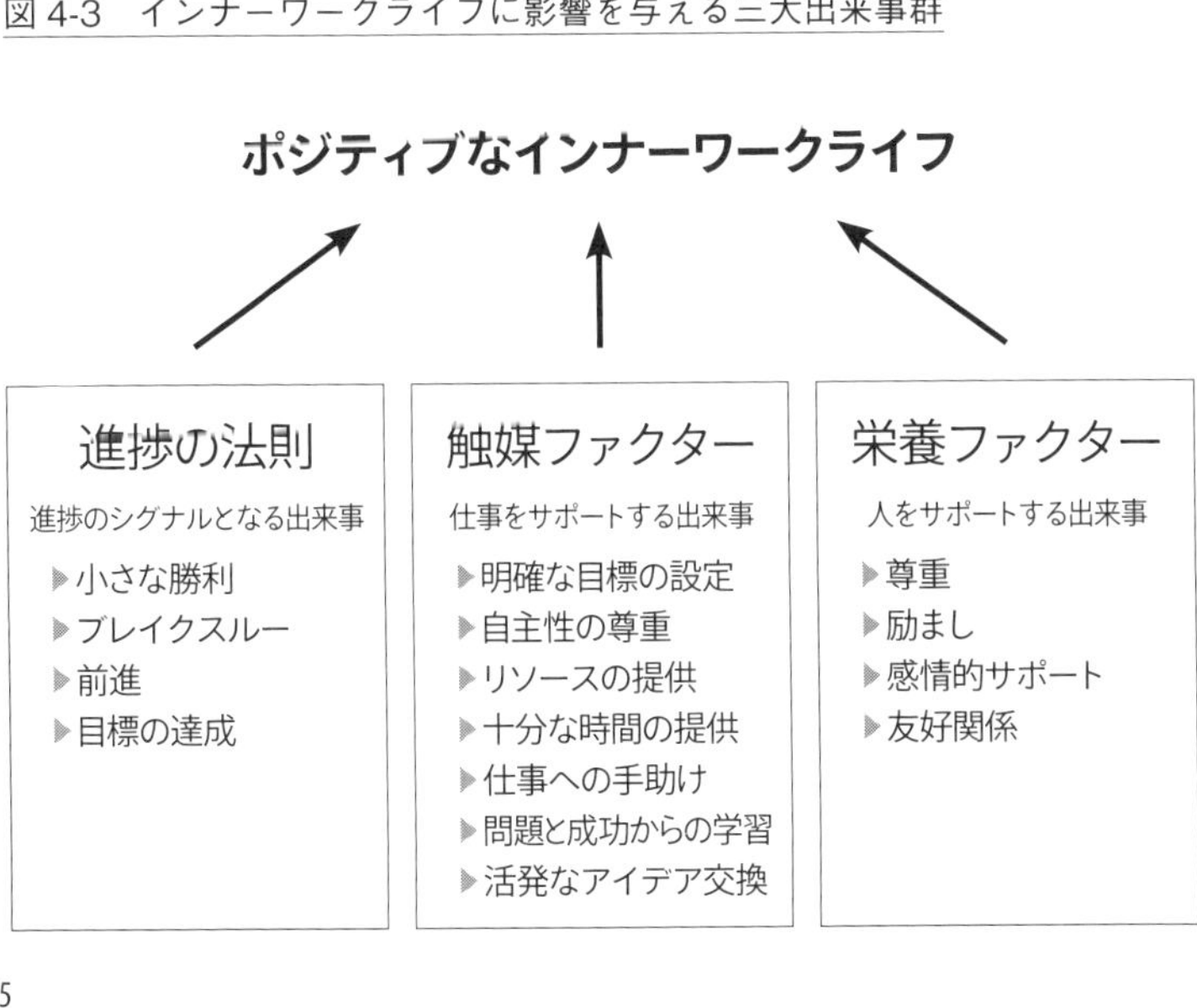

column

進捗の法則を活用してイノベーションを加速させる

マネジャーは進捗と内発的モチベーションの関連性を利用してイノベーションを加速させることができる。自分にとって大切な仕事が実際に進捗した日々において、人はより高い内発的モチベーションを抱いて一日を終える――仕事に面白さや喜びを見いだす。そして内発的に動機づけされればされるほど、人が創造的になることは数多くの研究で明らかになっている。[1]

これはつまり、部下たちが実際に達成を成し遂げたとき、彼らは創造性が求められる新しく難しい仕事に対してよりオープンになっている可能性があるということだ。言い換えれば、顕著な進捗があった後の日々では、社員は特に熱意を持って難しい問題に立ち向かい、創造的な解決策を見つけようとするはずだということである。

本書を読み進めると、こうした進捗を促進する方法についてのアイデアが得られるだろう。

column

人はどうやって進捗したことを知るのか

仕事で実際に進捗があったことを認識しない限り進捗したという感覚は得られない。では、どうすれば進捗したと分かるのだろうか？　研究者のリチャード・ハックマンとグレゴリー・オルダムによれば、その道のりは二つある。[1] 一つめ——おそらく大半のマネジャーが思いつく道のり——は、フィードバックをもらうことだ。マネジャーや知識が豊富な仲間がメンバーに対して彼らの仕事は創造的であるとか技術的に優れたものだと伝えれば、メンバーたちは進捗したのだと自信を持つことができる。しかし興味深いことに、**仕事自体から**フィードバックをもらう二つめの道のりの方が望ましい。

もし女性プログラマーが込み入った新しいコードの作成に取り組み、その後コードのテストを繰り返しているとしたら、彼女はコードの欠陥を探るテストを通して、仕事がどれほど進んでいるかを即時かつ完全に把握することになる。ちょっとしたミスしかないと分かれば、モチベーションが急上昇するだけでなく、喜びを感じポジティブな認識を持つだろう。周囲の確認を待つ必要はない。彼女は周囲の誰にも連絡を取る必要すらないのだ。

しかし、テストがプログラミング作業とは切り離された場所で行われていたり、別の誰かによって行われる場合、先ほどのプログラマーはインナーワークライフを瞬時に好転させることができない。そこで、ポイントは一連の仕事のなかで自分がした作業の結果が分かるように各工程をデザインすることだ。理想を言えば、現代のすべての組織のすべての仕事がこの特徴を持つべきである。あなたの組織はどうだろうか?

1
組織の最前線の風景から
世界的メーカーの破滅への道のり
2
インナーワークライフ
認識と感情とモチベーションの相互作用
3
インナーワークライフ効果
創造性と生産性が高まる
4
「進捗の法則」の発見
マネジャーにとって最も大切な仕事
5
進捗の法則
やりがいのある仕事が前に進むよう支援する
6
触媒ファクター
仕事がうまくいくよう支援する
7
栄養ファクター
人が気持ちよく働けるよう支援する
8
進捗チェックリスト
好循環を維持し、悪循環を断ち切る
パフォーマンス
創造性
生産性
コミットメント
同僚性
インナーワークライフ
認識
感情
モチベーション
職場での出来事
進捗の法則
触媒ファクター
栄養ファクター

第5章

進捗の法則

やりがいのある仕事が前に進むよう支援する

マネジャーが社員たちの仕事の進捗のサポートに力を注ぐべきなのは当然のことだと思うかもしれない。しかし現実はそうなっていない。

驚くべき事実を挙げよう。マネジャーたちが第四章の終わりの棒グラフを描くとすれば、**進捗は図にすら現れないだろう**。私たちは個別にもグループ単位でも多くのマネジャーたちに社員のモチベーションを高めるのに最も重要な手段を挙げるよう尋ねたことがある。マネジャーたちは、多くのビジネス本が喧伝するような、「評価」や、「具体的なインセンティブ」や、「明確な目標」といった手段を好んでいた。マネジャーとして社員の感情に影響を与える手段について聞いてみても、列挙される手段は同じようなものだったが、多くはそこに対人関係のサポートを加えていた。しかしながらほとんど——まったくと言っていいほど——仕事の進捗について言及し、マネジャーがそれをサポートするべきだと語る者はいない。

職場での動機づけについて二〇〇九年に行われたマッキンゼーによる調査でも同じ結果が出ている——調査結果に「進捗」はまったく見当たらなかったのだ。[1] つまり、マネジャーたちにインナーワークライフへ影響を与える三大要素のグラフを描いてもらうとすれば、そこに進捗の項目は出てこないのである。

困惑し、私たちの発見した進捗の法則とは当たり前すぎるものなのかと不安になった。マネジャーたちが進捗のサポートについて言及しなかったのは、それが人をリードする際に基本的な事項であるあまり、取り上げる必要すらないと考えたからかもしれない。もう少しきちんとした質問をすれば進捗の法則に対する認識が明らかになるかもしれない。その点を見極めるべく、私たちは六六九人のマネジャーに職場でのモチベーションと感情に影響を与える五つの要素を提示して、それらの重要度をランクづけしてもらうアンケート調査を行った。[2] 四つの要素は「評価」、「インセンティブ」、「対人関係のサポート」、「明確な目標」というよく語られるマネジメントの常識にした。そして五つめに「仕事の進捗のサポート」を置いた。こうしてハッキリと進捗をリストに入れておけば、マネジャーたちはこれをトップに位置づけるだろうと思っていた。

しかし結果は違った。分かったのは、マネジメントのあらゆるレベルにおいて、進捗の力が認識されていないということだった。進捗のサポートは動機づけの要素としては最下位にランクされ、感情に影響を与える要素としては三位（五つのうち）にランクされた。実際に、六六九人のマネジャーのうち動機づけの要素として進捗を第一位に挙げたのは三五人しかいなかった。全体のわずか五パーセントだ。代わりに、彼らは全体として社員を動機づけし感情を上向かせる最も重要な要素として「良い仕事に対して（組織的であれ個人的であれ）評価すること」を挙げていた。日誌の調査においても、評価は確かにインナーワークライフを向上させるものだった。しかし進捗にはほとんど及ばない。その上、仕事の達成がなければ、評価されることはほとんどない。

いかなるマネジャーの職務記述書も、まず「毎日部下たちの進捗を手助けすること」を記すべきだ。この必須事項は当然のものだと感じる人もいるかもしれないが、多くのマネジャーは明らかにそれを認識していない[3]（コラム「ゲームデザイナーの秘密」では、進捗の重要性を理解している職業を紹介している）。本章では、進捗が豊かなインナーワークライフと持続的なハイパフォーマンスの中核をなす理由を示す。そして進捗の法則を活用する際に鍵となるもの、つまり人にやりがいのある仕事を与えることについて解説する。

進捗と障害の影響が大きい理由

人はよく「これは仕事だ、パーソナルなことではない」と言う。しかし仕事こそパーソナルなものである。多くの人びと、特にキャリア形成に向けて何年も教育に投資してきた専門職の人間たちは、自分の仕事と自分のアイデンティティを重ね合わせている。起業家たちが、自らのマネジメント能力を超えるほどに自社が成長してからもトップの座をどうしても譲れないでいるのは、彼らがあまりに自らの個人的なアイデンティティを会社に注いできたからだ。[4]

ツイッターの共同創設者ジャック・ドーシーは、自分のアイデアで立ち上げた会社のCEOの地位を追われたことについて「腹を殴られたような」気分だったと表現している[5]（訳注：ドーシーは二〇一五年十月にCEOに正式復帰）。私たち学者の世界で言えば、学者であることそのものが、学術書の出版や学術賞に等しい。二六チームの調査を通じて、同じことが組織の上から下の人びとにまで言えることが分かった。仕事における進捗と障害がこれほど大きな意味を持つのは、仕事そのものが大きな意味を持つものだからだ。仕事とは人間の一部なのである。

人間の最も基本的な原動力のひとつは**自己効力感**――自分には望む目標を達成するために求められる作業をプランニングし実行する能力があるのだという信念だ。[6] 自己効力感は人生のごく初期段階から形成され始める。現実に、自己効力感を求めて子供たちは世界を探究し学ぼうとする。この欲求は人生を通じて続き、大きくなってさえ行く。「自己最高」や仕事仲間の達成を自らの達成と比べたりする。

仕事を通じて、人は進捗し、成功し、問題や作業を乗り越えるたびに自己効力感をますます強く育てていく。驚くまでもなく、心が健全であれば、人は進捗したり障害が外的要因によるものだと考えられるとき、自らに信頼を置くようになる。[7] しかしながら、個人的に重要なプロジェクトにおいて発生する障害は自意識に不安や疑念や混乱を生じさせ、仕事へのモチベーションを低下させる可能性がある。

自己効力感に対する強い欲求は、インナーワークライフをポジティブにする主要な出来事として「進捗」が突出している理由を解き明かすものだ。さらにその欲求は、日々の仕事における障害が特に有害である理由を説明するものでもある。

ブリティッシュコロンビア大学が一九九五年に行った研究では、個人的に重要な目標の達成を目指す際に障害に出くわすと（重要でない目標を目指すときに比べて）被験者はより自分のことに意識が集中し、それらの障害に思いを巡らす時間が増えるという。[8] 自分のことに集中しすぎると気分の落ち込みにつながることが多いため、こうした研究結果は、個人のアイデンティティや自尊心にとって重要な目標と実際の成果のあいだに食い違いがあると、健全な感情が短期的に傷つけられる可能性があることを示唆している。[9] 障害がネガティブなものであればあるほど、そして達成を試みる目標が重要なものであればあるほど、人は目標を妨害されたという事実が頭から離れなくなる。こうして固執することによって、さらなるネガティブな感情が引き起こされる可能性があるのだ。[10]

その他の研究でも、重要なプロジェクトにおける障害と悪い精神状態の関連性が裏付けられている。感情がネガティブになり、モチベーションが低下し、どれほど物事が上手くいかなかったか考えすぎてしまう。[11] 興味深いことに、私たちが調査した日誌でも、こうした「考えすぎ」の傾向が明らかになっている。「その日の出来事」がネガティブであればあるほど、日誌の記述が長くなっていたのだ。[12]

個人的に意義のある目標へ向けて前進したとき、あるいはその目標が達成されたとき、期待と現実が噛み合って人は気分が良くなり、自己効力感がポジティブなものになり、次の仕事により張り切って取り組むようになり、心も次の物事に移っていける。[13]

進捗は難しい挑戦をためらいなく受け入れ、より持続的に取り組んでいくよう人を動機づけするものだ。[14] インフォスイート・チームのヘレンが前のプロジェクトの成功を受けて次なる込み入った仕事に並々ならぬ熱意を持って取り組んでいったのを思い出してみてほしい。自分には能力があると感じると、人は難しい挑戦をポジティブなチャレンジであり成功への機会だと捉えるものなのだ。言い換えれば、「エンパワーメントの感覚」を育てるのである。[15] 始終障害に悩まされていると、同じ挑戦も失敗の可能性があるものと見なし、それらを避けるようになる（コラム「ネガティブな出来事の力」は、こうした障害を減らすことが決定的に重要である理由を示している）。

私たちが調査したすべてのチームのうち、消費財企業ラペル社のサン・プロテクトチームは最も難しい任務のひとつに直面していた。素晴らしい保湿性と優れたUVカットを兼ね備え既存の製品よりも半分のコストの新基準フェイスクリームを開発するという任務だ。チームは、このプロジェクトの戦略的重要性を理解していた。徹底的に医学的な検証を重ね、様々な障害を乗り越えて数週間調合法に磨きをかけたあと、メンバーたちは気を揉みながら最終テストの結果を待っていた。第三者の外部リサーチ会社に消費者テストのグループからデータを集めて分析してもらっていたのだ。プロジェクト・マネジャーのキャシーは、結果を聞いたときのメンバーたちの反応を次のように記している。

▼製品についての結果を聞いた。結果はものすごく心強いものだ。チーム全員がすごくやる気になっている。私たちは言葉通りの性能を製品に込めることができたし、それがハッキリと消費者に支持されている！　さあ、（次の段階に）進もう。

キャシーとメンバーたちは、彼らがなした大いなる進捗に心から喜びを感じた。まだまだ完成には程遠いことは分かっていたが、この出来事は、この幸せな瞬間から世界中の大手小売店に製品が並ぶのを目にする瞬間までに立ちはだかるどんな難題にも取り組んで行こうという意欲を駆り立てるものとなった。

やりがいのある仕事が進捗すること

今までで一番退屈だった仕事のことを思い出してみてほしい。多くの人は十代のころにやった初めての仕事、たとえばレストランでの食器洗いや、美術館での荷物預かりなどを挙げるだろう。そうした仕事では進捗の効果が目に見えにくい。どれほど懸命に頑張っても、汚い食器やコートが次から次へとやって来ては去っていくの繰り返しだからだ。一日の終わりにタイムカードを押したり、一週間の終わりに給料を受け取ることだけが、何らかの達成感を与えてくれる。

では、よりチャレンジングで創造性が介入する余地のある仕事、たとえば今回の調査対象者たちが行うキッチン製品の開発や、掃除用具の製品ライン全体のマネジメントや、ホテル事業の複雑なIT上の問題解決などを考えてみよう。こうした仕事でも単に「進捗する」――タスクを終わらせる――だけではインナーワークライフの向上は保証されない。自分の仕事で、この厳しい現実を体験したことがある人もいるだろう。たとえ必死に仕事を終わらせたとしても、モチベーションが低下し、自分に価値がないと感じ、フラストレーションが溜まった日々（やプロジェクト）があるはずだ。

それはなぜかといえば、進捗の法則が効果を発揮するには、その仕事が自分にとってやりがいのあるものでなければならないからである。[16] 一九八三年、アップルコンピュータが新CEOとしてペプシコーラ社のジョン・スカリーを雇おうとしていたとき、スティーブ・ジョブズは彼にこう尋ねた。「残りの人生を砂糖水を売って過ごしたいか？　それとも世界を変えるチャンスを手にしたいか？」[17] そうやって売り込みながら、ジョブズはやりがいのある仕事への誘惑を活用して、スカリーに大きな成功を収めたペプシコーラでの地位を捨て去る気にさせたのである。

やりがいのある仕事への欲求は、進捗の法則の根本的な前提条件だ。ビッグ・ディール・プロジェクトはドリームスイート・ホテルズにとっても、インフォスイートのメンバーにとっても、そして直接プロジェクトに関わらないメンバーにとってすら、どれほど重要なものであったかを思い出してみてほしい。チーム最年少のクラークは日誌にこう記している。

▼チームは（ビッグ・ディール・プロジェクトに向けた）急ぎのデータ作成を求められている。ディレクター、マネジャー、そして多くの関係者が一日中進捗を見守るなか、ルース（プロジェクト・マネジャー）は今回の問題対処に協力を仰ぐため休暇中のヘレンを呼び戻した。自分はプロジェクトには関わっていないけれど、これを自分にとっての一日の出来事として採り上げたのは、このオフィスで僕たちが扱っている財務データの並外れた重要性、僕らのチームの問題解決能力、経営陣の協力的な姿勢を目の当たりにすることができたからだ。それはすごくポジティブな経験だった。

五月二六日　クラーク

トップの経営陣から中間管理職、プロジェクト・マネジャー、そしてインフォスイートのメンバーたちまで全員がこのプロジェクトに意識とエネルギーを集中させていたため、クラークはこのプロジェクトがどれほど重要なものであるか、ひいては彼のチームの仕事全般がどれほど重要なものであるかを悟ったのだった。彼はビッグ・ディール・プロジェクトが真にやりがいのある仕事だと感じただけでなく、そのやりがいのある仕事が進捗する際、マネジャーたち全員が協力的で、メンバーたちが高い能力を持っていることを見て取ったのだ。クラークが自分のことのように感じたこの体験は、たとえ進捗が仕事仲間の力によるものであっても、**やりがいのある仕事が進捗するこ**

とは達成感や、素晴らしいインナーワークライフの要件であるポジティブな認識、感情、モチベーションをもたらすという完璧な事例だ。

毎年、フォーチュン誌はアメリカの公・私企業の社員たちに対する徹底した調査に基づき「最も働きがいのある企業一〇〇社」を発表している。リストに挙がる企業の多くは、手厚い福利厚生を用意しているわけではない。そうした企業の職務内容を振り返り、私たちの調査の事例を分析してみると、働きがいのある企業というのは進捗を促進することによってインナーワークライフをサポートしているのだと信ずるに至った。

たとえば、比較的無名なコネチカット州のグリフィン病院が数年にわたり一〇〇社に名を連ねていた。二〇〇六年には四位にランクインしている。興味深いことに、グリフィン病院は同地域の他の病院に比べて給料は五～七パーセント低いものの、二〇〇五年には一六〇名の募集に対して五一〇〇名もの応募があった。自発的な離職者率はたったの八パーセントだった。どうやら、医療の専門家たちがこれほどにグリフィンで働きたがる理由は、患者のケアに対する輝かしい評判にあるらしい。病院はスタッフにとって最も大切な「患者のケア」を行うためのサポートをしていたのだ。同様の傾向は二〇〇三年のある調査でも明らかになっており、重要でやりがいのある仕事の方が、他の仕事の特徴――たとえば給料や昇進――以上にアメリカ人が価値を置いていることが分かった。[18]

やりがいのある仕事とは何か

やりがいのある仕事と言っても、それは社会にとって甚大なる影響を持つ仕事――世界中の情報の体系化、病人のケア、貧困の撲滅、ガン治療の支援――である必要はない。大切なのは自分の仕事が何かや誰か（自分のチームや、自分自身や、自分の家族でもいい）にとって価値のあるものだと自分が認識することだ[19]。そこでの「仕事」とは、シンプルに顧客へ有用で高品質な製品を作るだとか、自分のコミュニティに誠実なサービスを提供するということだっていい。仕事仲間をサポートすることでも、インフォスイート・チームがやったように自社の資金一億四五〇〇万ドルを守るということでもいい。目標が高いものであろうが適度なものであろうが、それがやりがいのあるものである限り、進捗がインナーワークライフに影響を与える条件は整っている[20]。

化学企業のシニア実験技術者リチャードの例を挙げよう。プロジェクトチームは複雑な技術的問題を解決するために自分の知見を頼りにしていると感じ、彼は仕事にやりがいを見いだしていた。しかしながら、三週に一度のチームミーティングのなかで、リチャードは自分の提案がチームのリーダーやメンバーたちから無視されているように感じた。その結果、彼は自らの働きが意義のあるものだと感じられなくなり、インナーワークライフは暗転していった。そしてようやく、プロジェクトの成功に大きく貢献していると再び感じることができたとき、彼のインナーワークライフは劇的に改善した。

▼今日のチームミーティングは普段よりずいぶん良い気分だった。自分の意見や情報はプロジェクトにとって重要なのだと感じることができたし、私たちは進捗したとも思う。
化学企業のシニア実験技術者　リチャード

気分やモチベーションに対する日誌の自己採点によれば、これがプロジェクト期間中リチャードにとって最良の日のひとつだった。

やりがいを失くす四つの道

そもそも、マネジャーは仕事にやりがいを与えるために特別長く時間を費やす必要はない。現代社会のほとんどの仕事は、それに従事する人びとにとってやりがいを秘めたものだ。一方で、マネジャーは社員にその仕事がどのように役立っているかを伝える必要がある。そして、最も重要なのは、マネジャーは**仕事の価値を失くす行動を避ける**べきだということだ。私たちの調査対象者は全員やりがいのある仕事に取り組んでいたはずだ。しかし驚くことに、私たちは重要でやりがいのある仕事から、その意義が失われる場面を数多く目にした。

どうしてこのような事態が起きるのかを調べるために日誌を精査すると、そこには四つのメカニズムがあることが分かった。一つめはリチャードが経験したこと、つまり自分の仕事やアイデアがリーダーや仕事仲間から相手にされないことだ。二つめは自分の仕事から当事者意識が失われることである。これはカーペンター社のドメイン・チームのメンバーたちに繰り返し起きていた。同チームのブルースは次のように記している。

▼いくつかのプロジェクトを譲り渡していくうちに実感したのは、自分が途中で放り投げるのは好きではないということだった。立ち上げから関わってゴールに差し掛かっていたプロジェクトは特にそうだ。当事者意識を失ってしまう。これは私たちに幾度となく、繰り返し起こっている。

八月二十日　ブルース

やりがいを失わせる確実な方法の三つめは、自分たちが従事している仕事は日の目を見ないのではないかと社員に疑念を抱かせることだ。これは経営の優先順位が変わったり、単に経営陣が方針転換をするようなときに起こり得る。ＩＴ企業ＶＨネットワークスのユーザーインターフェース開発者バートには、この後者の出来事が起こった。彼は非英語話者のユーザーに向けたシームレスなページ遷移の設計に数週間を費やしていた。驚くまでもなく、方針転換が告げられた日、バートのインナーワークライフは深刻に落ち込んでしまった。

▼チームミーティングでインターナショナル（・インターフェース）に対する別の方針が告げられた。おかげで自分のやっていた仕事が無駄になってしまう。

七月二八日　バート

同じことは、クライアントが要求する優先順位が予期せず変わるときにも起こり得る。これは顧客関係管理がまずかったり、社内でのコミュニケーションが不十分であった結果であることが多い。たとえば、VHネットワークスのデータ変換の専門家であるスチュアートは、チームの数週間におよぶ懸命な仕事が無駄になるかもしれないと知った日、深い憤りとモチベーションの低下を記している。

▼クライアントの方針転換のせいで、プロジェクトが先に進まなくなる可能性が高いことが分かった。それはつまり、このプロジェクトに費やした時間と労力は単なる無駄だった可能性が高いということだ。

三月六日　スチュアート

四つめは、頼まれた数多くの具体的な作業に対して、自分にはもっと能力があるのにと感じてしまうとき、意義ある仕事からやりがいが失われる。VHネットワークスの社員ブロデリックは、自分のスキルなら大きな貢献ができると思い、あるプロジェクトに自ら名乗り出て参加していた。しかし上司に「単純労働」を指示されたとき、彼のインナーワークライフは急降下した。

▼今日上司に偶然出くわして、「単純労働」を伴う作業を頼まれた。これは私の言葉ではなく上司の言葉だ。私はこの作業に取り組むためにプロジェクトに参加したわけじゃない（中略）。控えめに言っても、もしこれを自分がやらねばならないなら、私の士気は今までで一番低くなってしまうだろう。自分は志願してこのプロジェクトへ参加したっていうのに。

七月十日　ブロデリック

人は誰しも、自分の仕事が実際に何か重要なことに貢献しているのだと信じる必要がある。この信念が揺るがなければ、進捗は真の満足や、仕事を続ける強いモチベーションや、前向きな感情につながる。仕事にやりがいが欠けていると、たとえどれだけ長い作業を終わらせたとしても、真の達成感は生まれてこない。

進捗ループ

進捗とインナーワークライフは互いを糧にしている。数学者のノーバート・ウィーナーは、こうした類いの関係性を正のフィードバック・ループと呼んだ。「累積的因果連関」のことである。[21] 進捗はインナーワークライフを豊かなものにする（進捗の法則）と同時に、ポジティブなインナーワークライフはさらなる進捗につながり（インナーワークライフ効果）、好循環を生む。このループは悪循環として作用することもある。進捗とインナーワークライフが互いを向上させ合うのと同じように、どちらかが悪化すると、もう一方も悪化していく。図5-1は**進捗ループ**の好循環と悪循環を示したものだ。

フィードバック・ループと同じように、この進捗ループも自己強化型のものである。たとえば真空のなかに置かれた振り子は外部からの力を受けるまで動き続けるように、進捗ループも他の出来事に干渉されるまで

図 5-1　進捗ループ

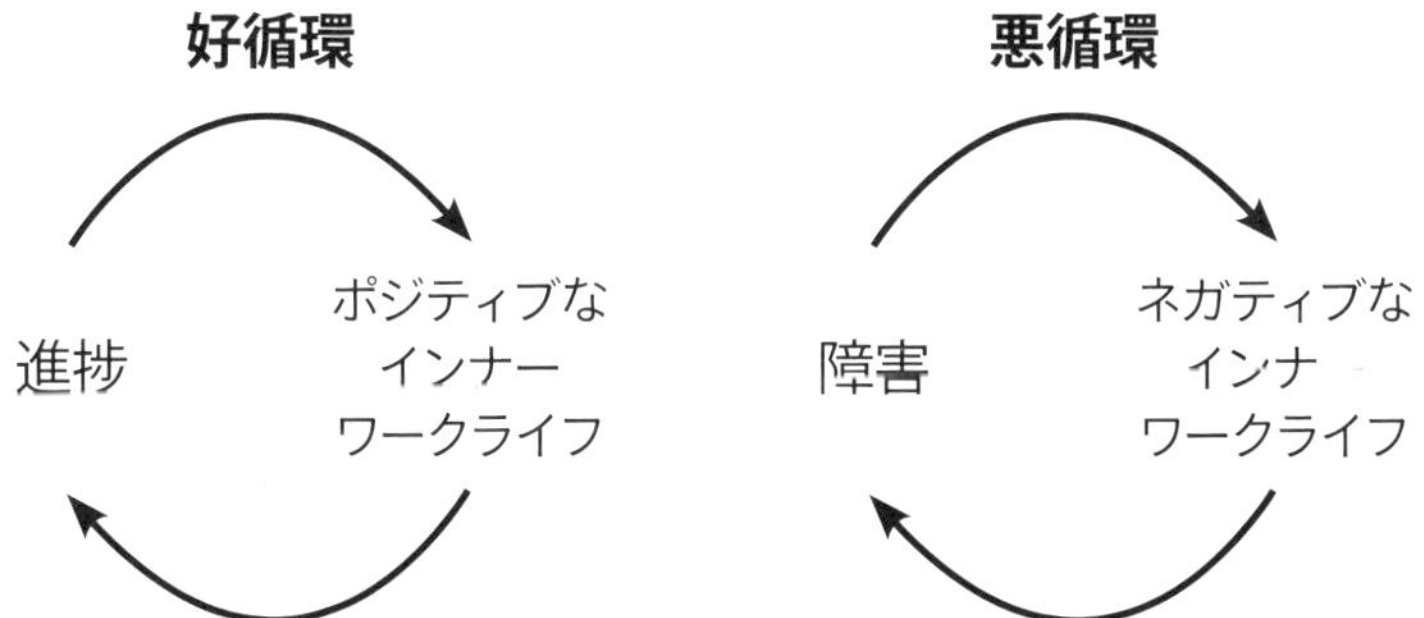

簡潔に記すため、このモデルは簡略化されている。インナーワークライフとパフォーマンスの相互作用は複雑かつ興味深いものだ。関心を持った読者は、その真の複雑さの一端を、感情と創造性の相互作用という形で確認することができる。この論文（T. M. Amabile, S. G. Barsade, J. S. Mueller, and B. M. Staw, “Affect and Creativity at Work,” *Administrative Science Quarterly* 50 [2005]: 367-403.）は、私たちの日誌調査に基づく証拠を提示して、感情が創造性に影響を与えるだけでなく、創造性も感情的反応を引き出すことを示している。

動き続ける。そして空気抵抗やその他の物理的な障害物が振り子の動きを鈍らせていくように、職場のあらゆる要素がポジティブな進捗ループの好循環を妨げる可能性がある。幸いながら、悪循環も外部からの出来事によって食い止めることができる。簡単ではないが、それは進捗に向けた障害物を取り除き、成功に必要なサポートを提供することで可能になる。

進捗ループは高いパフォーマンスを示す企業の秘密兵器だ。進捗ループはマネジャーと社員の双方にウィン＝ウィンの関係をもたらす。個々の社員による日々の着実な進捗は組織の成功と各社員の豊かなインナーワークライフの両方を後押しする。[22]この強力な効果を利用するためには、あらゆる重要な仕事には障害がつきものだとしても、社員が常にやりがいのある仕事を着実に前進させていけるよう保証しなければならない。

現実の世界においては、時計の振り子は誰かが時計のネジをまき続けることによってのみ動き続ける。これと同じように、マネジャーも常に進捗をサポートし障害を取り除くことによって進捗ループを保ち続けなければならない。自分の組織で働く社員たちの日々の進捗をサポートすることに集中すれば、組織の成功を後押しできるだけでなく、社員たちの日々の生活も豊かなものにできるだろう。

マネジャーは、たとえば幸せな感情に火をつけるべく遊び心を職場に持ち込むなど、他の方法でもインナーワークライフを豊かにすることができる。しかしそうした方法は進捗の力に集中することに比べると効果が薄い。進捗とは組織の目標に最も密接に結びついたものであるのみならず、ポジティブな認識、感情、モチベーションを生み出すあらゆる出来事のうち、それを活かすか台無しにするかがマネジャーの手に最も大きく委ねられた出来事なのだ。それは良い知らせだろう。なぜならこれまで見てきたように、進捗ほどインナーワークライフを豊かにするものは他にないからだ。

進捗の法則はインナーワークライフに最も大きな影響を与えるものだが、進捗と障害だけが職場での重要な出来事というわけではない。次の章では、インナーワークライフに影響を与える出来事の三大カテゴリーのうちの二番目、触媒ファクターについて詳しく見ていく。

column

ゲームデザイナーの秘密

マネジャーたちは進捗が人間のモチベーションにとっていかに重要か気づいていないかもしれないが、すべての優れたゲームデザイナーたちは、その秘密の事実を知っている[1]。あらゆるエンターテイメントのなかで、テレビゲームは最も中毒性のあるものだ。人びと、特に十五歳から三五歳までの若い男性たちは、「ワールド オブ ウォークラフト」のような多人数同時参加型のオンラインゲームの空想の世界に没入し続けるために膨大な時間と金を注いでいる。何が彼らを惹きつけ続けているのだろうか？ 大体において、その要因は二つある。常に進捗が計測できること、そして達成の記録が目に見えることだ。どちらも進捗の法則を利用したものである。

事実上ほぼすべてのゲームに、スクリーン上でプレーヤーが絶えず確認できる「進捗バー」が搭載されている。こうした進捗バーは、ゲームの次のレベルや、現在のレベルでの次のステップや、現在のステップにおける次の小目標にどれだけ近づいているかが目に見える指標だ。達成の記録とはボーイスカウトやガールスカウトが特定の技術をマスターして手にするバッジのようなものだ。ゲームにおいて、各プレーヤーの達成は――たえず更新されるゲーム内のチャレンジのどのような達成であれ――すべてのプレーヤーが確認できる形で表示される。

真に優れたゲームデザイナーは、ゲームのすべてのステージでプレーヤーに進捗の感覚を与える方法を知っているのである。真に優れたマネジャーは同じことを部下たちに対して行う方法を知っているものだ。

column

ネガティブな出来事の力

豊かなインナーワークライフを育みたければ、まずは障害をもたらす要素を除去することに集中しよう。なぜか？　ひとつの障害はひとつの進捗よりもインナーワークライフに大きな影響を与えるからだ。その驚くべき事実をいくつか紹介しよう。

▼感情に対する障害の効果は進捗の効果よりも強い。[1] 進捗は幸福感を増し、フラストレーションを低下させるものだが、障害が持つ効果は真逆のものであるだけでなく――進捗よりも**効果が強い**。障害は、進捗が幸福感を増幅させる力の二倍以上の力で幸福感を低下させる。フラストレーションに関しては進捗が低下させる力の三倍以上の力で増幅させる。

▼小さな敗北は小さな勝利を圧倒し得る。進捗と障害の力の非対称性は、比較的些細な物事にも当てはまるようである。同様に、職場での日々の些細な煩わしい出来事は日々の些細なサポートよりも大きな影響力を持っている。[2]

- チームリーダーのネガティブな振る舞いは、チームリーダーのポジティブな振る舞いよりもインナーワークライフに広範な影響を与える。
- ニュートラル、あるいはポジティブな出来事と比較して、障害を含めたすべての種類のネガティブな出来事に対する日誌の記述の方が長くなるという事実は、良い出来事よりも悪い出来事に人はより認識的・感情的エネルギーを注いでいることを示唆している。
- 障害だけでなく、すべてのネガティブな出来事群は、その対になるポジティブな出来事群よりも大きな影響力を持っている。[3]
- 感情と職場でのネガティブな出来事の関連度は、感情とポジティブな出来事の関連度より五倍も強い。[4]
- 社員はリーダーのポジティブな行動よりもネガティブな行動を思い出し、ポジティブな行動よりもネガティブな行動の方を鮮明に詳細まで覚えている。[5]

インナーワークライフへの影響力が相対的に弱いがゆえに、職場ではネガティブな出来事よりもポジティブな出来事が数で勝るように努力しなければならない。特に、日々の煩わしい出来事を減らすよう心がけよう。これはつまり、個人やチームの進捗を妨げる要素を取り除くという些細な行動が、インナーワークライフに大きな違いを生み――果てはパフォーマンス全体に大きな違いをもたらし得ることを意味している。そして「自分自身」が障害の源泉とならないように注意しよう。ネガティブな要素はインナーワークライフに大きな悪影響を及ぼすものであるため、ある名医のモットーに倣うのが良いかもしれない。

「何よりもまず害をなすなかれ」

1
組織の最前線の風景から
世界的メーカーの破滅への道のり
2
インナーワークライフ
認識と感情とモチベーションの相互作用
3
インナーワークライフ効果
創造性と生産性が高まる
4
「進捗の法則」の発見
マネジャーにとって最も大切な仕事
5
進捗の法則
やりがいのある仕事が前に進むよう支援する
6
触媒ファクター
仕事がうまくいくよう支援する
7
栄養ファクター
人が気持ちよく働けるよう支援する
8
進捗チェックリスト
好循環を維持し、悪循環を断ち切る
パフォーマンス
創造性
生産性
コミットメント
同僚性
インナーワークライフ
認識
感情
モチベーション
職場での出来事
進捗の法則
触媒ファクター
栄養ファクター

第6章 触媒ファクター
仕事がうまくいくよう支援する

ソフィーという名のプロダクト・マーケターと、ティムという名のエンジニアは、私たちの調査期間中互いに顔を合わせることは一度もなく、これからも会うことはないだろう。しかし、もし彼らが会ったら、議論が白熱することだろう。

ソフィーは、すでに紹介したかつての偉大な消費財メーカー、カーペンター社で働いていた。長身で眼鏡をかけたエネルギッシュなソフィーは自身が統括する新しいキッチン製品の開発に向けて際限ない障害に果敢に立ち向かっていた。次の日誌は、彼女がきっとティムに伝えるであろう最悪のインナーワークライフについての数ある記述のほんの一例だ。

▼どうして研究開発部が私のプロジェクトを度々ボツにするのかさっぱり分からない。けど、私は

新製品の開発で評価を下されることになってる！　ディーン・フィッシャー（研究開発部の責任者）は、私が担当する手持ちミキサーの新製品を三度も却下して、二週間前にようやく承認した。ものすごく目標が矛盾していて、スタート、ストップ、リスタートなんかを繰り返してる。

五月十日　ソフィー

オライリー・コーテッド・マテリアルズでシニア・リサーチ・エンジニアを務めるティムは、ソフィーが描写するカーペンター社での出来事の数々に熱心に耳を傾けたことだろう。顎ひげをなで、濃いブルーの目に共感を浮かべながら。しかしティムは、真の意味でソフィーに共感し、真の意味で彼女の大きなフラストレーションや、ズタズタになったモチベーションや、組織へのひどく悪い見解を理解するのは難しかっただろう。たとえば、自身が取り組むプロジェクトの最初の一日の出来事に言及したティムの日誌を見てほしい。

▼最初のチームミーティングがあった。そして（中略）毎週金曜の午前十一時にミーティングをすることに決まった。グループのリーダーは優れた論理的分析力を見せ、（中略）この新規プロジェクトが次の二〜三か月にどう進むか彼の考えを語った。

十月九日　ティム

ティムの経験はソフィーの経験と似ても似つかなかった──なぜならまさに最初の一日目から、ティムのチームはソフィーのチームにはないものを持ち合わせていたからだ。それは自分たちが向かっている明確な目標だ。自分が何をすべきか分からないまま何かを気分よく行うことは難しい。明確な目標があると、最も自己完結型の作業から最も広範なプロジェクトに至るまで、どんな仕事へ取り組むにしても自分を方向づけてくれる。

またしても新しいプロジェクトのひとつが却下されて自分の立ち位置を見失い落胆したソフィーは、この先どうするか方向性をほとんど失い、自身の仕事から自主性さえ低下しているように感じた。仕事を続けるモチベーションも失い始めていた。対照的に、ティムはこの最初のチームミーティングで元気づけられ、グループのリーダーがチームに示し始めた目標の方へ邁進する準備ができていた。

明確な目標は、インナーワークライフに影響を与える三大カテゴリーのうち、進捗の法則に次ぐ効果を持つ**触媒ファクター**の主要な要素のひとつだ。化学の世界では、「触媒」とは化学反応を促進・加速させる物質のことを意味する。私たちの研究では、創造的で、ハイクオリティな仕事を首尾よく完了させるのに直接的な影響を与えるすべてのものを「触媒」と呼ぶ。触媒のない状態や、ネガティブな形の触媒は**阻害ファクター**と呼ぶ。

触媒ファクターは仕事の進捗をサポートする。阻害ファクターは進捗を妨げたり障害を生むものだ[1]。これまで示してきたように、進捗と障害はインナーワークライフに影響を与える最大の要素だ。

しかし驚くべきことに、触媒ファクターと阻害ファクターは、**まだそれらが仕事自体に影響を与えるまでに至っていなくても、インナーワークライフへ瞬時に影響を与え得る。**たとえば明確で意義深い目標や、十分なリソースや、協力的な仕事仲間がいると感じると、即座に仕事や組織への認識、自らの感情、そして素晴らしい仕事をしようというモチベーションが向上する。一方で目標が混沌とし、リソースが与えられず、仕事仲間が責任を果たさず失敗したりするとただちに、認識や、感情や、モチベーションは低下していく。進捗や障害はこの後にやって来るが、インナーワークライフへの影響は瞬時に感じるものなのである。

図6-1はインナーワークライフに対する触媒ファクターの直接・間接的な影響を表すものだ。直接的な影響（太い矢印）は、人が触媒ファクターを認識すると瞬時に発生する。インナーワークライフへの間接的な影響は、進捗ループを通じてもたらされる。触媒

図6-1　触媒ファクターのインナーワークライフに対する影響

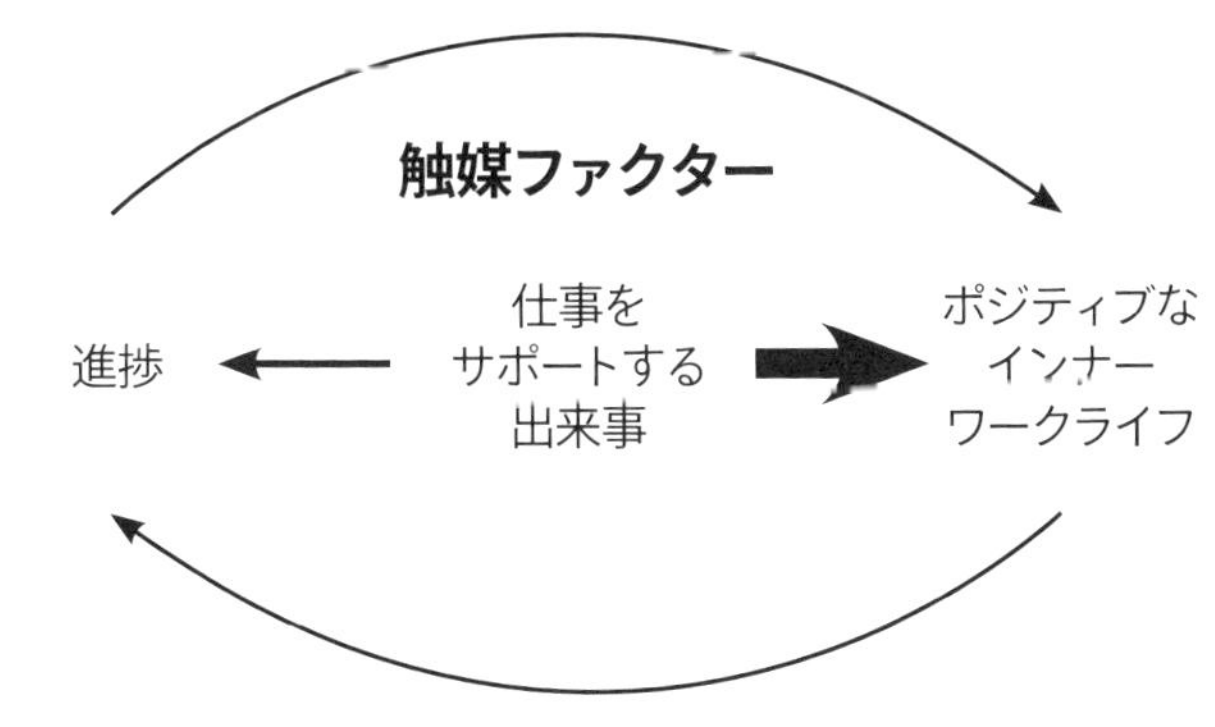

ファクターが実際の進捗につながるとすぐに、その進捗の感覚がインナーワークライフを向上させる。たとえば、あるプログラマーが要求していた新しいコンピュータが届くと告げられたとき、即座にインナーワークライフへ影響が現れるだろう。そのコンピュータが到着する前ですら、その知らせに喜びを感じる可能性が高く、上司が有能であるとか自分が重んじられていると考えるかもしれない。そのうえ実際にコンピュータを手にし、それがさらなる進捗の助けになるとしたら、その進捗と進捗に伴う達成感によってインナーワークライフはさらに向上するだろう。

進捗ループは別のネガティブな出来事によって妨害されるまで循環し続けるため、触媒ファクターはインナーワークライフにポジティブな影響を与え続けられる可能性もある。しかし残念ながら、それと同じ理屈で、強い阻害ファクターによってインナーワークライフへネガティブな影響を与え続ける可能性もある。

七大触媒ファクター

触媒ファクターは様々な形態を取り得る。一万二〇〇〇の日誌における「その日の出来事」に関する記述と、調査対象者によるその日のインナーワークライフの自己採点を分析した結果、仕事とインナーワークライフを活性化する七大触媒ファクターと、その正反対の効果を持つ七大阻害ファクターを突き止めた。この七つだけが調査対象者の仕事の触媒となり阻害となるファクターではないものの、この七つがインナーワークライフと仕事自体に影響を与える要素として突出していた。

1　明確な目標を設定する[2]

人は自分の仕事がどこに向かっているか、なぜこの仕事が重要なのかを分かっているときにインナーワークライフが向上する。明確な短・長期間の目標はチームに具体的な道しるべをもたらし、それが彼らの進捗を際立ったものにする。矛盾した優先順位づけや、不明瞭で、やりがいのない、恣意的に揺らぐ目標が掲げられたとき、人はいら立ち、ひねくれ、モチベーションが低下する。無駄な努力をして時間が浪費され、仕事の質が低下する。

2　自主性を与える[3]

明確な目標の設定は、それが社員たちに何をどうすべきか指示してばかりになると裏目に出る可能性がある。真の意味で内発的に動機づけがなされ、進捗して自己効力感を得るためには、各人が自分の仕事に口を出す権利を持つ必要がある。その上、社員たちが仕事のやり方に自らの裁量を持つとき、彼らはより創造的になる。自主性のポイントは、自らの決断が重んじられるという感覚だ。もし経営陣が社員の決断を覆してばかりいたら、社員はたちまちいかなる決断をも下すモチベーションを失い、それが進捗を深刻に阻害する。仕事が遅れるのは、自分たちが仕事に取りかかったり何か変更を加える前に上司を待ってチェックしてもらわねばならないと感じるからだ。

3　リソースを提供する[4]

ふんだんなリソースが不可欠なわけではないが、必要な設備、資金、データ、材料、そして人材へのアクセスは欠かせない。社員にこうした触媒ファクターが欠けていると、彼らは進捗するのが難しい、あるいは不可能だと考えるようになり、インナーワークライフは急降下する。実際、「経費削減」が長い目で見て成功につながることはほとんどない。経費削減が人材のカットを意味するときは特にそうだ。[5] リソースの提供はインナーワークライフに二つの面でポジティブな影響を与える。社員たちにプロジェクトは成功するのだと感じさせるだけでなく、組織が自分たちの仕事を重要視しているというシグナルになるからだ。必要なリソースを与えないでいたり、リソースへのアクセスを困難にしておくと、無益感が募り、右往左往したり「単純労働」をして時間を浪費していると感じて怒りが沸き、このプロジェクトは重要でないに違いないという認識が生まれる。

4　十分な時間を与える——しかし与えすぎてはいけない[6]

時間のプレッシャーは私たちが調査した中で最も興味深い力のひとつだ。時おり短い期間で発生する時間的なプレッシャーはインナーワークライフを活気づけるが、ポジティブなインナーワークライフを引き出すために極めて厳しい時間的なプレッシャーを用いることは、それが数週間にわたるものであれ短期間のものであれ危険なことだ（コラム「時間的プレッシャーと創造性」参照）。度々マネジャーが不可能なほど短期間の締め切りや作業量を設定すると、社員はストレスを感じ、不満を溜め、モチベーションが下がり燃え尽きる。とは言うものの、人は手持ちぶさたであることも嫌う。私たちの調査対象者がほとんど時間的プレッシャーのない一日だったと日誌に記すことは稀だったが、そうした日々は――実際に発生すると――ポジティブなインナーワークライフに資するものではなかった。つまり低い、あるいは適切な時間的プレッシャーがポジティブな思考、感情、モチベーションを保つのに最適であるように見える。

5　仕事をサポートする

現代の組織において、人は互いの力を必要としている。ほとんどすべての人間が持ちつ持たれつの関係で仕事をしている。周囲からの支援やサポートもなく、完全に自分の意志に任された社員は、わずかばかりの達成しかできない――彼らはサポートを必要としているのだ[7]。サポートには、必要な情報を提供することから、一緒にブレインストーミングをすることや、苦しんでいる仲間に力を貸すことまで様々な形がある。社員はサポートが得られないと落胆し、どのような階級の上司であれ、どのような組織の仲間であれ、チームメートであれ、さらには仕入先や顧客であれ、プロジェクトにとって重要な誰かからのサポートが与えられないでいるといら立ちが募り、誰かがしきりに仕事を妨害してきたら激怒する。反対に、適切な種類のサポートを、適切な人物から、適切なタイミングで得ると、インナーワークライフ向上の大きな後押しになる――たとえそのサポートが実際の進捗につながる前であってもだ。

6　問題と成功から学ぶ[8]

どれほど技術を持った人間でも、どれほど良く計画され実行されるプロジェクトでも、複雑で創造的な仕事においては問題や失敗は避けられない。私たちは、仕事上の問題にきちんと向き合い、分析し、それを乗り越える計画を立てたり問題から学んだときの方がインナーワークライフが遥かにポジティブになることを突き止めた。問題を無視したり、罰せられたり、行き当たりばったりに対処されるとき、インナーワークライフはネガティブなものになっていた。成功から学ぶことも大切だ。調査対象者たちの認識、感情、そしてモチベーションは、たとえ小さなものであっても成功が讃えられ、得られた知見を分析するときに、よりポジティブなものになっていた。そして成功が無視されたり、成功の真の価値が疑問視されるとき、インナーワークライフはネガティブなものになる。失敗から学び前進する能力は、**心理的安全性**によって特徴づけられる組織風土のなかで遥かに多く目撃される傾向にある。心理的安全性とは、失敗を避けることよりも、失敗を認めたり指摘することを社員に奨励するリーダーたちの言葉や行動から醸成された共通認識のことだ[9]。心理的に安心できる雰囲気のなかでのみ、真に革新的な仕事を実行するのに必要なリスクを取ることができるのだ。

7　自由活発なアイデア交換[10]

私たちの調査参加者たちは、プロジェクトに対するアイデアがチームや組織のなかで自由に飛び交うときに最良の日々を過ごしていた。そして私たちは、マネジャーが社員たちに心から耳を傾け、様々な観点を持って熱心に議論し合うことを後押しし、建設的な批判を（たとえ自分自身に対してであっても）尊重するときに最もアイデアが活発に行き交うことを発見した。この重要な触媒ファクターが欠けるか阻害されたとき――マネジャーが議論を妨げたり、新しいアイデアを厳しく批判するとき――人は萎縮してしまうようであった。自己防衛モードになると、インナーワークライフは恐れの感情や、職場環境へのネガティブな認識や、低下したモチベーションに支配されてしまう。

組織風土は日々の出来事から生まれる

触媒ファクターと阻害ファクターは、ただランダムに発生するわけではない。インナーワークライフに日々影響を与えるこれらの要素は組織の風土から生まれてくる。そこで働く人びとの振る舞いや心理を形作る社内の常識のようなものだ。風土（あるいは文化）は、その組織内外の人間から見た会社の「特徴」である。[11]それは組織の創業者たちから始まって、主にリーダーたちの言動や行動から形成されていく。[12]組織風土とは組織内で起こる具体的な出来事から生まれていく。時が経つに従って、似たような具体的な出来事がその風土を強化していく。

たとえば、初期のグーグルの風土は、「勤勉」と「遊び心」が特徴だった。自由な精神をもって新しいアイデアを探究し、世界中の情報を整理して世界中の人びとがアクセスできるようにするという高邁な使命に向けて懸命に力を合わせる様子が社内での出来事の多くに見られた。対照的に、何年ものあいだＩＢＭの風土は極めて保守的なものだと見なされてきた。社員たちは濃紺のスーツに身を包み、大きな法人顧客へ奉仕することに注力し、定められた手順に慎重に従う。こうしたリーダーや社員たちの振る舞いが続き、新しく入ってくる社員もそれに従って順応していく限り、この体制追従の風土は広がっていくのだった。組織の風土がどのようなものであれ、その会社の規範は創業者や初期の上層部の行動によって形成されていく。マネジャーたちの振る舞いや組織の状況に大きな変化がない限り、風土は何十年も持続する可能性がある。

組織内で触媒ファクターや阻害ファクターを生む、風土の三大要素は次の通りだ。

1　社員と彼らのアイデアの尊重

言葉や振る舞いで、上層部は社員たちの尊厳を尊重し、アイデアを重んじているだろうか？　その他のマネジャーたちも、理解を試みる会話の模範となり、各社員の貢献を快く歓迎しているだろうか？

2　協調

社内のシステムや作業手順は各個人と各グループ間のスムーズな協力関係を促進するようにデザインされているだろうか？　組織の構造は組織の戦略的な目標とその達成に向けた社員のスキルに一致したものだろうか？

3　コミュニケーション

これが最も大きな要素だろう。明確で、誠実で、敬意のある、自由活発なコミュニケーションは進捗を続け、協力し、信頼関係を築き、社員と彼らのアイデアは組織にとって重要なのだと伝える際に欠かせないものだ[13]。

組織風土は様々なレベルでバリエーションを持つものだが、これら三つの要素が強力かつポジティブなものであるとき、その組織のなかで起きる特定の出来事はインナーワークライフのサポートとなる可能性が遥かに高い。反対に、ネガティブな風土はネガティブな日々の出来事を生み、インナーワークライフにマイナスの影響が生じる。ポジティブなものでもネガティブなものでも、似たような種類の出来事が繰り返し起こると、その風土が強化され、延々と続いていく。

たとえば、カーペンター社の風土について考えてみよう。かつて憧れの的だった今は亡き大手消費財メーカーだ。調査期間中、新しいトップ経営陣の行動から端を発し、好ましくない風土が組織に広がっていった。ややこしく、正しく整理されていない組織構造とインセンティブの仕組みは、同じチームの各社員がそれぞれ別の上司に報告を行う事態を招き、しかも各上司がそれぞれ相反する優先順位を持っていることも多かった。そのためチームが同じ目標に向けて力を合わせたり協調することが極めて難しくなっていた。リーダーがメンバーのひとりを手助けしようとすると、それが否応なく別のメンバーへの妨害となってしまうような事態に陥っていたのだ。

カーペンター社内の殺伐とした競争の雰囲気はグループ内およびグループ間でのコミュニケーションを抑圧していた。各人が情報を自分のためだけに使おうと用心深く管理していたからだ。その上トップの経営陣は社員と彼らのアイデアに対する尊重を欠いていることが多く、多様な意見を拒否し厳しく批判するのが常態となっていた。

二つのチームの物語
――触媒ファクターと阻害ファクターがインナーワークライフに与える影響

いかに触媒ファクターと阻害ファクターがインナーワークライフと進捗に影響を与えるかを具体的に解き明かすため、私たちが調査したなかで最低のチームのひとつ――カーペンター社の「イクイップ」チーム――と、最高のチームのひとつ――オライリー・コーテッド・マテリアルズの「ビジョン」チーム――を比較してみよう。本章の最初に紹介したソフィーとティムは、それぞれイクイップ・チームとビジョン・チームのメンバーだった。

オライリーは同社のラミネートやポリウレタン加工を駆使した布地を使ってソフトスーツケースや防水衣料からサーカステントや店舗の雨よけまでを作る化学製品メーカーだ。数十年にわたって発展し、業界を牽引し続けている。テキサス西部の小さな街に拠点を置くオライリー社は、およそ六十エーカーの広い敷地に事業部、リサーチ、そして製造の建物を持っている。

調査を始めた当初、オライリーと、ミシガンに拠点を置くカーペンター社は外からは似たような企業に見えた。カーペンター社と同様に、オライリーも専門の業界で最も成功し敬意を集める企業のひとつであり、イノベーションの先導者だと見なされていた。会社の製品も至るところで目にすることができた。どちらも上場企業で、高い教育を受けた専門家が集まり、経験豊富なマネジャーたちに率いられていた。

調査期間中、二つの会社はどちらも多くの似たような難題、たとえば生産コストの急騰や海外企業との競争に直面していた。前にも記した通り、カーペンター社は何年ものあいだ大きな財政・イノベーション上の成功を続け、調査のわずか二年前にはアメリカで最も成功している企業のトップ10にも名を連ねていた。しかし調査を行った年、新しい経営陣となってから三年後、同社はすでに紹介した通りの惨状に陥っていた。対照的に、調査が始まる前年度にオライリーは二十年連続で株主への配当金を増やしており、会社の利益も二十パーセント以上伸ばしていた。調査が終了した年も、利益を十五パーセント伸ばした。オライリーは今なお業界で最も有名なブランドであり続けている。

何が両社の差を生み出したのだろうか？　カーペンター社とオライリー社の日誌を分析してみると、社内の実情がまったくと言っていいほど異なっていたことが明らかとなった。風土が昼と夜ほどに違ったのである。私たちはその差を、日々の触媒ファクターの有無と社員のインナーワークライフの違いという形で何度も目にした——その違いは二社の大きく異なる未来を予兆するものだった。

チーム

ひとりで何でもこなす機能横断型のイクイップ・チームは女性四人、男性九人で構成され、カーペンター社の小さなキッチン製品の全工程を統括していた。チームの任務には、革新的な新製品の開発から在庫管理や製品撤退の決断まで、あらゆるレベルの業務が含まれていた。社内の他のチームと同様、イクイップ・チームは自分たちの製品ラインの収益性についても責任を負っていた。調査期間中、チームは手持ちミキサー、電動ナイフ、そしてコンパクトな包丁研ぎ器の大きなデザイン変更に尽力していた。

四人の男性研究者と技術者で構成されたビジョン・チームは、私たちがオライリー社で調査した四つのチームのうちのひとつだった。どのチームも、最重要部門である研究開発部に属して本部に拠点を置いており、会社の未来のイノベーションを促進し、絶えず変化する顧客ニーズに応えるための試作品製作と化学技術の開発を担当していた。

ビジョン・チームの任務は、会社にとって極めて重要なプロジェクトの第一段階に関連するものだった。同社が作るすべてのアウトドア衣料と野外宿泊用具に使用されるポリエチレン加工の改変だ。チームの目標は、原材料の価格高騰に対応して生産コストを減らす新たな加工法を考え出すことだった。この任務は極めて複雑で、技術上の難題を数多く伴うものだった。しかし、もしビジョン・チームが遜色ないクオリティ（耐久性、耐水性、柔軟性等）で低コストの加工技術を生み出すことに成功すれば、同社の製品ラインを革新することができるのだった。

大きく明暗が分かれたインナーワークライフ

ここでは二つのチームを例に挙げながらインナーワークライフにとって最良の日々と最悪の日々を紹介する。イクイップ・チームのインナーワークライフ（認識、感情、モチベーション）の各要素は私たちの測定で最低か最低に近い数値を示し、ビジョン・チームは最高か最高に近い数値を示していた。表6-1（181頁）の通り、ビジョン・チームの数値はイクイップ・チームの数値を遥かに上回っていた。

両チームには進捗（インナーワークライフに最も影響を与えるもの）の度合いについても大きな差が見られた。ビジョン・チームは多くが手探りの難しい化学的開発に取り組んでいた。それは無数の技術的障害を伴うものだった。しかしながら、調査期間中に日誌で報告された進捗の割合は、障害に対して五・二三倍――調査したすべてのチームでも有数の数値だった。ひとつ障害が発生するまでに、五段階以上の進捗があったということになる。

イクイップ・チームもまた、難しい仕事に取り組んでいた。人間工学に基づく魅力的で革新的なキッチン製品を次々と生み出していくという任務だ。しかし進捗という観点から見ると、イクイップ・チームは調査のなかで最低の数値を示していた。イクイップ・チームの日誌で報告された障害に対する進捗の割合は〇・四七倍という異様なものだった――つまり進捗より障害を伴う出来事が二倍も発生していたことになる。この数値は、調査した二六チームのなかで最低のものだ。

両チームは、日誌の書き方さえも大きく異なっていた。イクイップ・チームの日誌の方が平均して遥かに長く、仕事そのものを説明するのと同じくらい頻繁に仕事に対する阻害ファクターを書き連ねていた。この日誌の長さは、ネガティブな出来事について書くときの方が文字数が増えるという私たちの発見と符合する。彼らはまた、その日経験した認識、感情、モチベーションについてこれみよがしに多く記述していた。

ビジョン・チームの日誌は短く、単刀直入で、仕事そのものに焦点を当てたものだった。阻害ファクターについて不満を漏らすことはほとんどなく、阻害ファクターが彼らの問題にならなかったのだと考えられる。[14] 彼らが仕事以外の何かを書くようなとき、それは触媒ファクターであることが多かった。記述欄にビジョン・チームのメンバーが感情について書き連ねることはほとんどなく、どこか暗号めいた、「事実のみ」の乾いた日誌だったが、アンケート欄の日々の認識、感情、モチベーションについてはポジティブな採点をする傾向にあった。

私たちが調査の初めに行ったテストでは、どちらのチームメンバーも似たような性格と教育レベルを示していた。言い換えると、どちらのチームも「適材適所」ではあった[15]。そして両チームともに同じ経済状況のもと、難しく、複雑な仕事に取り組んでいた。それなのにビジョン・チームは豊かなインナーワークライフ（と大きな進捗）を示し、イクイップ・チームは散々なインナーワークライフ（と多くの障害）に直面した。何がこの違いを生んだのだろうか？ 答えは触媒ファクターにある。

表 6-1　イクイップ・チームとビジョン・チームのインナーワークライフ

日誌における インナーワークライフの要素	イクイップ・ チーム	ビジョン・ チーム
認識		
仕事における自主性	21	2
チームのサポート	23	7
上司のサポート	24	2
会社のサポート	23	1
感情	21	1
モチベーション	21	10

全 26 チーム内のランキング
1= トップ、26= 最下位

最良の日々――オライリー社のビジョン・チーム

ビジョンは新設されたチームで、四人のメンバーたちはデスク、パソコン、技術マニュアル、業者のカタログなどでひしめき合う、どこにでもあるようなオフィスのなかで仕事をしていた。iPodのドックステーションから流れる音楽はクラシックか、ジャズか、カントリー・ミュージックで、その日誰が最初に職場に着いたかによって決まっていた。もうひとつのチームと共有していたビジョンの研究室は通路を挟んだ向かい側、オライリー社の四階建ての研究施設の一階にあった。研究室並みの製造機器一式も、新たな技術開発の試作テスト用に地下へ備え付けられていた。

化学工学の修士号とマーケティングのMBAを持つティムは、ビジョン・チームのシニア・リサーチ・エンジニアだった。リーダーのデイヴは、人当たりが良く、柔らかい口調の化学博士号を持つ三四歳で、趣味として盆栽を楽しんでいた。化学の修士号を持つ三十歳のシニア技術者リチャード（勤続七年）は、働きながらMBAの取得に向けて学校に通っていた。最後のひとりは体の締まった社交的なマラソンランナーであるウィルで、ビジョン・チームの実験担当だった。ウィルは大学の学位を持ち合わせてはいなかったが、チームで最も経験豊富なメンバーだった。十一年におよぶ勤務のあいだ、彼は七つのプロジェクトで実験のサポートをしていた。

このチームには触媒ファクターが満ちあふれていた。ビジョン・チーム発足の初日、デイヴ、ティム、リチャード、そしてウィルは、オライリー社の各主要製品に向けた高品質で低コストの加工技術を生み出すというプロジェクトの目標をいかにして達成するか計画を立て始めた。彼らは目標と、そこへたどり着くのにあり得る道すじについて話し合った。

▼チーム全員で「決定木」を描き、最初の製品に対して何をすべきか整理した。
十月九日　デイヴ

デイヴは、この初日の気分を良好だったと採点した。[16] リーダーとして、チームに能力がありプロジェクトの見取り図を描く裁量が与えられていることを喜んでいたのだ。チームが作った決定木は、研究開発部の責任者マーク・ハミルトンがビジョン・チームに与えていた**自主性**を表す数々の機会の最初の一例にすぎなかった（日誌を引用して解説する触媒ファクターや阻害ファクターは太字で記す）。最初の段階からチームがプロジェクトを成功させるために高いモチベーションを見せていたのは、彼らが当事者意識を持っていたからだった。

とは言え、経営陣がすべてをこのチームに任せていたわけではない。完全に任せるのではなく、上層部はチームに元々の任務を指定した上で、プロジェクト期間中折に触れて**全体的な目標を明確化**するべくチームに協力していた。たとえば、オライリーのテクニカル・ディレクターたちは、チームのコンセプト実証を確認したすぐ後に、チームと目標について意見を交わし合った。自らに大きな喜びをもたらした一日について、ティムはこう記している。

▼プロジェクトは今日出走ゲートを通過した。ディレクターたちとプロジェクトの方向性について話し合い、彼らからとても良いフィードバックを受け取った。

十一月六日　ティム

他の偉大な企業と同様に、オライリー社には完璧なバランス感覚があった。チームに明確な戦略的目標を与えると同時に、そのプロジェクトをどう行うかについては自主性に任せていたのだ。正式にプロジェクトがスタートしたとき、チーム全員が熱意に満ちあふれていた。明確な戦略的目標と実行の自主性のバランスがチームにエネルギーを与える様子を私たちはオライリー社のあらゆるチームで目にした。

興味深いことに、この二つの触媒ファクターの優れたバランスは、防水透湿性素材ゴアテックスやその他の優れた技術を生み出してきた伝説的なゴア社の社内にも見られるものだ。実際、ゴア社内での研究者や技術者たちの自主性を尊重する慣習は、フォーチュン誌の「アメリカで最も働きがいのある企業」に何度も名を連ね、長らく収益においても成長を続けてきた同社の二種類の成功を支えてきた要因であることを多くの資料が裏付けている。[17]

ビジョン・チームの技術的な作業は厳しいスタートだった。ウィルは最初のいくつかの実験を行うのに深刻な問題を抱えていた。しかしたとえそうであっても、チームはすぐに目覚ましい進捗を見せ始めた。ウィルの日誌には、それに貢献したある触媒ファクターが記されている。度々メンバーたちが必要なサポートを、こちらから頼むことなく提供してくれたという点だ。

▼今日実験を行っていたとき、機械の操作に手間取っていた。誰かに助けを仰ごうとしていたちょうどそのとき、リチャードが現れて頼まれてもないのに手伝ってくれた。こうしたチームワークがあれば、このプロジェクトはきっと成功すると思う。

十月二二日　ウィル

ビジョン・チームのもうひとつの触媒ファクターは、ふんだんではないものの、必要なリソースにアクセスできたことだった。上層部はチームが正当な要求をしたときは、ただちに経費の計上を承認していた。

プロジェクトも半分が過ぎたころ、メンバーたちは目標を達成できそうだと考えるようになっていた。その時点で、彼らは普段より安い原材料を使って、より強度と防水性に優れた加工法を編み出していた。次のステップは、まず素材の片側を加工し、それからもう片側の加工を行う業界では一般的な加工法を取り入れている生産ラインに自分たちの加工法が適用できるかどうかを見極めることだった。しかし生産ラインでの実験はうまくいかなかった。最初の素材が装置から出てくると、コーティング材が染み込み、素材はベトベトで、まだ加工をしていない方の面にはところどころ染みがつき、そちら側を適切に加工することが不可能になっていた。

初め、チームは困難な障害を前に行き詰まった。それから、デイヴの提案を受け、この思いがけない結果をマネジャーや仲間たちと共有し始めた。社内じゅうの人びとが熱心に議論に参加していった。**活発なアイデア交換**が着実に始まり、それがチームメンバーたちのインナーワークライフをポジティブなものにした。メンバーのひとりは次のように感謝を記している。

▼プロジェクトリーダーと、もうひとりのシニア・サイエンティストと行った話し合いは、このプロジェクトに対する自分の考えを刺激する助けになった。（私は）少なくともひとつの結論に至った（中略）。それはこのプロジェクトを実現に近づけるものかもしれない。
十二月十六日　ティム

続く数週間、こうした話し合いから何十ものアイデアが生まれ、チームはそのうちのいくつかをテストした。そしてついに、これまで試してきたことを整理するミーティングでチームにブレイクスルーが訪れた。この新しい加工法は、生産ラインの機械に素材の両面を一度にむらなく加工できるよう調整を加えれば実現するのではないかという結論だ。これで生産コストは劇的に削減され、オライリー社の加工プロセスの多くに大変革をもたらすことになる。意気込んでチームはこの斬新なアイデアを試し、有望な試作品を作り、テクニカル・ディレクターたちに報告のメールを送った。反応は芳しいものではなかった。マーク・ハミルトンは関心を示したが、二人のトップレベルのマネジャーと二人のテクニカル・ディレクターはハミルトンに、チームの成果には欠陥があるに違いないと助言した。既存の科学的文脈ではチームの主張を裏付ける証拠がなかったのだ。実際、彼らはハミルトンに、加工プロセスに対するビジョンの実験に資金提供を取りやめ、元々の目標である加工法自体にチームの関心を引き戻すべきだと主張した。幻想を追い求めていてはならないのだ。

デイヴは生来柔らかな口ぶりの男だったが、**問題に向き合い、そこから学ぶ**ことを恐れる人間ではなかった。リーダーのデイヴはこのような態度で、ともすれば阻害ファクターとなり得るこの事態に対処したのだった。彼の対応は迅速で、断固とした明快なものだった。翌日、デイヴはあのマネジャーたちに連絡を取り、彼らの懸念点を尋ね、マネジャーたちは詳細に回答した。デイヴはそれから、新しい加工プロセスを使ってチームが生み出した試作品を見せながら、彼ら懐疑派が挙げた問題点をひとつずつ説明した。

▼二人（私たちのプロジェクトの成功に疑問を呈した二人）に、試作品の質について解説した。その試作品は実用化に向けた十分な性質を備えていることを示した。

二月六日　デイヴ

問題に正面から取り組むことにより、デイヴはプロジェクトを元の軌道に保ち続け、決定的な新しいリソースをチームにもたらすことができた。さらに、自分のアプローチがどれほど効果的だったかを確認できたとき、彼のインナーワークライフは大きく後押しされた。その上、デイヴは自らを見本にして、チームのメンバーに正面から**問題に対処する**ことの大切さを伝えていた（触媒ファクターを生み出すリーダーの役割についての詳細は、コラム「触媒ファクターにおけるチームリーダーの特別な役割」を参照）。この教えをティムは忘れることなく、数週間後に自分とウィルが犯していたミスをデイヴに告白した。

▼結果を（デイヴに）見せ、実験のひとつで自分がミスしていたことを伝えた（中略）。彼は、自分がしたことを理解している限り問題ないと言ってくれた。

三月二七日　ティム

自らのミスをチームのリーダーに告白することはティムにとって心地よい状況ではなかったはずにもかかわらず、彼は現実にその日素晴らしいインナーワークライフを示していた。彼はデイヴの反応に救われただけでなく、その過ちから学ぶことができるという考えによって動機づけられたのだ。

ビジョン・チームの加工法と生産プロセスに対するリサーチが快調に進んでいたころ、時間的制約が安全圏を過ぎた。プロジェクトの最終期日が迫ってきていたが、チームにはまだやることが山積みだった。予期せず発見したあの改善策が、皮肉にも彼らの作業量を劇的に増やしていたのだ。チームは臨時の技術者を要請し、その日のうちに人員がひとり増えることが決まって安堵した。ティムとデイヴが日誌につけた採点は、このほんのわずかな**時間的プレッシャーからの解放**でさえ、彼らのモチベーションを高めたことを示している。今や目標の達成が視界に入っていた。

ほとんど奇跡的に、このチームは期日を守り、彼らの発明は、その十年における生地加工業界全体のなかで最大のイノベーションとなった。私たちが調査した全二六チームのうち、ビジョンは調査期間中に飛躍的な発明を実現させた唯一のチームだった。チームのメンバーたちとともに、会社も大きな成功を収めた。コスト削減を通して会社は利益を大きく伸ばし、チームは高く評価され、プロジェクト全体を通して豊かなインナーワークライフを享受した。プロジェクトの最終日、**成功を祝う**ランチにメンバーたちを連れて行ったあと、リーダーのデイヴは彼が感じていた大きな喜びをついに私たちに垣間見せてくれた。

▼プロジェクトレビューを開いた。チームが見事に行った仕事の喜びに浸った！
五月七日　デイヴ

最悪の日々──カーペンター社のイクイップ・チーム

残念なことに、すべてのマネジャーが正しい理解をしているわけではない。事実、私たちが調査した企業のなかで、オライイリー社のデイヴゃ他のチームリーダーや経営陣ほどうまく触媒ファクターを活用するマネジャーたちはいなかった。すでに紹介したカーペンター社を見れば、同社のマネジャーたちがそれには遠く及ばなかったことが想像できるだろう。図らずも、彼らは絶えず阻害ファクターを増殖させていた。

私たちが調査したカーペンター社の他の三つのチームと同様に、イクイップ・チームも同社のミシガン本社に拠点を構えていた。そこは三年前に実権を握った独裁的な新経営陣のいる場所と嫌になるほど近い場所だった。チームと、彼らの事務管理スタッフと、二人のインターン生は、カーペンター社のオフィルビルの三階に陣取っていた。その建物の明るい廊下を進みながら、訪問客たちは色とりどりのキッチン製品の試作品が並ぶウインドウ、チームが手がけた多くの有名な製品のスケッチで彩られた掲示板の数々、そして最新のCAD用装置に見とれるのだった。

眼鏡をかけたエネルギッシュなプロダクト・マーケターであるソフィーは、カリフォルニア大学ロサンゼルス校でMBAを取得し、カーペンター社で九年の経験を積んでいた。彼女は新しい手持ちミキサーを含むイクイップ・チームの主要製品の二つを担当していた。

この物語に登場する主要メンバーは他に四人いる。三二歳のチームリーダーであるスティーブは、カーペンター社での二年間でマーケティングのあらゆるポジションに就いて大きな成功を収めてきた。ビジョン・チームのデイヴと同様、スティーブもチームのリーダーを務めるのはこれが初めてだった。小柄な製品開発コーディネーターのベスは勤続二十年のベテランで、革新的な企画力と真面目な性格で有名だった。名門ペンシルベニア大学ウォートン・スクールでMBAを取得し、四児の母である三五歳のサマンサは、イクイップの製品ラインで別の二つの主要製品を統括していた。そして体の大きな梱包設計エンジニアであるベンは、カーペンター社で三十年以上の経験を持ち、会社内外に貴重なコネクションを持ち合わせていた。

一〇〇〇マイル離れたテキサスにあるオライリー社のビジョン・チームがこれから何を達成するべく努力するのか把握していたのに対して、カーペンター社のイクイップ・チームは目標を明確化するのに大きな苦戦を強いられていた。**明確な目標の欠如**は、手持ちミキサーを抜本的にデザインし直すというソフィーのプロジェクトを苦しめた数々の阻害ファクターのひとつに過ぎない。このミキサーをめぐる物語は、新製品開発中に触媒ファクターを押さえ込む方法――そして阻害ファクターを増幅させる方法――の脚本とも呼べるかもしれない（コラム「密かな観察――職場での阻害ファクター」参照）。

イクイップ・チームのプロジェクトはことあるごとに、そして組織の至るところで問題に直面した。チームの大きなライバルであるボルトマン・コーポレーションは、ソフィーたちが企画していたものに匹敵すると噂される新モデルのミキサーを間もなく発表することになっていた。しかし一年が経ってもなお、ソフィーのプロジェクトが停滞していたのは**明確な目標の欠如**が原因だった。

▼新しい手持ちミキサーを位置づけ直す方法について話し合うためいくつもミーティングを行っ

た。このプロジェクトが開発に一年以上かかっているのは、主にこの部門の上層部がいつもさらなる分析を要求してくるからであり、研究開発部がソフトグリップの持ち手を作るのに適した技術を開発するのが遅かったからだ。ようやく上層部も承認した実行可能なプロジェクトのプレゼンテーションにこぎつけても、COOはハードグリップの持ち手で、もう五ドル売値を下げたいと言う。スティーブは堂々巡りの曖昧なことを言う。（中略）。ベスはたいてい我が道を行っていて――どうなろうが気にしていないように見える。ものすごくフラストレーションが溜まるプロジェクトで、会社からも、上層部からも主要なチームメンバーからもほとんどサポートが得られない（中略）。競争の厳しい状況がますます切羽詰まったものになってきているのは誰もが認めるところなのに（中略）。アレン（イクイップの財務担当）と私は明日、上層部に見せるまた別の提案書を準備してきたけど、スティーブを味方につける必要がある。彼がどういう手にでるか分からないから。

四月二六日　ソフィー

ソフィーの日誌のほぼすべての文章に障害とフラストレーションが込められている。[18] この新しいミキサーのプロジェクトは開発や製造に向けた十分なリソースを受け取っておらず、それは部門の責任者たち――上層部――がプロジェクトの目標をまとめることができなかったからだった。

その結果、ソフィーはこのプロジェクトを崩壊の運命にある愚行だと考えるようになり、自分自身を人質のように考えるようになった。彼女は非協力的な研究開発部からサポートを得ようと試みた。そして、普段から互いにサポートし合っていたオライリー社のビジョン・チームのメンバーとは対照的に、ソフィーは本来彼女の試みを支えるべき製品開発コーディネーターのベスを含め、チームのメンバーからも**ほとんどサポートを得られなかった**。

四月二六日、実りのないミーティングの数々の一日を終えたあと、ソフィーはこのプロジェクトにまったく達成感を抱けなかった。混乱と、**制限された自主性**と、サポートの欠如によってますますフラストレーションが募り、この「絶望的な状況」でモチベーションを維持するのが困難になっていた。責任者たちとの四月二七日のミーティングも、何ら状況を改善するものではなかった。

▼フラストレーションが溜まる。社内の政治的なプレッシャーからくる決断力の欠如は、彼ら（責任者たち）をすごくリスク回避型にしている。スティーブのリーダーシップは強くないし、議論のなかでどちらかに賛成することを恐れているように見える。

四月二七日　ソフィー

気まぐれで独裁的な経営陣――ソフトグリップの持ち手を拒絶して予期せぬ指示を出したCOOのことを考えると疑いないことだ――の機嫌を損ねることを恐れるあまりに生じていた慢性的な決断力の不足は、カーペンター社のあらゆるレベルのマネジャーたちに深刻な影響を及ぼしていた。イクイップ・チームのリーダーであるスティーブは、特にその影響を被っていた。本来臆病ではないスティーブも、経営陣からの気持ちが萎えるような批判を浴びて度々活発なアイデア交換を妨げられていた。

▼こないだの土曜の朝の（四半期）レビューで、COO（のバリー・トーマス）から私は間違ってばかりいると言われた。
五月三一日　スティーブ

多くのマネジャーやチームリーダーたちが参加するミーティングで、トップからひどく乱暴な叱責が飛んだ。だがこれは分析や意見や新しいアイデアに対する冷ややかな反応、おおっぴらな侮辱、あからさまな冷笑がなされた数々の例のひとつに過ぎない。たいてい、加害者は上層部のマネジャーたちだった。良い決断を下したり、新しいアイデアを追求したり、妥当なリスクを取る際に欠かせない心理的安心感を醸成するのではなく、カーペンター社の経営陣は繰り返しアイデアを源から押さえ込んでいた。このネガティブな要素はリーダーとしての経験が浅いスティーブのインナーワークライフに特に深刻な影響を与え、彼はどんな問題に対しても、それに正面から向き合ったり態度を明確にすることを避けるようになっていった。スティーブのもとで働くイクイップ・チームは、まるで舵のない船で航海をしているようだった。

オライリー社では、デイヴとビジョン・チームは必要なリソースを得る際には何の大きな問題にも直面しなかった。カーペンター社では、いかなる種類の**リソース**の要請にも困難が伴った。ソフィーはようやくの思いで新しいミキサーの型を作る機材購入の経費を手にしたが、それは四月下旬にミーティングをしてから数週間後のことだった。そしてチームが型を作ったときでさえ、それを生産ラインに組み込むのに大きな遅れが出ることがしばしばだった。また別の製品でも同様のことが起き、ソフィーのフラストレーションは増幅していった。

▼マシン（に組み込む新製品のナイフの型）を手に入れることができない。そのマシンで大量注文に備えたいのに。研究開発部が言うには、リソース（人員）不足だとのこと。

四月二七日　ソフィー

イクイップ・チームのインナーワークライフにとって事態は悪くなる一方だった。あらゆる曲がり角に障害が立ちはだかっていた。ミキサーが生産に入り、顧客からの注文が舞い込み始めたあとでさえ、チームの悩みは続いた。研究開発部の責任者と製造部門の責任者には確執があったため、製造部門は生産に消極的だった。ベス——決して考えや感情を押し殺したりはしない人物——は日誌に大きないら立ちを書きつけている。調査も終わりに差し掛かったある日、彼女は感情を噴出させた。

▼生産が行われるよう一生懸命働いてきた。期日の迫る大量注文に間に合わせるために。昨日、準備が完了して生産が開始され、誰もがほっと一息ついた。でも、今朝来てみると、製造部門が生産を止め、梱包材が全部届くまで生産の再開をこばんでいた。梱包材は今日届くはずで、彼らもそれまで作業を続けられたはずだ。それなのに、製造チームの誰からも相談や、遅延の予告や、情報提供はなく、彼らは勝手に生産を止めていた。(中略)これは急ぎの注文だと分かっていたはずなのに、彼らはただ肩をすくめて、製品が発送できなくても自分たちのせいではないと言った。

六月十八日　ベス

この出来事はイクイップ・チームを苦しめた二つの阻害ファクターを浮き彫りにしている。チームは製造部門から**ほとんどサポートを得られなかった**。実際に彼らが受けたのは盛んな**妨害**だった。研究開発部と製造部の戦いの渦中で、イクイップ・チームは人質となっていた。ベスはカーペンター社の舵取りに信頼を失くし――本来、会社は製造部門にもベスのチームの製品生産を共に統括させるべきだったのだ――そしてベスは会社やチームに尽力するモチベーションも失った。

極めて厳しい**時間的プレッシャー**が、もうひとつの度々現れる阻害ファクターだった。このチームの時間的プレッシャーはいつも最悪の種類のもので、メンバーはランニングマシンに乗せられたかのようにひとつの仕事から別の仕事へと駆けずり回りながら、しょっちゅう予期せぬ要求に邪魔されつつ、結局どこにもたどり着かないのだった。たとえば、サマンサとチームの仲間たちは、ディーン・フィッシャーと相談し、新しい電動ナイフ開発の仕上げに挑戦的なスケジュールを立てていた。しかし予告や説明も何もなしに、フィッシャーはサマンサに他のプロジェクトを中断して、ただちにこのナイフの開発を完了させるように告げた――スケジュールより一か月も早くだ。

▼研究開発部の責任者から（電動ナイフの）生産ラインを立ち上げるようにプレッシャーを受けているけど、私たちのアプローチが正しいものかどうか確信がない。（中略）（ディーン・フィッシャーは）二日後にミーティングを求めていて、私たちは先を急ぎすぎることにプレッシャーを感じている。
四月二六日　サマンサ

この同じ期間のイクイップ・チームの日誌とビジョン・チームの日誌を比べてみると、ディーン・フィッシャーはオライリー社の研究開発部の責任者マーク・ハミルトンとは正反対の双子かのような印象を抱かざるを得なかった。歳も、学歴も、経験も、在職期間も似ている二人だったが、マネジメントのアプローチはまったくと言っていいほど違っていた。ハミルトンは絶えずビジョン・チームの仕事に触媒ファクターを作り出していた。彼はプロジェクトの目標設定に力を貸し、チームリーダーのデイヴにきちんと相談せずに目標を変更することなどしなかった。彼は活発にアイデアが行き交うことを奨励し、そこに自分も参加した。

フィッシャーは、対照的に、イクイップ・チームの仕事に絶えず阻害ファクターを作り出していた。彼の振る舞いはチームのプランに対する腹立たしいほどの優柔不断と、どんな製品をどう作るか気まぐれに思える独裁的な命令のあいだを揺れ動いていた。その最も顕著な結果が、完了間近のプロジェクトを放棄したかと思えば別のプロジェクトは企画や開発を急がせるといった一連の障害だった。そして成果物として消費者が手にした新製品の数々はがっかりするような代物で、革新的ではない見かけ倒しのものだった。その隠れた原因は、イクイップ・チームのメンバーのインナーワークライフにあった。

カーペンター社では製品開発時に問題が生じると、だいたいそれを無視するか見ないようにしていた。チームには**問題から学ぶ**時間や自主性がほとんどなく、問題を適切に修正することなど論外だった。梱包設計エンジニアのベンは、その典型的な出来事を日誌に記していた。それは彼の内発的モチベーションを大きく低下させるものだった。[19] 彼は規定のテストの最中に、新製品はきちんと扱わないと壊れてしまうことが多いことを発見していた（あるチームメートは一か月前にこの潜在的な脆弱性に気づいていたが、恐れて言及していなかった）。

▼私たちは（中略）私がテストで壊した製品を改善する方法について話し合った。製品の設計に問題があるという意見で一致したが、破損の可能性に対する解決策は梱包法を通して探らなければならない。製品を設計し直すには遅すぎるからだ。
　六月十五日　ベン

このベンの日誌からの抜粋は、カーペンター社での新製品開発プロセス全体を象徴するものだ。製品開発チームのインナーワークライフと同じように、開発プロセスも崩壊していた。同社の輝かしい評判は、その崩壊からある程度の期間目を逸らす効果しかなく、やがて世界はその惨状に気づき始めるのだった。

それは本当に最悪の日々だった。あらゆる阻害ファクターのもとで仕事をするうちに、イクイップ・チームのインナーワークライフは枯れてしまっていた。リーダーがこちらの仕事をサポートできない、あるいはサポートしようとしないと分かったとき、人は自分のことをセーフティネットもないまま進む綱渡り師のように感じる。そしてリーダーや他のグループがしきりに妨害してくるとき、人は誰かがその綱を揺らしているように感じるのだ。モチベーションが落ち込むのは、こうしたサポートの欠如が不安を煽り、その仕事が重要でないか失敗する運命にあるのだという（またはその両方なのだという）シグナルになるからだ。

イクイップ・チームの人びとは懸命な働きの大半が台無しになり、最終的に成功ではなく失敗する可能性が高いことを知りながら毎日オフィスへと向かっていた。彼らの多くは長年カーペンター社に勤めた人物で、同社が世界有数の憧れの企業として讃えられた喜びを知る者たちだった。彼らの日誌は、かつてそこで働くことに大きな誇りを感じていた会社が、早すぎる死に苦しむ姿を目の当たりにした苦々しい落胆を物語っている。

意図的な触媒ファクターと、過失的な阻害ファクター

カーペンター社のイクイップ・チームのプロダクト・マーケターであるソフィーが、長いフライトのあいだオライリー社のビジョン・チームのリサーチ・エンジニアであるティムと席が隣になったところを想像してみよう。

互いに自己紹介をし、しばらく軽い会話を交わしたあと、彼らは自分たちの職務体験を比べ始めるかもしれない。彼らはまるで別の惑星に住んでいるような感覚を抱くのではないかと思う。ある意味では、その通りだ。ソフィーとメンバーは触媒ファクターの荒廃した場所に住んでいた。彼女が怒りや、モチベーションの低さや、ひがみを表明したとしても、それは大半の日々における彼女のインナーワークライフの正直な告白だと言える。対照的にティムとメンバーは、真の「約束の地」で働いていた。彼の満足感、オライリー社への前向きな見解、そして仕事への大きなモチベーションは、成功に必要なサポートをチームのリーダーや、仕事仲間や、他のグループや、トップの経営陣から得られるという認識を日に日に強化していったことから来ている。

データ収集を終えて両社の経営陣とそれぞれミーティングをした際、私たちは触媒ファクターに対する彼らの認識の一端を知ることができた。オライリー社では、私たちが調査した部門の最高責任者——研究開発部のマーク・ハミルトン——が意図的に触媒のメカニズムを組織に浸透させせよ

うとしていたことが分かった。他の上層部のマネジャーたちは触媒の提供に対する自覚はまちまちだったが、ある者は「それが我々にとっては普通のことだ」と言った。それほどにオライリー社の風土として確立していたのである。

カーペンター社では、CEOとCOOが自分たちの仕事は会社の戦略設定や外部環境に対するマネジメントだけだと考えていた。そしてビジネスチームの話になると、「起業家精神」や「チームワーク」といった曖昧で理想的な言葉しか使わないのだった。カーペンター社の経営陣は誰も、各チームが周囲からほとんどサポートを受けていないことを認識していなかった（あるいは気にしていなかった）。経営陣は、革新的で利益の上がる製品を作るためにチームへ給料を払っているのだから、当然そういう製品ができるだろうと信じているように見えた。経営陣はさらに、自分たちが行う度々の干渉、たとえば自主性を制限したり、新製品の明確な目標を維持できなかったりといったことが、メンバーのインナーワークライフをズタズタにし、プロジェクトを台無しにする可能性があることにまったく自覚的でなかった。つまり、カーペンター社に触媒ファクターが不足し阻害ファクターが満ちていたのは意図的というより、過失的なことだったのだ。

カーペンター社の研究開発部の責任者ディーン・フィッシャーは、プロジェクトチームを何でも自分でやりたがる手に負えない子供のように見なしていた。彼は自分がチームに必要なリソースと時間を割り当てることができなかったこと、そして自分の存在のせいでチームが失敗に止面から向き合うのを（そして失敗から学ぶのを）避けるようになったことに気づいていなかった。彼はチームがなした成功を讃えたり、そこから学ぶように促すこともしなかった。ビジョン・チームはプロジェクトの成功を振り返ったり評価される機会を度々日誌に記していたが、六〇〇以上のイクイップの日誌のうち、カーペンター社でそうした出来事が行われた記述は見られなかった。

公平を期すため、フィッシャー自身も彼の上司たちの板挟みに遭っていたということは伝えておかなければならない。CEOとCOOは度々フィッシャーに後からとやかく言い、ことあるごとにフィッシャーの決断を説明もないまま覆した。フィッシャーの振る舞いは最近一変したカーペンター社の風土を反映するものだった。

私たちが研究した多くのチームにとって、触媒ファクター（あるいは阻害ファクター）とともに仕事をすることは、インナーワークライフの浮き沈みにおいて人間関係上のファクターよりも遥かに重要であった。しかし社会的・個人的関係性の方が重要になる人びともいる。オフィスを一歩出れば、共感と笑顔や、罵声と冷笑が待ち受けている。そうしたものこそが、長い一日の終わりに頭や心のなかに残っているものであることも多い。それこそが第七章のテーマだ。

column

時間的プレッシャーと創造性

私たちが調査した人びとの多くと同じように、かなり厳しい時間的プレッシャーがかかる日々の方が創造的になると「感じる」人がいるかもしれない。しかし私たちは、基本的に時間的プレッシャーが低いときの方が人は創造的な仕事をすることを突き止めた。私たちは時間的プレッシャーが極めて厳しい日々の日誌と時間的プレッシャーが極めて低い日々の日誌を比べることでそれを知った。[1]

極めて厳しい時間的プレッシャーの方が極めて低い時間的プレッシャーよりも遥かに一般的な状況であるが、そうした日々に創造的思考を記した日誌はほんのわずかだった。私たちはこうした時間的に厳しいプレッシャーを受けながら創造的な思考が何ら見られない日々を**ランニングマシンに乗せられた**状態と表現している。そうした日々では多くの無関係な（そしてしばしば予期せぬ）作業に取り組むことになる傾向にあり、たえずひとつの仕事から別の仕事へと駆けずり回りながら、結局どこにもたどり着かない——あるいは、少なくとも意味ある場所にはたどり着かないのだった。

私たちは時間的プレッシャーが低く創造的な思考をする日々のことを探検に出かけた状態と呼んでいる。こうした日々では仕事に対して探究的になり、問題に様々な角度からアプローチするために一人か二人のメンバーと協働して取り組むことが多かった。しかしマネジャーたちから革新的な思考に向けたサポートがほとんどないとき、時間的プレッシャーの低さは危険なものになり得る。そんなとき、人は自動操縦——創造性が少なく退屈が蔓延する状態——に陥る可能性がある。

すべての状態のなかで最も希少なのが、厳しい時間的プレッシャーのもとで創造的な仕事を生み出すという使命を帯びた状態になることだ。しかしこの状態にはちょうどいいバランスが必要になる。決定的に重要な問題の解決に集中できるよう、緊急かつ重要なプロジェクトでは他の障害物を寄せつけないことが必要になるのだ。[2]残念ながら、長期間使命を帯びて働くことも「燃えつき」やパフォーマンスの低下につながる可能性がある。

創造的なパフォーマンスを最大限引き出すには、基本的には低い、あるいは適切な時間的プレッシャーのもとで取り組み、時おり急を要する仕事に集中するのがいい。

column

触媒ファクターにおけるチームリーダーの特別な役割

私たちの研究から、他のファクターが同一だとすると、たとえばチームリーダーや、すぐそばの仲間といった「局地的な」ソースの方が、上層部や組織のシステムといった「全域的な」ソースよりもインナーワークライフに対して統計的に強い影響を与えることが分かった。

もちろんこれは、全域的な要素の力に影響されないという意味ではないが、もし自分がチームリーダーなら、チームのインナーワークライフに対して特別な役割を持ち合わせていることを意味する。事実、チームリーダーは日々触媒ファクターを提供するソースとして経営陣よりも重要な役割を持つことができる。[1] 私たちの調査参加者が協力的だと見なした（あるいは見なさなかった）チームリーダーの行動を分析することによって、触媒ファクターを活用するポイントを特定した。[2]

チームリーダーとして取るべき行動

▼どのような形であれチームの仕事に関連する可能性のある情報を定期的に集める。
▼プロジェクトに対する重要な決断をする際はチームを参加させる。
▼プロジェクトに対する情報やサポートの重要なソースとなり得るチーム外の人びととの関係を構築する。
▼プロジェクトを売り込む。優れたプロジェクトが脅威に晒されたときは戦う。

チームリーダーとして取るべきでない行動

▼プロジェクトに関連する情報をチームに伝えない。
▼マイクロマネジメント。仕事を実行するメンバーの自主性を押さえつける。
▼自分の発言や、特に自分の働きぶりが悪い手本となり、チームのモチベーションや意欲を低下させる。
▼問題解決を避けたり、自分の臆病や傲慢から問題を引き起こす。
▼明確で、適切で、やりがいのある任務や目標を提供しない。

column

密かな観察——職場での阻害ファクター

日誌の受け取り手という見晴らしの良い場所から、私たちは組織内部での生活をつぶさに観察してきた。直接関わった人間たち以外誰も気づいていなかったような出来事を私たちは数多く目にしてきた。それどころか、直接関わっていた人びとの多くも、実際には自分たちが何をしていたか自覚していなかったのではないかと思う。

マネジャーが自主性を踏みにじったり、活発なアイデア交換を妨げたり、誠意あるミスに対してひどい反応をしたとき、彼らは自分の行動がどのような印象を与えるか分かっていただろうか？　大半のマネジャーがリーダーとして良い仕事をしようと思っているはずなのに、彼らは自らのアプローチに疑問を投げかけたことはあっただろうか？　こうした阻害ファクターが部下たちに与える影響を自覚していただろうか？　自分は自身の振る舞いに阻害ファクターがあるかどうか自覚しているだろうか？　私たちと同じように、読者も本書でこれまで見てきた阻害ファクターについて身に覚えがあって、居心地の悪い思いをしているのではないだろうか？　なぜなら自分自身もそうした振る舞いをしてきたからであり、あるいは過去にそうした対応をされた経験があるからだ。
異なる企業の異なるチームから様々な例を紹介しよう。

▼今日（研究開発部の責任者は）私たちが行った仕事の多くを台無しにしようとしていた（中略）彼が別の方法を要求する理由は「彼がそう言ったから」だ。彼はまるでスチームローラーのようだ――自分の道を突き進んで他の誰にも耳を傾けたがらない。すごく腹立たしい!! 結局自分のやりたいようにすべてを変えてしまうのに、どうして私たちに自主性を与えるフリなんかするのだろう？

▼チーム・ミーティングがあった。目的は今週の後半に経営陣に説明する提案の詳細を詰めることだった。チームの「リーダー」から言われたのは、社内の政治的な配慮のため、私たちは事実と個別の結論は伝えるべきだが、（中略）総括的な結論と提案を伝えるべきではないということだ。バカげてる（中略）。何にせよ、私たちは事実調査、情報処理、結論づけ、そして提案のためにお金をもらってる。彼はただ「間違った」ことを言ってしまうのを恐れてる！　ここにはリーダーなんかいない!!

▼ヨナ（フェロー化学エンジニア）は最初の実験のサンプルを見せてくれた（中略）。私は大

きな成功だと思った。処理過程に問題があるとはいえ、少なくとも何が可能かを示すことができていた。しかしヨナは、落胆していると言った。チームリーダーはサンプルが完璧ではないから実験は失敗だと言ったからだという。実験に懸命に取り組んでいたヨナにそんなことを言うチームリーダーは非難されるべきだと思う。ダメなタイプの「リーダーシップ」や創造性を見事に押さえつける方法の典型だ。

1 組織の最前線の風景から
世界的メーカーの破滅への道のり

2 インナーワークライフ
認識と感情とモチベーションの相互作用

3 インナーワークライフ効果
創造性と生産性が高まる

4 「進捗の法則」の発見
マネジャーにとって最も大切な仕事

5 進捗の法則
やりがいのある仕事が前に進むよう支援する

6 触媒ファクター
仕事がうまくいくよう支援する

7 栄養ファクター
人が気持ちよく働けるよう支援する

8 進捗チェックリスト
好循環を維持し、悪循環を断ち切る

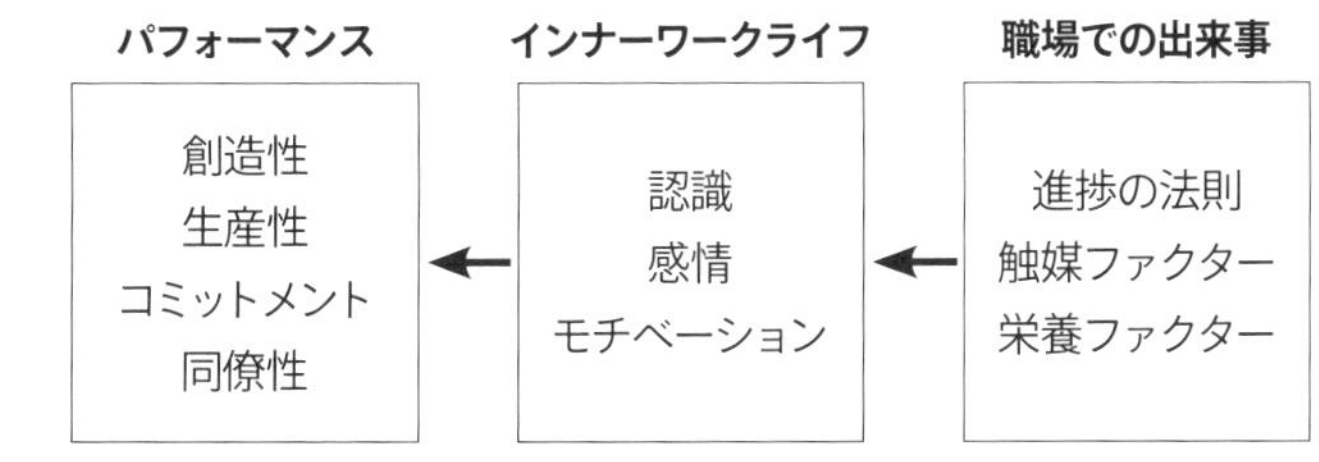

第7章 栄養ファクター

人が気持ちよく働けるよう支援する

三月下旬のいつもと変わらない一日、インフォスイート・チームのヘレンはごく一般的な要求をした。休暇の申請だ。そのときのマネジャーの反応がヘレンのインナーワークライフにどれほど影響を与えたか、彼女は日誌に記している。

▼休暇の申請に対して（中略）、プロジェクト・マネジャーからこれまでの働きに対する感謝と、この「自由な一日」はこれまでの懸命な働きぶりに対する報酬なのだと念押しが書かれたメモを受け取った。そのメモは私の気分を良くしてくれたし、このプロジェクト・マネジャーとチームを成功させるために、もっと頑張りたいと思わせてくれた。陳腐に聞こえるのは分かっているけれど、私はそう感じた……感謝されていると感じるのは素晴らしいことだ。

三月二二日　ヘレン

ヘレンのインナーワークライフは飛躍的に豊かになり、インフォスイート・チームと、彼女の一日をこれほど素晴らしいものにしたプロジェクト・マネジャーのルースのために一層の努力をしようという意欲を起こさせた。

一方でルースは、この行為を深く考えていたわけではなかったかもしれない。彼女は自分の日誌にこのことを記してすらいない。人はこの行為について、マネジャーとしての仕事をしただけだと言うかもしれない。ヘレンが「自由な一日」を過ごすに「値する」と念押ししたとはいえ、ルースは単に優れた働きぶりを評価し、大切なメンバーたちへこれまで通りの配慮を示しただけだ。しかし――ありふれたことのように見えるかもしれないが――これは極めて優れたマネジメント上の振る舞いだった。このシンプルな行為によって、ルースは**栄養ファクター**を活かしたのだ。進捗の法則および触媒ファクターと並んでインナーワークライフの質向上に貢献する三大要素のひとつである[1]。

栄養ファクターとは、仕事において誰もが欲しがる「人間関係」のことを指す。部下の優れた働きに労いや評価を与え、彼らを励まし、感情的なサポートを提供すると彼らのインナーワークライフに栄養を与えることになる。個人間の軋轢を解消するサポートをしたり、互いを真に理解する機会を提供したり、単にみんなで楽しむ時間を持たせることも栄養になるだろう。

自分の職場生活における最良の日々を振り返ってみると、その日々の多くは自分が人間関係に満足していたときではないだろうか。事実、何よりも仕事をやる気にさせ、すべての力を注ぎたいと思わせてくれる出来事は人間関係上の出来事である場合がある。たとえそれが今紹介したヘレンとルースのやり取りのように些細なものであってもだ。大きなやりがいというのは、仲間関係を享受するというシンプルな喜びからも生まれ得るのだ[2]。

しかしいつもと同じように、そこにはネガティブな側面もある。人間関係は有害なものともなり、インナーワークライフを毒する可能性もある。栄養ファクターが足りないとき――あるいはもっと悪く、尊重されてないとか、正当に評価されていないとか、邪険に扱われていると感じるとき――インナーワークライフは急速に悪化する。

栄養ファクターの重要度は人によって違うかもしれないが、それらの要素抜きに真の意味で成功できる者はひとりもいない。人間として、人は他人から尊重され、評価され、配慮され、好意を得たいと思っている。周囲がそうしてくれれば、その人物は喜びや、誇りや、ともすれば愛といったポジティブな感情に満ちあふれる。そして何か素晴らしいことに貢献しようと意欲が湧くのだ。こうしたインナーワークライフの反応はひとりでに優れたパフォーマンスの燃料となる。

つまり、栄養ファクターはインナーワークライフの三要素に作用することで間接的に仕事の進捗へ影響を与えるのだ。ヘレンの日誌の例で言えば、ルースの行動はヘレンのルースに対する認識を向上させ、感情を上向かせ、もっと仕事を頑張ろうというモチベーションを高めたのである[3]。

四大栄養源――および進捗との関連

私たちが調査したすべてのチームにおいて、誰かから栄養ファクターを提供されたとき、その人物のインナーワークライフは豊かなものになっていた――それが仕事を進捗させる可能性を高めていた[4]。栄養ファクターがインナーワークライフと進捗を促進させる基本的な道は、仕事に大きなやりがいを持たせることだ。仕事仲間のことを大切に思っていると、彼らのために成功したいと考える。仕事仲間が自分にとって家族のような存在になると、人生における仕事に新たな意味が帯びる可能性がある。人間関係とはまさに、「チームのためにもう一歩先へ」人を進ませ得るものなのだ。創造性と生産性が、その産物だ。

栄養ファクターにまつわる出来事は大きく四つに分類できることが分かった。どれもインナーワークライフに直接影響を与えるものだ。

1　尊重[5]

マネジャーの行為によって、人が尊重されていると感じるか尊重されていないと感じるかが決まる。評価は、そうした行為のなかで最も重要なものだろう。優れた仕事への報奨の実際の価値が大きなものであれ小さなものであれ、仕事への評価が公式のものであれ非公式のものであれ、人は自分の努力が認められると尊重されていると感じる。尊重はまた、マネジャーが部下のアイデアに真剣に耳を傾けることでも伝えることができ、部下や部下たちのアイデアが重んじられているのだというシグナルになる。

さらに、極めて難しいことではあるが、人と誠実に向き合うことでも尊重を示すことができる。マネジャーが自分たちを誤った方向に導いていると感じると――たとえマネジャーが相手の感情を思いやろうとしていても――部下たちはマネジャーが自分たちのプロ意識を信頼していないのだと結論を下してしまう可能性がある。最後に、基本的な礼儀正しさも尊重の合図となる。ネガティブな出来事はポジティブな出来事よりも遥かに強く印象に残るため、礼儀のなさは尊重の著しい欠如の合図となってしまうからだ。

2　励まし[6]

人を励ますことも二通りでインナーワークライフの栄養となる。第一に、マネジャー自身の熱意が社員の仕事へのモチベーションを向上させるサポートとなり得る。これは、励ましのなかにその仕事の重要性に触れる言葉が含まれているとき特に効果を発揮する。第二に、仕事を見事にやり遂げる部下たちの力を信頼していることをマネジャーが表明すると、そのメッセージが部下たちの自己効力感――自分にはできるという自信――を向上させる。

3　感情的サポート[7]

感情はインナーワークライフを構成する三大要素のひとつであるため、自分の感情が正当なものだと認められたとき、人はより仕事仲間とつながっているという感覚を抱く。これは困難な技術的問題にいら立つといった職場の出来事から生じる感情だけでなく、たとえば愛する人の死から生じる深い悲しみといった個人の人生における出来事にも同じことが言える。マネジャーは人の悲しみやフラストレーション（そして喜び）を素直に受け止めるだけでも、ネガティブな感情を軽減させポジティブな感情を増幅させるのに大きく貢献することができる。共感は、感情を単に受け止めるよりさらに効果を発揮する。マネジャーたちは部下の感情の状態を頻繁に確かめる手だてはないかもしれないが、感情のこもった発言や、強い感情的反応を引き起こし得る出来事に注意を払い続けることはできる。誰かが直接感情的な経験について相談してきたとき、共感的な言葉は相手の心を慰めるのに長く効力を発揮し、相手を目の前の仕事に引き戻すことができる。

4　友好関係[8]

友好関係――仕事仲間の相互の信頼、理解、ときには愛情を深める行為――は職場で人とのつながりを感じる最も分かりやすい方法だ。友好関係は、在宅で勤務したり、ネット上で仕事をしたり、社員ではなく契約のメンバーとしてチームに参加することのある現代の組織において特に重要だ。ひとつの同じ目標を達成するべく力を合わせる仕事仲間との絆への欲求は、大半の仕事を家や空港のラウンジでするときでも消えることはない。それどころか、その欲求は高まっていく。マネジャーは顔を突き合わせて仲間同士を親しくさせる機会を提供し、皆で楽しい時間を過ごす方法を探すことで友好関係を——そして熱い仲間意識さえも——促進することができる。互いに一緒にいて心地よいとき、仕事にネガティブな影響を与え得る個人間の軋轢は少なくなったり軽くなる。チームのメンバー間に絆を築くことは、活発な意見交換を後押しし、協働関係も向上させることができる。

多くのマネジャーは人間関係上のサポートが部下たちをやる気にさせ感情を上向かせるのに重要であることを知っているように見える。[9] しかしこの栄養ファクターで難しいのは、このファクターが優れた仕事を讃えたり、長い一週間の終わりに激励の言葉をかけるだけに留まらない点だ。人間関係のサポートはマネジャーが直接部下とやり取りするときだけに生じるとは限らない。それは部下同士が**互いに栄養を与え合う**基礎を築くことでもある。それはつまりポジティブな風土を築くということであり、人をチームに割り当てる際にスキルだけでなく性格や働き方も考慮するということだ。

力を合わせオープンなコミュニケーションができるよう、それぞれに自らの役割を理解させることも必要となる。そうしないと、致命的な衝突がほとんど避けられない。アイデアに対する活発な議論や仕事に対する節度ある話し合いは極めて生産的なものだが、誤解や、怒りや、性格の不一致や、働き方の対立から生じる個人間の衝突は信頼を損ね、チーム全体を破壊する可能性がある。[10]良きマネジメントとはつまり、こうした問題を回避したり、問題が生じたらそれを軽減させることを意味する。

私たちは多くのマネジャーがそうしたマネジメントを行うのに大きな困難を抱えていること、そして最悪のケースでは、自ら有害な職場環境を作り出していることを突き止めた（コラム「密かな観察——職場での毒素ファクター」参照）。毒素ファクターとは栄養ファクターの対をなすもので、正反対の効果を持っている。四つの**毒素ファクター**は**尊重の欠如、励ましの欠如、感情無視、そして敵対**だ。

毒素ファクターとはネガティブな振る舞いのことを指す——たとえばレビュー・ミーティングでチームのリーダーに「間違ってばかりだった」と言ったカーペンター社のCOOの発言などを指す。しかし単に栄養ファクターが存在しないだけ——たとえば部下や仕事仲間の貢献を評価し損ねただけ——でも、インナーワークライフにとっては有毒なものになり得る。

これがエジェル・イメージング社のフォーカス・チームに起こったことだった。そのマネジャーたちは栄養ファクターの力を理解し損ねていて、その理解の欠如は会社にとっての大きな損失となった。

信頼の崩壊――エジェル社のフォーカス・チーム

バーバラは、メリーランド州に拠点を置きフラットベッドスキャナやシートフィードスキャナを開発するエジェル・イメージング社の期待の星だった。カリフォルニア工科大学の学位を持ち、成功を収めた医療機器のスタートアップで五年間働き、すでに自らの担当で二つの特許を取得していたバーバラは、わずか在籍三年でエジェル社有数のメカニカル・エンジニアだと見なされていた。率直で、自信を持ち、大きな茶色い目と黒々とした髪の身体的にも人目を引く彼女は、仕事に対する喜びを放っていた。そして上層部が会社の最優先プロジェクト（汎用スキャナ・コピー機の開発）を任せると彼女は大喜びした。

このプロジェクトは「フォーカス」と名づけられ、法人顧客（雑誌社、図書館、大企業、軍など）に向けたカスタムビルドの高価な機械作りから、一般消費者や小売市場へと方針転換するエジェル社の新たな戦略の第一弾となるものだった。エジェル社の上層部はプロジェクト開始時にフォーカス・チームに対し、会社の将来はこのプロジェクトにかかっていると告げていた。

残念なことに、会社の上層部が栄養ファクターを適用し損ねたことで、プロジェクトは頓挫した。そしてエジェル社はバーバラを失った。このフォーカスの物語は、栄養ファクターの欠如がプロジェクトと会社に対していかに壊滅的な結果を招くかを示している。まずはバーバラが飛び立つ直前、それから時間を巻き戻してプロジェクトが崩壊していった様子を始めから見ていこう。

フォーカス・プロジェクトが発足する遥か前、バーバラはジョンズ・ホプキンス大学に勤める夫のサバティカル（長期休暇）に同行して半年間給料を受け取らずヨーロッパへ向かう計画を立てていた。彼女を会社に引き止めておきたいがために、エジェル社の人事部は彼女が戻って来た際のポジションと昇給を確約していた。

しかし人事部から受け取ったサポートと信頼が、彼女のチームのなかには欠けていた。バーバラの出発が迫るころ、彼女はプロジェクトの注意点と未完成の試作品について、チームの他二人のメカニカル・エンジニアであるロイとマシューに説明しようとしていた。彼女の試みは仕事仲間からの**尊重を欠いた**無関心に直面した。

▼私が担当して良いスタートを切った仕事がたくさんあって、それぞれ仕上げを必要としている。微妙な設計や多くの部品のこまごまとした手順を整理しながら、いったい私以外の誰がこのすべてを理解できるのだろうかと不安になる（中略）。この一週間何度か仲間たちにいつ、どうやって私からの引き継ぎを行うか尋ねてきた――そして最終的な回答は「ファイルを置いて行ってくれ」だった。

五月十二日　バーバラ

時間が経つにつれ、フォーカス・チームのメンバー間での**真の友好関係の欠如**がバーバラにとって痛いほど明らかになっていった。また一週間が過ぎても、メンバーたちは誰も彼女の情報共有の提案に応えなかった。

▼休暇や最終出社日について友人としてのちょっとした質問以外、チームからは何の連絡もない。私はチームにたくさんの情報を渡しておきたいし、今もその準備をしている。だけど、彼らからの情報共有の要求を待っている状態だ。その仕事を重要だと思っていない人に無理矢理引き継ぎたくはない。

五月十九日　バーバラ

バーバラは仲間が彼女の仕事を重んじているような素振りを一度も見ることができなかった。五月二一日、彼女の出発前日、彼女はもう一度有意義な情報伝達をしようとして徒労に終わり、再び自分の貢献に対する**尊重の欠如**に悩まされた。

▼今日は私のプロジェクト最後の日で、とても残念だけどメンバーの誰一人としてミーティングや情報引き継ぎのリクエストをしてくることもなかった。ミーティングの時間を設けてほしいとメールを送っていたのに。唯一ロイから返信があったけど、彼も今日の午前中はオフィスにいないから、ノートの数々を置いていってほしいと言うだけだった。（中略）この会社を離れることができて本

当に嬉しい。

五月二一日　バーバラ

この五月二一日はバーバラの最終出社日で——二度と戻ってくることはなかった。怒りと悲しみのなか、彼女はただノートを残し、会社を去っていった。この瞬間、エジェル社はバーバラの専門技術が将来もたらし得る潜在的な価値だけでなく、彼女が蓄積した会社と製品に対する暗黙の知識を失ってしまった。出発後、彼女が戻ってくることはなかった。

明らかに、フォーカス・チーム内で何かが致命的におかしくなっていた。私たちが調査したチームのなかで乏しいコミュニケーションや尊重の欠如は珍しいことではなかったものの、バーバラの仕事仲間による情報共有の拒否は私たちが目にした最も大きなチームワークにおける失敗だった。どうしてこのような事態が起きたのか？　どうしてひとつのチームのなかで、極めて優秀な人物が重要な情報を仲間たちへ伝達しようと再三試み、そして失敗するにまで至るようになったのだろうか？

あらゆる面で、フォーカス・チームは一流だった。メカニカル・エンジニアリングのサブチーム（バーバラ、ロイ、マシュー）以外に、フォーカス・チームには機械および電気エンジニアリングの専門知識を持つリーダーのドナルド、そして電気、ハードウェア、ソフトウェアの専門知識を持つ四人のエンジニアがいた。バーバラ、ロイ、その他五人のメンバーたちは修士号を持っているか取得に向けて取り組んでいるところで、バーバラ、ロイ、そしてドナルドを含む四人のメンバーは特許も取得していた。

プロジェクト初期のドナルドの日誌では、バーバラとロイの優れた技術力が讃えられている。調査開始時に行ったチーム各人の性格分析でも、彼らが協調し力を合わせて働かない理由は見当たらなかった。優れた集団が新製品のイノベーションに尽力し、難しい目標に向けて互いが力を合わせて懸命に働くオライリー社のチームのような、波乱の少ない成功の物語を目にするだろうと思っていた。

しかしフォーカス・チームの日誌を読んでいると、役者たちが別々の脚本を読んできた不出来な昼ドラを観ているように思えるときがあった。それぞれが同じ脚本を持っていないのに、そこにはたくさんの泥沼劇があった。ふとしたきっかけや、マネジメントから影響を受けて、深刻な個人間の衝突がバーバラのサブチームには付きまとっていた。その結果、チームの日々の進捗には陰りが見え、長期的なパフォーマンスは失速した。[11] 実際、調査終了時に行ったプロジェクトの成功に対する自己採点で、フォーカス・チームのメンバーがつけた採点は二六チーム中十八番目だった。

尊重の欠如と敵対

彼らの昼ドラの脚本は、チーム結成時にその形を現し始めた。研究開発部の責任者ペリー・レディングは、経験豊富とはいえ新しく採用したばかりのエンジニアであるドナルドをプロジェクトのリーダーに据えた。レディングがチームに選抜したメンバーたちは全員確かな技術を持っていたものの、彼はメンバーたちの社歴や様々に異なる問題解決のスタイルをまったく考慮していなかった。レディングはまた、最も優秀なメカニカル・エンジニアであるバーバラとロイの二人それぞれに、技術設計においては自分がリーダーの役割を担うのだと信じさせるという致命的なミスを犯していた。調査時に個別に行ったアンケートでは、彼らは共に自分がメカニカル・エンジニアのリーダーだと考えていた。

しかし両者ともにリーダーとして理想的ではなかった。ロイはエジェル社での経験に乏しく、バーバラはプロジェクトの最終期日より前に職場を離れることになっていたからだ。ペリー・レディングもドナルドも（そして経営陣も）プロジェクトが二か月を過ぎるまでバーバラとロイの役割を明確にしなかった――これが破滅への脚本だ。レディングがついに、ロイがメカニカル・エンジニアを統括すると宣言したあと、バーバラはレディングとロイの両者からの**尊重の欠如**を感じた。バーバラ自身の行動もフォーカス・チーム内に栄養ファクターが不足した原因の一端だとは言えるものの、ここでは尊重の欠如（そしてその他の毒素ファクター）が彼女のインナーワークライフへいかに影響を及ぼしたかに話を絞ってみよう。

▼その（メカニカル・エンジニアのリーダーの）「役割」を取り上げられたこと、そしてこの二か月ロ

イが私のアイデアをほとんど尊重しなかったことに侮辱を感じているとドナルドに伝えた。ドナルドは、ペリー（研究開発部の責任者であり、信頼していた私の上司）が、この役割の変更を指示したのだと言った。ペリーは二月にも何の説明もなしに私が担当するコンセプト・デザインを（外部のコンサルタントに）委譲したし、今回のこと（役割の交替）も何の予告もなかった。

ミーティングや仲間の振る舞いから悟るのではなく、ペリーがあらかじめ私に伝えておいてくれれば、ここまで侮辱されたと感じることはなかったと思う。（中略）半年会社を離れたあと、この仕事に戻ってきたいとはどんどん思えなくなってくる。

四月十四日　バーバラ

上司をもはや信頼できない人物と見なしたことで、バーバラはエジェル社に忠誠を尽くす価値はないと考えるようになっていった。彼女はペリー・レディングとロイによって自分の価値が貶められたと感じていたのだ。リーダーの役割から外されたことは、彼女にとって大きな**励ましの欠如**として作用した。バーバラの感情は非常にネガティブなものとなった。怒り、恨み、フラストレーションが募り、落胆し、そして悲しんでいた。[12] エジェル社のために働こうというモチベーションも減退し始めていた。こうしたすべてのインナーワークライフの反応は彼女が直面した**尊重の欠如**から生じたものだった。彼女は信頼ある社員が受けるべき誠実な対応をされず、プロジェクトに対する彼女の知的な貢献も評価されていなかった。

このフォーカス・チームの物語は、バーバラとロイの問題解決スタイルの大きな違いにより、ますます複雑なものになっていった――その違いは、調査開始時に行ったアンケートを見ても明らかだった[13]。人の問題解決スタイルというのは、生まれや経験に深く根ざすもので、個人としての特徴の一部をなすものだ。バーバラは創造力あふれたアイデアを複数出し、既成の概念にとらわれずに思考し、あらゆる解決策を試して実行不可能なアイデアをどんどん削ぎ落とし、能力が試されるような難しい仮定のもとで問題解決に挑んでいくことを好んでいた。ロイはもっと念入りな問題解決を好んでいた。実証されている枠組みのなかで新たなアイデアを分析し、周りに提起する前にそれが機能するかどうかを確かめるのだ。

二人にはハイレベルな専門知識と創造的になれる潜在能力があった。しかし彼らの問題解決スタイルの違いは、うまく管理される必要があった[14]。だがそうはならなかった。プロジェクト開始から数週間後、三人めのメカニカル・エンジニアであるマシューがチームに参加した。ロイの問題解決スタイルに近かったマシューは、すぐにバーバラへの嫌悪感を示すようになった。互いのスタイルの違いを理解したり、互いの長所を評価して活かすようにこの三人をサポートする人物が誰もいなかったため、衝突と信頼の崩壊を特徴とする敵対関係が生まれていった。

ロイとバーバラのスタイルの違いは様々な場面で見られたが、機械設計のスケジュールをめぐる対立において最も深刻なものとなった。ドナルドはロイとバーバラのそれぞれにスケジュール立案を要請して二人をなだめようとした。スケジュールは簡単に折り合うだろうと期待していたのだ。

しかし、それはロイとバーバラの敵対関係を沈静化するどころか、勝つか負けるかのゼロサム競争を生む結果となり、意図せず敵対関係に油を注ぐこととなった。その結果、二月に火がついた基本的なスケジュールをめぐる対立は、約二か月が過ぎても燃え続けていた。ドナルドと三人のメカニカル・エンジニアたちは、全員そのことを日誌に記していた。対立が生じた直後、バーバラはこう書いている。

▼ロイがスケジュールを提案し、みんなで話し合った。私はそのプランに反対し、別の案を提起した。私たち二人は密に力を合わせて働かなければならないのに、選ばれる案はひとつだけで、どちらかが勝ちどちらかが負けるとでもいったような状況だ。私はプロジェクトが時間を浪費していると感じていて、もし彼のプランに沿っていくことになるのなら、ここは私が働くべきタイプの会社じゃないと思う。

二月二四日　バーバラ

プロジェクトの開始から二か月後に参加したマシューは、まだスケジュールが決まっていないことに愕然としていた。

▼スケジュールについて（なおも）意見や議論が交わされている。どうしていまだにこんなことを

話し合っているのか理解できない。

四月十三日　マシュー

バーバラ、ロイ、マシュー、そしてドナルドは、こうした泥沼劇が生じるたびにインナーワークライフへダメージを受けて苦しんでいた。しかしそれが仕事の進捗に破滅的な影響を与えていることは明らかだったにもかかわらず、ドナルドはこの**敵対関係**の軽減に対して無力だったように見えた。

波及効果

インナーワークライフへのネガティブな影響は、この大きな対立関係の張本人たちに限ったものではなかった。否応なく、そこには波及効果があり、チーム全体に影響を及ぼして全員の進捗を遅らせていた。フォーカス・チームの日誌にはロイとバーバラ（そしてときにマシュー）の敵対関係について言及しているものが数多く見られた。ハードウェア・エンジニアのダスティンは特に熱心な観察者だった。

▼最近メカニカル・エンジニアたちから技術的な情報を受け取ることが難しくなっているようだ

（私はごく基本的な次元の質問をしたのだけれど）。きっと彼らのなかでコミュニケーションが取れていないのだろう。

三月十七日　ダスティン

▼仕切りのないオフィスで、まだメカニカルのメンバーたちが互いに不平不満を言い合っているのが聞こえる。いったいいつ終わるのだろうかと思うが、それにも慣れてきた。

四月十日　ダスティン

▼バーバラの仕事に対するロイの不平不満を耳にするのは耐え難かった。

六月八日　ダスティン

メカニカル・エンジニアチーム内の争いについて記した日々の多くで、ダスティン自身のインナーワークライフも悪化していた[15]。そしてその影響が続いてしまったのは、彼やその他の罪なき第三者たちが**感情無視**に悩まされていたからだ。ドナルドはダスティンがこの対立にこれほど悩まされていることを知らなかった。ドナルドはこれを議論するまでもない問題として扱っていたからだ。その影響はインナーワークライフを通じてパフォーマンスにまで及んでいた。

チームミーティングは対立に火をつけることが多かったため、全員が互いを避け始めるようになり、コミュニケーション全般も機能しなくなり始めていた。そして現実に、コミュニケーション不足はチーム内のメカニカル・エンジニアたちの**敵対関係**、**尊重の欠如**、それに伴うメンバー間の**信頼の欠如**によってチーム全体の進捗に大きな遅れをもたらした。ドナルドはこうした問題に対して効果的な対処をせず、それは経営陣もまた同じだった。フォーカス・チームのソフトウェア・エンジニアであるニックの日誌を見てみよう。

▼ペリー・レディングがエンジニアリングの再編成を知らせたミーティングは、私たちのグループにとってはまったく的外れのように思えた（中略）。大きな問題——非現実的なスケジュール、互いを嫌い信頼し合わないメンバーたち、権限と責任のズレ——には一度も言及されなかった。

六月三日　ニック

ほとんどの場面で、彼らは暗い気分のなか、苦しみのうちに孤立して、孤独に仕事をしていた。

リーダーシップの欠如

最初にフォーカス・チームの日誌を読んだとき、私たちはこの毒素ファクターの蔓延の原因を、ひどく好ましくない性格に求めたくなる誘惑に駆られた。しかしながら、調査の初めに受けてもらった性格テストを確認してみると、あの三人のエンジニアの誰一人として「調和性」の項目で著しく低い数値を示す者はいなかった。[16]問題はチームのメンバーというよりもチームのマネジメントにあるのだった。

様々なレベルのリーダーが、インナーワークライフに栄養を与えることがほとんど不可能な環境を作りフォーカス・チームを機能させなくしていた。ペリー・レディングは配慮に欠いた決断の数々を下し、経験の浅いドナルドをリーダーに据えたり、ロイとバーバラの問題解決スタイルの違いを無視したり、そして最も致命的なことに、ロイとバーバラの両者に自分がメカニカル・エンジニアのリーダーだと信じさせていた。さらに、プロジェクト全体を通したレディングのチームへの対処の仕方にも問題があった。たとえば、彼はバーバラの懸念を解消しつつ、重要で失敗できないと考えているプロジェクトへの自分の主導権を発揮しようと考え、バーバラの前では調子のいいこと（たとえば彼女の仕事への称賛）を伝えながら、彼女の信頼を裏切るような行動（たとえばドナルドに彼女を叱責するよう告げるなど）を取っていた。

さらに重要なのは、何か問題が生じるとレディングはドナルドと話し合うのではなく、自分と直接話すよう推奨していたことだ。これはドナルドのリーダーとしての権威を弱めることになり、ドナルドが激化する対立を解決するのをますます困難にしていた。レディングと本部長のジョセフ・カラハンは再三にわたって秘密裏に人事計画を立てた。それはバーバラをプロジェクトから除外するといった、ドナルドが見直しを要求するべきものだった。こうしたあらゆる角度から、上層部はチームメンバー全員と、特にドナルドに対して尊重の欠如を示していたのである。

自身の名のもとでいくつかの特許を持つ優れたエンジニアであるドナルドは、親切で、心優しく、このプロジェクトを良き方向へ導こうとやる気になっていた。しかしながら、彼はチームに栄養ファクターを提供することができなかった。エジェル社にやって来たドナルドは、これほどに重要なプロジェクトをリードするための政治的判断力や社内での信頼に欠けていたのだった。技術的な作業へ熱心に取り組むあまり、彼はメカニカル・エンジニアのサブチームで長らく顔を見せていた高まりゆく緊張関係の兆しに気づけなかったのである。チームのほぼ全員にとって極めて明白な事態であったにもかかわらず、彼らの人間関係上の問題の大きさに気づくのが遅れたのだ。

プロジェクト（と対立）が始まってから数週間、ドナルドは増加する互いへのあからさまな攻撃に対して、ロイやバーバラと個別にも一緒にも話し合うことをしなかった。彼は二人のやり合いがミーティングの他の議題の時間にまで侵食するままにしていた。彼がようやくその対立について日誌で言及したときも、彼が考える事態はどこか軽く、他人事のようで、距離を置いたものだった。解決すべき問題だとは見なしていなかった。

▼大事なクライアントが帰ったあとのサマリー・ミーティングで、またロイとバーバラの衝突が勃発した。バーバラとロイは人生に対する姿勢に大きな違いがあり、どちらも相手の方法論を受け入れられないようだ。

四月七日　ドナルド

数週間がたち、経営陣から二度バーバラを除外するよう脅されて、ドナルドは積極的に介入しようと心に決めた。彼はカラハンとレディングに人事変更をする前に時間をもらえるよう要請し、バーバラ、ロイ、マシューと個別に、そして全員で対立について穏やかに話し合った。心のなかで、彼ら三人はドナルドの発言をどうしようもないほど能天気なものと見なしてはねつけ、自らの意見を譲らなかった。ドナルドはチームミーティングで各人の短い伝記を全員で読み合うことでチームスピリットを育もうとしたが、いがみ合うエンジニアたちのユーモアを装った公開討論会になっただけだった。明らかに、ドナルドが介入したときにはもう、大勢は決していたのである。

▼忠告したにもかかわらず、ロイとバーバラはスケジュールミーティング中いまだに中傷し合っている。

五月七日　ドナルド

ドナルドは栄養ファクターと毒素ファクターに関してマネジャーが最も犯しやすいミスのひとつを犯していた。何かポジティブなことをしようとして――チーム内に友好関係を築こうとして――あまりに恐る恐る、しかも手に負えなくなってから着手したため、その効果がネガティブなものになってしまったのだ。

最終的に、新しいスキャナ・コピー機は一年以上も遅れ、違うリーダーでほとんどが新しいメンバーの再構成されたチームで開発せざるを得なかった。なぜフォーカス・チームは失敗してしまったのか？　事実が示しているのは、驚くほどに栄養ファクターよりも毒素ファクターが満ちあふれていたということだ。チームの日誌には、個人に対する侮辱、醜い言い争い、はびこる不信感の報告がいくつも見られた。メンバーたちのインナーワークライフは、怒りや低下したモチベーション、そしてチーム、仕事、組織への後ろ向きな認識が目立っていた。進捗も失速していた。メンバーたちは進捗を測るスケジュールさえ作ることができなかったからだ。

このフォーカス・チームの物語は極端な例だが、関係ない世界の話だと切り捨てるのは間違っている。栄養ファクターの欠如による崩壊は、もっと日常的なシチュエーションにも存在する。実際、私たちの調査ではマネジャーたちが正しい認識よりも間違った認識をしていることの方が多かった。チームを結成する際にも、マネジャーたちは非生産的な対立が起きる可能性を考慮していないことが多かった。チームのマネジメントにおいても、彼らは対人関係の重要性を低く見積もりがちだった。多くの人は、フォーカス・チームの物語をまるで自分の組織そのままだと見るのではないだろうか。人間関係を上手くマネジメントするのは極めて難しいことで、そうした問題には目をつぶりたくなる。しかし忘れてはならない。栄養ファクターが不足している限り、インナーワークライフは暗転し、その結果、パフォーマンスも悪化する。信頼はいったん失われてしまうと、取り戻すことが非常に難しい[17]。極論を言えば、取り返しがつかなくなるのだ。

人間関係――ドリームスイート社のインフォスイート・チーム

本章の最初に紹介したヘレンの日誌が示しているように、ドリームスイート・ホテルズのインフォスイート・チームは栄養ファクターを我がものにしていた。窓のない倉庫のなかにある窮屈な間仕切りのオフィスに追いやられていたにもかかわらず、しかも始終ドリームスイート社の上層部からないがしろに扱われていたにもかかわらず、何とかインフォスイートのメンバーたちは互いに栄養を与え合って大半の日々で豊かなインナーワークライフを維持していた。意図的に互いを傷つけ合っているように見えたフォーカス・チームとの対比は著しく際立っている。

あらゆる面で、インフォスイートとフォーカス・チームは対照的だった。フォーカスのメンバーが自分たちのプロジェクトの成功度合いを低く採点したのと同じくらい、インフォスイートのメンバーたちは高く採点していた――二六チーム中二位の結果だ。両チームの栄養ファクターについての分析も対照的なものだった。フォーカスに見られた数多くのネガティブな要素はインフォスイートにはまったく存在せず、インフォスイートに見られた数多くのポジティブな要素はフォーカスにはまったく存在しなかった。どちらのケースも、マネジャーたちがチーム内にサポートの――あるいはその欠如の――土台を築いていた。

フォーカス・チームではすべてのレベルのマネジャーたちが毒素ファクターとして悪影響を与えていたが、インフォスイート・チームでは経営陣が栄養源として良い影響を与えているわけではなかった。インフォスイート・チームでポジティブな差を生んでいたのは――トップ経営陣のネガティブな振る舞いを前にして――チームの共同リーダーたちだった（これはよくある事態だ。詳しくはコラム「栄養ファクターにおけるチームリーダーの特別な役割」を参照）。

尊重と、励ましと、友好性と、個性の理解というチームの風土を後押ししたルースとハリーは、私たちが研究したすべてのチームのなかで、個人とチームの双方に対する優れたサポートの際立った模範例だ。本章の最初に紹介したヘレンの日誌は、栄養ファクターを活用するルースやハリーを記述した数ある日誌のひとつに過ぎない。そう記していたほぼすべての機会でインナーワークライフが向上していた。ルースがヘレンは「自由な」一日を得るに値すると念押ししてヘレンのインナーワークライフが向上したのもその一例だ。しかし私たちが行ったドリームスイート社への聞き取り調査を見る限り、インフォスイート・チームに起きた至高の化学反応の土台を築いた功績は上層部にあると言えるものではない。上からの導きもほとんどない状態で何とかやりおおせたのは、九人のメンバーたちの功績だ。この場合、ドリームスイート社は幸運だったと言うべきだろう。

フォーカス・チームを振り返ってみよう。バーバラとロイは大きく異なる問題解決のスタイルを持っていた。興味深いことに、インフォスイートのルースとハリーも、バーバラたちほど極端ではないものの、異なるスタイルを持っていた。しかしスタイルの違いは、必ずしもバーバラとロイのあいだで起きたような衝突につながるわけではない。バーバラとルースのスタイルは、突飛なものも含む様々なアイデアを提起することだった。ロイとハリーはより入念なスタイルで、そうしたアイデアを整理し、最善のアイデアを体系的に発展させ洗練させるのに役立つ。しかしながら、互いが効果的に仕事をするには、違うスタイルを持つ人びとが相手の問題解決法の有効性や有用性を認める必要がある。ルースとハリーにはそれができた。その結果、彼らは見事に協力し合い、私たちの判定では調査したなかで最も効果的な共同リーダーとなっていた[18]。

　では、なぜインフォスイートのチームは、フォーカス・チームに欠けていた人間同士のつながりを手にできたのだろうか？　フォーカス・チームとのひとつ明らかな違いは、ハリーとルースが初期の段階で、自分たちの役割について相互理解を得るよう意図的に取り組んでいた点だ。プロジェクト・マネジャーの肩書きを得たルースは、ハリーの元上司だった。しかしながら、ルースはハリーを対等に扱った。ルースがもうひとつのチームも担当することになったあと、ルースはハリーのリーダーシップを完全に信頼して日々のインフォスイート・チームの指揮を任せた。さらに、二人はインフォスイート・チームや、プロジェクトや、起こり得る問題点に関して頻繁かつオープンにコミュニケーションを取っていた。そんなひとつの例について、ハリーはこう記している。

▼プロジェクト・マネジャーのルースがもうひとつの追加チームを統括することになるので、どう仕事・責任・リソースを分担するかについて二人で戦略を立てた。着手するのに適切なプランを考えることができたと思う。

二月十八日　ハリー

初めは見解が食い違うことも多かったが、彼らは互いの意見を尊重し、良き解決策を見つけるべく懸命に取り組んだ。その結果として、チームのメンバーたちはルースとハリーに大きな信頼を寄せるようになった。さらに、メンバーたちは二人の共同リーダーを手本とした。二人はチーム内部に仲間の**尊重**、**友好関係**、**感情的サポート**という三つの基本的な栄養ファクターを生み出していた。四つめの栄養ファクターである**励まし**も度々見られた。こうしたそれぞれの方法を通して、インナーワークライフに対する栄養がメンバーたちに与えられ、そして彼らからも生み出されていたのだ。

相互尊重

尊重とは、言葉であれ言外の表現であれ、相手の価値を重んじることを指す。たとえば、ハリーは五月下旬に大きく体調を崩し、その後家族と数日間の休暇を取った。多くのメンバーが彼の体調を心配したり、彼の復帰を喜ぶことでハリーを尊重していることを記していたが、ソフトウェア・エンジニアのトムほどに感情をあらわにした人物はいなかった。

▼僕たちのハリーが帰ってきた!! ハリーが帰ってきた!! これですべて大丈夫だ。分かってる、ちょっと大げさすぎだ。でもハリーのおよそ二週間ぶりの復帰（病気、そして休暇から）は、僕たちをこれほどにプレッシャーから解放してくれる。彼は僕たちを導き、守り、励ましてくれる兄貴分だ。

六月七日 トム

トムとチームのメンバーたちはハリーのことを極めて優れたリーダーとして尊重していた。彼が触媒ファクター（第六章で解説したように、仕事そのものをサポートするファクター）と栄養ファクター（人を励まし、彼らの心に配慮するファクター）を提供していたからだ。結果として、トムの感情と自己認識にはハリーが職場にいること自体が栄養となった。明らかに、トムはハリーに対して大きな愛着を感じ、彼のリーダーシップによってモチベーションが向上していた。他のメンバーたちもトムと同じように感じていた。

ルースもまた、チームから讃えられていた。メンバーたちのニーズに対応し、相手を尊重した彼女の計らいは、彼女自身にも尊重が返ってくる引き金となる数々の行動のひとつだった。次のヘレンの日誌を見てほしい。ヘレンは自分の幼い子供たちの予定のために時おり家で仕事をする必要があった。

▼家で仕事をするのは最高。仕事にまつわる普段の諸々に気を散らされることもない。電話の鳴る音や周りからの質問に気を散らされることなく、集中すべきことに集中できる。それに、スリッパを履いて、横にいつものコーヒーカップを置いて、ラジオを大音量で流している方が良いプログラミングの仕事ができると思う!! プロジェクト・マネジャーが家で働くことを許してくれてとても嬉しい。戦場から離れて働く私を信頼してくれていると感じるし、この仕事に私を必要としてくれているんだと思う。そうじゃなかったらこういう働き方を許してくれてはいないはず。なんて良い上司なの! 彼女が一番だ。

三月二九日 ヘレン

ヘレンがルースへの感謝と信頼を詳細に記述すると同時に、ルースのヘレンへの評価と信頼についても記していることが分かるだろう。ヘレンのインナーワークライフは彼女という個人に対するルースからの尊重によって目に見えて向上していた。感情面では、喜びと感謝を感じ、自分には価値があり、生産的で、幸運な社員だと認識した。ルースのサポートはヘレンのインナーワークライフに直接影響を及ぼし、その結果として、家で働く日々のヘレンの仕事の進捗にもポジティブな影響を与えた。

長期間にわたり、ヘレンのパフォーマンス――創造性、生産性、仕事へのコミットメント、同僚性――は高かった。四つめの要素（同僚性）の重要性はどれほど強調してもし過ぎることはない。ルースはヘレンの特例的なニーズに対して便宜を図ることで彼女を仲間として尊重した。これを受けて、ヘレンも自分の知識とやる気を惜しげもなく分け与えることで仲間たちを尊重した。次のマーシャの日誌を見てほしい。ヘレンとの新しいプロジェクトへの参加を聞いたときのことだ。

▼（このプロジェクトを）すごく楽しみにしているのは、まったく知識のないシステムについて学び、新しい決済システムを作れるから。ヘレンとも一緒に仕事をすることになる（中略）。ヘレンと仕事をするのが大好きなのは、いつも彼女からたくさんのことを学べるし、一緒に楽しい時間を過ごせるから！
三月九日　マーシャ

三月九日、マーシャのインナーワークライフは急上昇した。そして彼女がヘレンと取り組んだプロジェクトは大成功を収めた。

友好関係

インフォスイート・チームに顕著だった二つめの栄養ファクターは強固な**友好関係**だ。一般的に、メンバー間の絆が強ければ強いほど、豊かなインナーワークライフがチームに広がり、したがって進捗も大きくなる。**友好関係**について語るとき、そこには数々の振る舞いが含まれる。たとえば、チームのためになるなら何でも積極的に行うこと（単に仕事のため、あるいはプロジェクトのためではない）、チーム内の感情的結びつきを強める何かをすること、職場や社外でメンバーと楽しい時間を過ごすこと、仕事仲間やチーム全体に対する誇りや、愛着や、真心を示すことなどがそうだ。

友好関係という点でチームが上手く機能するにあたって、これらすべての要素が発現する必要はない。たとえば、オライリー・コーテッド・マテリアルズの全四チームのメンバーたちは社外での交友やメンバー間で親愛の言葉が交わされることはあまりなくても、うまく付き合っているように見えた。しかしそこには明らかにチームの一員であることへの誇りがあり、メンバーたちは折に触れて一緒に楽しい時間を過ごしていた。

インフォスイートは見事なまでの**友好関係**を示し、それはチームの日誌の随所に現れていた。トムの日誌を見てみよう。

▼実際は、誰もが恐ろしいほど長時間仕事に取り組み、あり得ないほどの作業をこなし、それでもなお物事の明るい面を見続けている。なんてこった、そんな彼らが大好きだ！

五月二八日　トム

チームの揺るぎない忠誠心を引き出し、真心、ユーモア、そして楽しさが強烈な労働意欲と織りまざった素晴らしい状態を促進したのはルースとハリーだった。チームはルースがもうひとつのチームも統括することになり、ハリーが予期せぬリーダーとしての役割を不満も言わず引き受けた様子を目にしていた。チームはルースの自虐的なユーモア、たとえば、ミーティング中に言い間違いをして恥ずかしい思いをしたとき、たまたま部屋にあった大きな段ボールのなかに隠れたりするのを見て大笑いした。さらにチームはビッグ・ディール・プロジェクトを仕上げるためにルースが二人のチームメンバーとともにメモリアルデーの週末に働いていたのを目のあたりにしていた――その間ずっと彼女の優れた精神を保ちながら。

マーシャはルースのポジティブな姿勢にインフォスイートのメンバーのなかでおそらく一番影響を受けていた。ルースが自らの高い作業水準を保ちながらチームを配慮し、尊重し、守ってきたことをつくづく感じ、マーシャはそうした振る舞いを真似ようと必死になり、仕事への大いなる誇りだけでなく、チームやルースに対するコミットメントを見せた。

▼（現プロジェクトのクライアントからは）要求仕様書は渡されていないけど、五月六日を最終期日とするよう求められた。私はとにかく突き進み、猛烈にコーディングをしている。相手の要求はま

るで分からないけど気に入ってくれることを願いながら。ルースはクライアントもコミットするよう積極的に働きかけてくれている。私にとってとても重要なのは、ルースを優れた人材に見せること。このチームはみんなで互いを守っている。

四月六日　マーシャ

これらは最も強固な友好関係の結実だ。

この四月六日の日誌やその他の日誌で、マーシャは自身のインナーワークライフに関してとても興味深い点を明らかにしている。彼女のインナーワークライフは、ある程度においてチームの仲間たち、特にルースのインナーワークライフに影響を受けていたのだ。マーシャのインナーワークライフはチームが不満なく上手く機能していると認識したときポジティブなものになっていた。こうした認識はポジティブな感情を引き出し、優れた仕事をしようというマーシャの内発的モチベーションを向上させた。つまり、栄養ファクターがマーシャのインナーワークライフに直接作用することで、彼女の仕事の進捗を間接的に促進していたのである[19]。

インフォスイート・チームの全員が、数々の日誌のなかで仲間たちへの信頼と誇りを記していた。この互いへの大きな敬意は日々の仕事に対する自己採点の数値にも現れていた。平均して、彼らは自分自身の進捗よりもチームの進捗を高く採点していた。対照的に、エジェル社のフォーカス・チームは正反対のパターンを示していた。

調査終了直後に行ったインフォスイート・チームとの最終ミーティングは、ルースとハリーこそがチームの強固な**友好関係**の主な源泉であることを裏付けるものだった。私たちがチームの成功について言及すると、多くのメンバーが成功の大部分は二人のリーダーのおかげであり、他のチームはこれほど優れたリーダーがいることを羨ましがっていたと語った。一方で、ルースとハリーは成功をチーム全体の功績だとした。ハリーは言う。「私のおかげじゃない、チームが素晴らしいからだ。よほど愚かな人間でない限り、誰でもこのチームならマネジメントすることができただろう」。しかし、そうでないことを私たちは知っている。カーペンター社で見たように、たとえ優れた知性を持つマネジャーであっても、栄養ファクターを提供することに失敗すると、何年も力を合わせて仕事をしてきた良いチームが、中傷や不信感に悩まされることになるのだ。

インフォスイート・チームが豊かなインナーワークライフを共有していたことは明らかだった。彼らの喜びあふれる仲間意識によって、メンバーたちはチームを自分の一部を隠す必要のない本当の自分になれる場所のように感じていた。仕事に取り組むにあたって各人がそれぞれの個性を持ち寄るとき、チームはより創造的になる。[20] インフォスイート・チームの場合、それが高いパフォーマンスにつながったことは明らかだった。

感情的サポート

インフォスイート・チームで目にした三つめの大きな栄養ファクターは**感情的サポート**――人の感情や意見が何らかの手段で正当なものだと認められたり、仕事や個人的な事柄に対する何らかの慰めや共感を得られるシチュエーションだ。**感情的サポート**はネガティブな感情を軽減させること――不安を取り除いたり、フラストレーションを減らしたり、悩みを解消すること――によってインナーワークライフを豊かなものにする。

▼今朝ルースを慰めた。またも上司からの無意味な催促の注意を受け取って彼女は涙を流していた。
五月七日　ハリー

▼父親が入院しているチームメートが職場に戻ってきた。彼女の姿を見ることができてよかったし、みんなで彼女をあれこれ歓待した。すごく良いチーム!!
三月二二日　ヘレン

ヘレンの日誌は、**感情的サポート**が、それを受け取る側のインナーワークライフの栄養になるだけでなく、それを与える側のインナーワークライフにもポジティブな影響をもたらし得ることを示している。特にこの場合、父親が深刻な病状にある仲間を励ますチームの一員であることによって、チームのクオリティへのヘレンの認識が高まっていた――インナーワークライフの状況認識プロセスの見事な一例だ。こうしたポジティブな認識はポジティブな感情へと結びついていた。[21]

この強固な社会的・感情的サポートは、ほとんど絶対的な信頼感とオープンなコミュニケーションを醸成した。メンバーたちは自分たちが仕事上のどんなことも、大半の個人的な事柄も、二人のリーダーを含めて誰とでも話し合うことができ、誠実な回答が返ってくると信じていることを繰り返し日誌で記していた。明確なコミュニケーションは彼らが直面していた手ごわい挑戦への不安を和らげることにつながり、インフォスイート・チームは目の前の仕事により集中できるようになっていた。

栄養ファクターによるリード

最も成功を収めるリーダーは、部下たちのインナーワークライフに栄養を与える方法を知っている。一九一五年の南極横断探検で「エンデュアランス号」の船長を務めたサー・アーネスト・シャクルトンは、そうしたリーダーのひとりだった。[22] 人間関係を育む彼の能力は、人類史上有数の驚くべきサバイバル探検のあいだ二七人の船員たちをリードすることを可能にした。[23]

一九一五年一月十八日、エンデュアランス号は氷に行く手を阻まれた。八か月後、氷が船を破壊し始めたころ、シャクルトンと船員たちは船を近くの氷盤に放棄した。彼ら探検者たちは一九一六年八月三十日に救助されるまで最も生存の厳しい環境のなかに取り残されていたにもかかわらず、誰一人として命を失う者はいなかった。

　彼らの生存に大きな貢献を果たしたのはシャクルトンのリーダーシップだった。本能的に、シャクルトンは栄養ファクターを活用していた。航海の初期段階で、彼は各船員たちに船上のあらゆる仕事を担当するよう要求していた。これにより船員間の地位の差が軽減され、大きな友好関係へとつながっていった。シャクルトンはさらに、船員たちができるだけ楽しい気分でいられるようにサポートした。立ち往生してしまったあと、彼はゲームをしたり、音楽を作ったり、寸劇を行うことを奨励した。エンデュアランス号を放棄して二か月後、彼は氷の中から陸地へと歩いて向かう決断を下した。そこで前回の探検で残された食料が見つけられるかもしれないからだ。それはクリスマス直前であったため、彼は出発前に皆でお祝いをするべきだと考えた。彼らは最善を尽くし、利用可能な食料を集めて祝宴を行った。船員たちの絆を深めようとするシャクルトンの努力は、船員たちの命が目的意識を固く一致させることにかかっている状況において再三にわたり役立った。[24]

　シャクルトンと同様に、最も優れたビジネス・マネジャーたちは、人間としての欲求に応えることによって人びとをリードしている。[25] エジェル社のフォーカス・チームの名ばかりのリーダーだったドナルドは、メンバーたちのインナーワークライフに真の意味で栄養を与えるべく人間レベルで深く向き合うことを怠っていた。反対に、インフォスイート・チームの共同リーダーであるルースとハリーは、真の意味でメンバーたちと向き合い、常に四つの栄養ファクターを体現していた。チーム全体だけでなく各個人の欲求に応えた彼らの模範的行動は、チームへと伝染していった。

マネジメントの偉大な研究者であるピーター・ドラッカーは、「(マネジメントの)目的は、一人ひとりの人間の強みと知識を生産的たらしめること」だと記している。[26] ドラッカーの考えでは、マネジャーの仕事とは難しい仕事に挑戦し満足ゆく仕事人生にしたいという社員の欲求を保証することで彼らに奉仕することだという。そうやってリードすることは責任を放棄することとは違う。しかしその実現にはマネジメントに対するまったく違った見方が必要になる――部下をコントロールするという従来のやり方ではなく、メンバーたちによる実際の進捗をサポートすることに重きを置かねばならない。

マネジャーは部下たちの触媒ファクターや栄養ファクターに対するニーズに応えることでポジティブなインナーワークライフを育み、進捗を促進できることはお分かりになっただろう。そうしたニーズを無視することでマネジャーは惨めさや、無気力や、失敗への確実な道を生み出し得ることも分かったはずだ。第八章では、毎日、あるシンプルな作業を行うことでインナーワークライフに目を配り、大いなるパフォーマンスを育む方法について紹介する。

column

密かな観察――職場での毒素ファクター

マネジメントの仕事にストレスを感じていると、昔の自分の上司たちを見て最も嫌だと思っていた物事を自分が言ったりやったりしてしまう可能性がある。落ち着いた状態のときでも、多くのマネジャーは部下たちの人間的欲求に共感したり、不確かな人間関係を舵取りする難しさを感じているものだ。

栄養ファクターと毒素ファクターについて言えば、マネジャーの鍛錬は長い道のりだ。対人関係は効果的なパフォーマンスにとって大きな意味を持ち、それゆえにたえず注意を払う必要があるものだという考えをマネジャーが内面化するのはなかなか難しい。

マネジャーの振る舞いが毒素ファクターとなる例を日誌からいくつか紹介しよう。自分が何度似たような毒素ファクターに晒されたことがあるか考えてみよう。それから、自分がどれほど似たような毒素ファクターをもたらしてしまったことがあるか自問してみよう――たとえ自分は友好的で、協力的で、ユーモアがあると思っていたとしてもだ。他人のインナーワークライフに対する影響を考えてみよう。そして時間を置いて、もう一度よく考えてみよう。

▼部門ミーティングの最後、ＣＯＯとの「自由でオープンな」Ｑ＆Ａで、士気の問題についてどう対処するのかと誰かが尋ねた。彼の回答はこうだった。「この会社には士気の問題などない。そして、自分の士気に問題があると思う者に対しては、外に素敵な大型バスを用意してあるから、新しい職場を探しにどこへでも連れて行ってもらうといい」

▼（経営陣のひとりに）私の（国内に広がる研究開発部のひとつに異動する）申し出について尋ねた。その申し出に対する回答をもう二週間も待っている（中略）。彼は「まあ落ち着いて、もうすぐだから」と言って私をあしらった。すごく腹が立つ！　自分の人生に間もなく大きな変化が訪れようとしているのに（中略）。申し出に対する情報を求めるのは不当なことだとは思えない！

▼（チームメートと）ミーティング中に会話を交わすのが極めて難しい。彼は話を遮ってきたりして――誰も彼ときちんと会話を交わす方法が分からないようだ。そのせいで、このミーティングはものすごく話がそれた。みんな（二人の共同リーダーに）サポート・指導・行動を求めていた。彼らはそのどれも実行せず、誰もこの混乱を静めるすべが分から

なかった。

▼ちょうど（チームに対する三六〇度評価を）始めたとき、電話がかかってきた。電話を切ると、（チームリーダーの）ランスが私のところにやってきて話を始めた。彼の嫌なクセなんだけど、彼はわざわざ（いつものように）私のパソコンモニターを覗き込むものだから、途中だった私の彼に対する評価を見てしまった。評価をモニターに開きっぱなしだったのを忘れていた自分に腹が立った。もう最悪！

column

栄養ファクターにおけるチームリーダーの特別な役割

チームリーダーは部下たちと仕事上近い関係にあるため、栄養ファクターを提供したり提供できなかったりすることで部下たちのインナーワークライフに特に大きな影響を与える存在となり得る。実際、自分がチームリーダーなら、メンバーにとっての協力的な職場環境や心がすり減るような職場環境を生み出すに当たって、経営陣よりも大きな影響力を持つことさえあるかもしれない。非協力的な上層部のネガティブな影響を減らすことさえできる。

私たちは調査によって、マネジャーが栄養ファクターを通じてチームのインナーワークライフを支援する際に取るべき（あるいは避けるべき）直接的な行動を特定した。[1] たとえ自分がチームリーダーではなく、組織のどのようなレベルにいるとしても、同じガイドを適用することができる。

次の頁で紹介する各ガイドには、日誌に記された文を添えている。こうしたガイドは当たり前のもののように見えるかもしれないが、それらを心に留めておくのは大きな価値がある。私たちが調査したチームリーダーたちは驚くほど高い割合で、これから紹介するガイドに従うことができていなかった――たとえ自分では上手くマネジメントしているいると思っていたとしてもだ。

チームリーダーとして取るべき行動	チームリーダーとして取るべきでない行動
部下と部下の仕事を尊重していることを示す ▼セス（チームリーダー）は、彼が直面した問題について私の意見を尋ねてきた。これは、私にとって、彼が私の技術的能力を強く信頼しているのだという心励まされるサインだ。	否定的で、無礼で、恩着せがましい行動を取る ▼マット（チームリーダー）は今朝私のオフィスにやって来て、別のプロジェクトに取り組めるようジャレッドをこのプロジェクトから早々に解放すると言ってきた。ジャレッドが解放されることに不満はない。私が不満だったのは、ジャレッドが受け持っていた頭を使わない退屈なじれったい作業が私に降りかかってくることだった。（中略）マットは、この種の仕事はジャレッドよりも私の方が上手くできると言って恩を着せようとしてきた。それがすごく嫌だった。（中略）私は創造的でなく、頭を使わないじれったい仕事に身を投じたくないからだ。まるで私は清掃作業員みたいだ！
部下たちの達成を評価し讃える ▼チーム・ミーティングで、ジーン（チームリーダー）が私の仕事を評価してくれた。嬉しかったし、モチベーションの源になっている。	メンバーやプロジェクトへの無関心を示す ▼ちょっとイラついている……昨日スペンサー（チームリーダー）と実験についての考えを話し合おうとした。彼は私をあしらって今日話し合おうと言ったのに……まだ彼を待っている。
必要なときに、部下たちへの感情的サポートを提供する ▼（戦略的提携パートナーとの腹立たしい会話で）ポジティブな側面があったとすれば、ロブ（チームリーダー）が声をかけてサポートしてくれて、心をなだめてくれたことだ。自分のマネジャーはそばで支えてくれるのだと気分が良くなった。	役割、責任、正式な関係性を曖昧にする、あるいはそれらを闇雲に変更する ▼（チームリーダーとの）ミーティング中、彼は2週間以内（に私はまったく別の作業に取り組むことになるの）だと言った。彼が言ったのは「さらなる変更がある」ということだけだった。 ▼これはこのチームによくあることだ。うわさが半年かそれ以上飛び交って、それからある日突然別のチームの上司がやってくる。（中略）こうした種類の変化がチームの一貫性に混乱を引き起こしている。
チームの友好関係や仲間意識を育む機会を作る ▼今日、みんなでチームの6月のカレンダー用の写真を撮った。1月から、毎月自分たちの写真を撮って、そのなかから一番良い写真を選んで翌月の「カレンダー写真」にしている。楽しいし、良い雰囲気が生まれている！　今日はこのチームと作業することを楽しんだ。	

出典：T. M. Amabile, E. A. Schatzel, G. B. Moneta, and S. J. Kramer, "Leader Behaviors and the Work Environment for Creativity: Perceived Leader Support," *Leadership Quarterly* 15 (2004): 5–32.

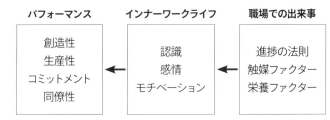

パフォーマンス ← **インナーワークライフ** ← **職場での出来事**

創造性
生産性
コミットメント
同僚性

←

認識
感情
モチベーション

←

進捗の法則
触媒ファクター
栄養ファクター

第8章 進捗チェックリスト

好循環を維持し、悪循環を断ち切る

つい最近、私たちはノキア、マイクロソフト、イントゥイット、コカ・コーラ、その他トップ企業数十社のエグゼクティブたちがアトランタの豪華なホテルの大広間に集うビジネス・コンベンションで講演を行った。そのなかで、仕事上の出来事に対する社員の認識、感情、モチベーションの反応について彼らの見解を尋ねた。彼らにインナーワークライフがパフォーマンスに影響を与えると信じているかどうか尋ねたのだ。大半が信じていると答えた。

そこで私たちはもう一歩踏み込み――社員たちが毎日幸せで、会社に対して熱意を持ち、仕事を深く掘っていくモチベーションを維持した状態にするには、マネジャーには何が必要かと尋ねた。最初に手を上げた数人は、高い給与や、ボーナス、表彰プログラム、個人的問題に直面する人びとへの社員支援プログラムなどのインセンティブや手当を挙げた。参加者たちも賛同したこれらの要素はすべて、会社からの配慮を示している。

インセンティブや手当が差を生むことを確認したあとで、社員たちの仕事の日々の進捗を手助けすることも重要だと思うか聞いてみた。参加者たちの多くは困惑しているように見えた。前から三列目に座っていた男性が、多くの人の頭に浮かんでいたであろう疑問を代弁した。「どういう意味ですか？　もちろん日々仕事が進捗するとモチベーションが上がります。しかし企業が最高の人材を雇い、しっかりと組織化されている場合、仕事の進捗は彼ら自身に任せるものです。毎日その『手助け』を気にかける必要はありません」

ところが、気にかける必要があるのだ。やりがいのある仕事が着実に進捗しないと、良いインナーワークライフを持つことはできない。そしてサポートがなければ――日々十分に触媒ファクターや栄養ファクターが提供されなければ――彼らは進捗することができない。そしてそのサポートはマネジャーにかかっている。あまりに多くのマネジャーが進捗の重要性に気づいておらず、それゆえに進捗を気にかけたり、進捗をサポートするような行動を取っていない。インナーワークライフにとって進捗は決定的に重要であり、それは明白のように思えたが、多くのマネジャーが進捗について日々体系的にもまったく考えていないということが分かったのだった。

実際、私たちが調査した七社のうち一社だけが――オライリー・コーテッド・マテリァルズだけが――常に社員と彼らの進捗をサポートするトップ経営陣を持ち合わせていた。研究開発部の責任者で私たちが調査した部門のトップであるマーク・ハミルトンは、カリスマ的でも「温かく穏やかな」人物でもなかった。同社のトップ経営陣の多くと同じように、ハミルトンはどちらかというと無口な研究者で、研究開発のラボの一般社員としてキャリアをスタートさせていた。しかし彼はめったにいないような鋭敏で洞察力に富んだマネジャーだった。彼に聞き取り調査をしたとき、ラボの一員として、チームリーダーとして、ラボの主任として、そして最近ではテクニカル・ディレクターとしての経験から彼が引き出した教訓に私たちは驚いた。

ハミルトンは各個人とチームが成功する限りにおいてオライリー社が成功すること、そしてそれはマネジャーたちが社員たちの仕事を絶えずサポートすることに重きを置く限りにおいて実現するものだと理解していたのである。これはいかなるプロジェクトも完了に向けて実際に前進を見せなければならないということではなく、社員たちがいつも重要な仕事が前に進んでいるという感覚を持ち、マネジャーたちが自分のアイデアを尊重し、やりがいのある何かを成し遂げるサポートをしてくれていると感じることが重要だと主張していた。

これがまさにマネジャーとして彼が行っていたことだ。プロジェクトの数々のレビュー・プロセスを効率化するようテクニカル・ディレクターたちを励まし、チームリーダーの新しい実験に対するアイデアをオープンな姿勢で受け止め、全社の集会でチームの成功を讃えた。こうした継続的な行動を通して、ハミルトンはインナーワークライフを豊かにし高いパフォーマンスを引き出す進捗や、触媒ファクターや、栄養ファクターの力を本能的に理解している姿を示していた。

気づきは行動への最初のステップだ。各人のパフォーマンスにとってインナーワークライフがいかに重要であるかを日々知っていくことで、マネジャーとしての自身の仕事や周囲の社員たちの仕事に敏感になっていく。たとえ小さなものであれ、日々の進捗が人の一日を最高のものにし得ること――そしてたとえ小さな障害でも一日を最悪のものにし得ること――を知ることで、この双方に対するアンテナを研ぎ澄ますことができる。本章では、そのアンテナを維持し、そこから得た知識を行動へと移す方法を紹介しよう。

正しい認識を持つマネジャー

インナーワークライフをサポートするということにかけて、マーク・ハミルトンとオライリー社の経営陣は正しく理解していた。しかしここで彼らの行動を効果的なマネジメントの例として採り上げることはしない。彼らは私たちが調査した複数のプロジェクトチームとは日々接点を持っているわけではなかったからだ。日々の進捗を手助けするべくマネジャーに何ができるかという点については、別の企業の優れたチームリーダーの物語を紹介しよう――その会社の経営陣は無力だった。このリーダーのチームの物語で、私たちはマネジャーが日々ポジティブな違いを生む方策について数々の例を目にした。

ずんぐりした四九歳の化学エンジニアであるグラハムは、クルーガー＝バーン・ケミカルズ社のニューポリー・チームで四人のメンバーを率いていた。ペンシルベニア州北部にある会社の研究所にいるときでも、様々なクライアントのどこかを訪問しているときでも、このエネルギッシュなリーダーはチームの進捗や、何が進捗を後押しし何が進捗を阻害しているかを毎日確実に把握していた。さらに重要なことに、彼はその情報をもとに、事態を改善するべく行動していた。

この物語に進む前に、少し立ち止まってみよう。グラハムはプロジェクト、チーム、そして会社の特定の状況に応じてチームの進捗をサポートする特定の行動を取っていた。しかし特定のチームが特定のプロジェクトにおいて成功を収めるために何が必要になるかは、私たちがあらかじめ詳細に指示を与えられるものではない。そうした行動を取るには、そのプロジェクトの分野に対する専門知識とプロジェクトの前提条件ついての情報が必要になる――どちらもチームとリーダーが持っているはずのものだ。グラハムの行動は、いかなるレベルのマネジャーでも日々確実に進捗を後押しするアプローチを明確に教えてくれるものだった。

グラハムと彼のチームは困難な戦いに直面していた。ヨーロッパに本社を置く多国籍企業のクルーガー＝バーン社の上層部は戦略の変更を検討していた。それは私たちが調査したアメリカ支社の大きな再編成を伴うものだった。ニューポリープロジェクトの目標――化粧品の石油化学製品に代わって安全な生分解性ポリマーを開発し、その後様々な製品に応用していくこと――は新戦略の方向性にそぐうものに見えたが、ヨーロッパの経営陣からのメッセージは明確なものではなかった。

さらに、グラハムはアメリカの二人の部長から自身のチームの評価法について矛盾する見解を聞かされていた。研究開発部の責任者は彼にアメリカ特許商標局へすべての技術を提出し、潜在的顧客（大手化粧品製造メーカー）と提携する前にできるだけ多くの技術で特許を届け出るよう告げていた。技術開発は極めて複雑なものになることが予想され、もし成功すれば様々な分野への応用が可能になるため、研究開発部のトップはクルーガー＝バーン社が知的財産を確保することを望んでいたのだった。

しかし同社の新規ビジネス開発の責任者は、ただちにクライアントとパートナー契約を結び、すぐにでも利益を生むように迫った。社の特許部と営業部の主要メンバーたちは互いに足を引っ張り合っていたのだった。しかもどちらの責任者もプロジェクトの最初に約束していたニューポリー・チームの人員追加を渋っていた。チームはこのプロジェクトは重要なものであり、技術と顧客関係を一歩先へ進めるものだと理解してはいたものの、不明確な目標と制限されたリソースが進捗を阻もうとしていた。

こうした難題にもかかわらず、チームは私たちの調査期間中に素晴らしい進捗を見せた。その上、彼らは会社自体と会社が十分なリソースの提供を渋っていたことに対して極めてネガティブな認識を抱いていたにもかかわらず、インナーワークライフはたいてい極めて豊かなものだった。彼らは自身の仕事を前向きな挑戦だと捉え、リーダー（グラハム）からのサポート、チーム内での相互サポート、そして自主性について高い自己採点を与えていた。[1] 彼らの毎日のポジティブな感情は全体を通じて強固なもので、内発的モチベーションもまた同様だった。この功績の大部分はグラハムにある。

風土を作る——ひとつの出来事で一歩ずつ

六月五日、ニューポリープロジェクトが開始されてから約一か月が経ち、危機が生じた。金曜の午後遅く、最も重要なクライアントとなり得るミンク・インダストリーズのマーケティング責任者が電話をかけてきて、週の始めにチームが送っていた赤いリップグロスのサンプルについて猛抗議してきた。ミンク社一番のクライアントである大手化粧品小売業者のトップ・バイヤーがサンプルの色合いと質感を酷評したのだという。ミンク社の責任者がこれは実験的なサンプルの最新版にすぎないと説明したものの、バイヤーはもしこれがクルーガー＝バーン社の作れる最高のものであるのなら、ミンク社は彼らとの取引は止めるべきだと告げたのだった。

この危機に衝撃を受け、多くのメンバーは仕事に終わりが告げられたのではないかと考えた。グラハムはクライアントへの早急な対応を約束し、ただちにチームを招集した。緊急会議を開き、クレームの内容を詳細に説明したあと、各メンバーに技術の面からも顧客管理の面からも分析を求めた。彼は全員をこの問題に集中させ、誰かを責めるようなことはさせなかった。グラハムを始めメンバーの数人は、サンプル作りやクライアントとのコミュニケーションのなかで自分たちが犯したミスを探った。チームは金曜の夜遅くまで身を寄せ合い——中華料理のテイクアウトとブラックコーヒーでしのぎながら——分析を仕上げ、この状況に対処する行動プランを作り上げた。

月曜の朝、グラハムと顔を曇らせ薄茶色の髪をした研究員のブレイディは、そのプランをミンク社の責任者と話し合い――この事態を丸くおさめた。

▼グラハムと私はクライアントと電話会議をしてクレームに対する情報交換をし、こちらの行動プランを伝えた。さらに事態を前に進めるために私たちのクライアントのクライアントへの対応についても話し合った。難しい挑戦である新規ビジネスのチャンスを探ろうとしている私たちパートナー間での協力的で生産的な話し合いだった。

六月八日　ブレイディ

これほど迅速に正面から問題に対処することによって、グラハムはブレイディとメンバーたちに自分はネガティブな情報から目を背けなどしないことを示した。その効果として、彼はチームにどんな状況であれ自分は正確な情報交換を重んじ歓迎することを知らしめた。問題点を分析しプランを練るにあたってチーム全体を巻き込むことで、グラハムは仕事上の危機への対応法をチームに示してみせた――パニックになって誰かを責めたりするのではなく、問題点を分析し、原因を特定し、組織的な行動プランを築き上げるのだ。

翌金曜日、グラハムは再びチームを会議室に集めた。ホワイトボードの前に立ち、マーカーを手に持って、全員にあの危機を振り返らせ、実行した解決策を評価し、そこで得た知識を復習させた。

力を合わせ、彼らはいくつかの教訓を引き出した。今後、彼らはミンク社の頻繁なサンプルの要求に対してより慎重な回答をすることだろう。質感とともに、色濃度にも注意を払うだろう。そしてミンク社へ送る実験的なサンプルはチームが「お披露目の準備ができた」と同意するまでクライアントに見せないように求めることだろう。グラハムが行ったことは、突き詰めると、チームに失敗から学ぶ方法を示すことだった。自分たちは力を合わせて問題を解決し、教訓を将来の仕事に活かせるのだと自覚すべくサポートをすることによって、彼はスムーズな協働関係に向けた風土を醸成していったのだ。

クルーガー＝バーン社での十五年の勤務経験と有機化学の修士号を持つブレイディは、同僚の研究員たちのあいだではその献身性が語り草となっていた。実験を夜通し続けようと決めた晩用に寝袋を車に積んでいるという話も出回っていた。彼は優れたチームの有用なメンバーであることを心から大切に感じていたのである。もしグラハムがサンプルのがっかりするような品質や、不十分な状態でクライアントに提出したことについてメンバーたちを責めていたら、ブレイディはこの出来事の影響をまったく違った風に書き記していたことだろう。その記述はおそらく私たちが調査したカーペンター社のあらゆるチームで見られたものになっていたはずだ。ブレイディとメンバーたちは、この先問題が起きてもグラハムには隠しておこうと思うようになっていたに違いない。コミュニケーションは滞り、協働関係は崩壊していたことだろう。

しかし、そうなる代わりに、グラハムはメンバーたちのプロとしての力に対する敬意と、彼らの努力への信頼を示した。そのうえ彼は今回の危機のどの段階にも全員を巻き込み続けることで彼らのアイデアを尊重していることを示した。彼の言葉と行動は目の前の問題に対処するだけでなく、プロジェクトのあいだじゅう続くポジティブな風土を形成してもいたのだった。

毎日アンテナを張る

正確な情報なしでは、どんなマネジャーも進捗に必要な触媒ファクターや栄養ファクターを提供することはできない。危機のなかでコミュニケーションに対する心理的に安全な風土を作り上げたグラハムは、上手く情報収集ができるようになっていた。メンバーたちは彼のドアがオフィスにいるとき常に開いていて、オフィスにいないときは電話を歓迎していることを知っていた。さらに、彼は熱意をもって仲間とともに働いた。毎日毎日、彼はチームと力を合わせて働きながら、チームの進捗とニーズにアンテナを張り巡らせていた。

たとえば、グラハムはブレイディやニューポリー・チームの明るいマーケティングの専門家カーティスとクライアントを訪問することが多かった。スタンフォード大学のＭＢＡを持つ勤続十二年のカーティスは、ミネアポリスにあるシェルトン・コンシューマ・プロダクツの関心を引きつけようと試みていた。これはミンク社との仕事よりも重要なものになる可能性に気づき、グラハムはシェルトンへの訪問に同行することでサポートした。カーティスはその提案をためらわずに受け入れた――その訪問は予想以上に上手くいった。

▼大きなクライアントとなり得る相手に（中略）ブレイディとグラハムと一緒に会いに行った。（相手は）このあいだの電話会議のときよりも（今日の方が）私たちと手を組むことに乗り気であるように見えた（中略）。私たちが気づいたのは（中略）そこにとても素晴らしいチャンスがあるかもしれないということだ（中略）。全員ミーティングには手応えを感じた。

五月二一日　カーティス

グラハムは五月二一日のチームの進捗を疑う必要はなかった。自分自身で目にしたからである。仕事上の問題を話し合うにあたってグラハムが公平かつオープンであったため、メンバーたちは求められずとも障害や、進捗や、計画について頻繁に情報を報告していた。たとえば、ブレイディは装置を正しく設定することができず、新素材の実験を中断せざるを得なかった。ニューポリー・チームはこの重要な装置を週に一度しか使用することができなかったため、この中断は大きな遅れを招くこととなった。ブレイディは、この悪い知らせを躊躇することなくグラハムに伝えた。

▼グラハムに、操作上の問題で実験をリスケせざるを得なくなったことを伝えた。一週間遅れるのは嫌だっただろうが、彼は理解してくれたようだった。

七月八日　ブレイディ

グラハムにとって、その結果はがっかりするものだったが、ブレイディを責めることはなかった。彼はその出来事を残念だがやむを得ないことだと受け止めた。さらに特筆すべきは、彼が問題の診断と修正に集中していたことだ。

▼重要なクライアントに向けて新しい製品を作る私たちの実験を中断せざるを得なくなった。問題は診断され修正することができたものの、すべてが一週間遅れることになる。

七月八日　グラハム

ポイントはグラハムが、これを「私たちの実験」(「ブレイディの実験」ではなく)と書いて、当事者意識を共有していたことだ。

的を絞ったサポート

グラハムは、チームやプロジェクトの直近の出来事について見聞きした情報をもとに、毎日サポートの**的を絞って**いた。七月中旬、彼はチームによくアンテナを張っていたため、会社による組織再編の可能性に神経質になっていたメンバーたちに励まし（重要な栄養ファクター）を与えることができた。混乱を招くような文書がヨーロッパ本社から送られてきたため、グラハムはただちにアメリカの上司たちへ説明を求めた。励みになるような情報を得ると彼はすぐさまメンバーたちに共有した——自分が休暇中であったにもかかわらずである。このことはメンバーたちのインナーワークライフを大きく向上させた。

▼グラハムが電話で、組織変更は保留になるという情報を知らせてくれた。それは多くのうわさよりもポジティブな内容だった。休暇中なのに、不安の荒波のなかで一筋の希望となるこの知らせを伝えるために電話をくれた彼に感謝だ。

七月十七日　ブレイディ

グラハムが提供した的を絞った栄養ファクターと同じくらい重要なのが、彼が提供した触媒ファクターだった。チームと密な関係があったために、彼は具体的にどんなサポートが必要か自力で知り、適切な行動を取ることができたのだった。彼は触媒ファクターをどれひとつとしておろそかにしなかった。目標を明確化し、自主性を与え、十分なリソースと妥当なスケジュールを確保するために取り組み、仕事を直接的にサポートし、オープンなアイデアのやり取りを促し、問題と成功を学習の機会だと考えて向き合っていた。

プロジェクト上の大きな問題（たとえばあのクライアントからのクレーム）と、もっと日常的な問題の双方に対してグラハムは的を絞った触媒ファクターを頻繁かつ意識的に提供していた。たとえば、グラハムはクライアントやヨーロッパの経営陣を訪ねているあいだ、数日おきに電話してチームの進捗を確かめていた。加えて、彼はいつも何かサポートできることはないかと尋ねていた。度々、彼は遠く離れていながらもサポートすることができた。

▼グラハムが電話でこの一週間のことを尋ねてきた。その会話のなかで、グラハムは私の説明を受けて、問題が生じている製品のまずい質感は、（科学の文献で）報告されている問題に関連するものであり、昨日の実験とは関連が薄いのではないかと言った。その意見が現状を説明するものであるかどうか確認してみようと思う。

六月十九日　ブレイディ

ブレイディやメンバーたちはグラハムのサポートを歓迎していた。それは主にグラハムが責める様子もなく専門知識を提供してくれていたからだった。

通常、グラハムはチームと協力して仕事をすることで彼らに何が必要かを察知していたが、ときには単刀直入に尋ねることもあった。

▼グラハムはプロジェクトをより速やかに前進させるために何が必要かと尋ねてきた。多くの声はチームの増員を求めていた。私は最近の組織再編の騒動で増員は無理な話だと感じていたが、グラハムはエンジニアひとりと技術者二人の増員を強く要請すると言う。それはこのプロジェクトに対する上層部の姿勢を試すものになるだろう。この時期にそうした要求をするグラハムの勇気に敬意を抱かずにはいられない。

八月三日　ブレイディ

三日後、グラハムは本社へ行き要求を伝えた。この例だけでなく他のいくつもの場面で、グラハムはチームの障害、阻害ファクター、毒素ファクターについて精通し、それらを軽減する手だてを講じた。彼の行動は実際にプロジェクトを前進させただけでなく、チームに対して彼らや彼らの仕事は真に価値があるのだと知らせる合図となっていた。

ひとつひとつを見れば、グラハムの行動に特別な点は見当たらない。彼はただ生じた問題に対処し、仕事を前進させるのに必要なリソースやサポートを提供していただけだ。しかしグラハムを偉大なリーダーたらしめたのは、これを毎日行える彼の能力だった。彼はたえずチームに触媒ファクターや栄養ファクターを提供した。そしてさらに重要なのは、決して阻害ファクターや毒素ファクターにプロジェクトを崩壊させたり、メンバーのインナーワークライフを乗っ取らせたりしなかったことだ。残念なことに、これができるリーダーは私たちが調査したなかではごくわずかだった。

上からではなく内からのチェック

部下たちの進捗を密に把握することと、彼らをマイクロマネジメントすることには微妙な線引きがある。私たちが調査したリーダーたちのなかには、その線を間違った側に踏み越えてしまう者もいた。マネジメントに対する間違った認識のもとで行動し、彼らリーダーは上からチームを見下ろしていた。[2]チームと協働して取り組み、グラハムのように定期的にメンバーのなかに入って一緒に検討するのではなく、彼らは社員の取り調べに多くの時間を割いていた。部下たちはその違いを感じ取る上、結果としてインナーワークライフも暗転する。

間違った考え方を持つマネジャーは四種類のミスを犯す。一つめに、彼らは仕事を行う自主性を許そうとしない。ニューポリー・チームに明確な戦略的目標を与えながらも、目標達成の道すじに関してはメンバーのアイデアを尊重したグラハムと違い、マイクロマネジャーはすべての動きを指示してしまう。二つめに、彼らはたいてい問題が生じても部下たちに実際のサポートを何ら提供することなく度々仕事について尋ねる。マイクロマネジメントのリーダーは、コーチや仕事仲間というよりも、裁判官や独裁者のような印象を与える。

三つめに、彼らは問題が生じるとすぐに誰かを責めたがり、部下たちを原因や取り得る解決策のオープンな探究に導こうとしない。結局部下たちは障害や、それを乗り越える方法を誠実に話し合うのではなく、「良い社員」であることを目指すようになる。部下は不安のなかで生き、そのマネジャーに対する認識も地に落ちたままになる。

四つめに、誤った認識を持つリーダーたちは、仕事に関する情報をメンバーたちとほとんど共有していなかった。グラハムやその他の優れたリーダーたちは、自らの地位のおかげでチームの仕事に関連する多くの事柄についての重要な情報に内通していることを自覚していた。そうした事柄には、上層部のプロジェクトに対する考えや、クライアントの意見とニーズや、組織内外にあり得る支援や反対などが含まれる。なかにはこうした情報を自らの地位の特権として用心深く保護し、気まぐれに恩恵として少しずつ分け与えるようなマネジャーもいた。マネジャーがまるで過保護な親のように有益な情報を制限していると知ったとき、部下たちは子供扱いされたように感じ、モチベーションは急落し、仕事に障害が発生する。

マイクロマネジメントはインナーワークライフを毒するだけではない。長期的には創造性と生産性も抑制してしまう。自主性、情報、そして進捗に必要な専門的サポートが制限されているとき、人の認識、感情、モチベーションは暗転する――その結果、アイデアは平凡になり、成果物は冴えないものとなる。マネジャーたちはパフォーマンスが低下するとパニックになり、より部下たちに口を出し、さらに厳しく批判するようになる――そうしてますますインナーワークライフが悪化していくのである。部下たちはこうしたマネジャーに問題を相談せず隠すようになり、発覚したときにはもう危機にまで達している。たとえマイクロマネジメントのリーダーが触媒ファクターや栄養ファクターを提供しようとしても、彼らは部下たちが本当に何を必要としているか判断する十分な情報を持ち合わせていない。そうして悪循環が根を下ろす。

グラハムはそうした過ちを犯さなかった。彼は進捗へ影響を与える状況を微細に管理することなく効果的にマネジメントしていた。折に触れて、覗いたりすることもなく、部下たちのインナーワークライフを確認する直通の窓を持ってさえいた——そして自分のできるサポートを行っていた。その見返りがエネルギッシュで生産的なチームだった。私たちが調査を行ったグラハムや他の模範的なリーダーたちから学んだのは、そうした見返りがリーダーの特定の性格や経歴からではなく、リーダーによる一連の行動からくるのだということだった。私たちはそれらの行動をマネジャーたちに向けてシンプルな日々のチェックリストにまとめた。[3]

日々の進捗チェックリスト

最も些細な物事が最も大きな差を生むことがある。二〇〇九年に出版された『アナタはなぜチェックリストを使わないのか?』(晋遊舎)のなかで、ハーバードの外科医で作家のアトゥール・ガワンデは、毎回手術のたびにシンプルなチェックリストを活用することで経験豊富な外科医でさえチームのパフォーマンスを劇的に向上させ得ることを示した。[4] 手術の安全チェックリストの項目は、極めて平凡なものに見える。たとえば手術チーム全員の自己紹介、体のどちら側を手術するか全員が把握しているかの確認、切開した部分を閉じる前に患者から確実にすべての手術用スポンジを取り除くようにあらかじめ数を数えるなどである。

結果は驚くべきものだ。世界中の八つの病院で行われた三か月間の実験期間中、手術患者の深刻な合併症の発症率はチェックリストの導入後三六パーセント減少し、死亡率は四七パーセント低下した。何年もの執刀経験を持つ一流の外科医であるガワンデ自身さえ、チェックリストの使用を始めてからパフォーマンスの大きな向上を経験した。彼の指摘したポイントは、手術は他の複雑な作業と同様に、あらゆる基本的な事項を定期的にチェックする必要があるという点だ――チームを仕事に集中させ、起こり得る不測の事態に備えさせるのだ。

マネジメントは脳手術とは違うかもしれないが、同じく複雑な作業ではある。もし自分がトップ・マネジャーなら、現在の苛酷な競争環境におけるビジネスモデルや業界に生まれつつあるトレンドだけでなく、経済、科学、社会といった大局的な問題にも注意を払う必要がある。さらに長期的な視点で組織のビジョンや、そのビジョンを達成するための戦略や、組織を次のフェーズに移行させるプランを育む必要がある。そしてリソースの確保や、会社の運命を決定しかねない様々な大問題を創造的に考える必要がある。その上、危機が発生したときはそれに対処しなければならない。たとえ自分が下位のマネジャーであっても――ひとつのプロジェクトチームしか率いていなくても――プロジェクトの戦略プランニングからチームの仕事を向上させる可能性のある新技術の把握、そして言うまでもなくプロジェクトにおける自分自身の働きぶりに至るまで、心は様々な心配事でいっぱいになるだろう。

しかし、自分がどのレベルのマネジャーであれ、戦略はそれを実行する人びとについても考えない限り成功する可能性は低い。これは実行する者たちがトップの経営陣であれ、新製品を開発するプロジェクトチームのメンバーであっても当てはまる。彼らに最高のパフォーマンスを発揮してほしければ、彼らのインナーワークライフをサポートする必要がある。しかも毎日だ。それゆえに日々のチェックリストが貴重なツールとなるのだ。一日の終わりに、たった五分の時間を取るだけでいい。

日々の進捗チェックリスト（表8-1、279頁）の項目は、手術室のトレイにあるスポンジの数を数えるほどにシンプルなものではないが、特別に複雑なものでもない。日々チームの進捗を示す要素や、進捗に影響を与える出来事にアンテナを張り続けることが求められるだけだ。そしてインナーワークライフが発する信号にも気を配り続けよう。それらの信号が頻繁に発せられると考えてはいけないし、常に探しまわっていてもいけない——ただ明らかな兆しに注意を怠らなければいい。インフォスイート・チームの共同リーダーであるルースとハリーにも、大規模な解雇があった当日のメンバーたちのインナーワークライフを把握するにあたって並外れた感情知能が必要なわけではなかった。メンバーたちがデスクで泣き崩れる様子は、それを知る大きな手がかりだった。しかしそうした手がかりは目に見えにくいことが多く、いつもよりミスが多いとか、メンバーたちが互いに怒りっぽくなっているといったものである場合がある。これらが明らかな手がかりとなるのは、こちらが注意を払っているときだけだ。

チェックリストを活用する

毎日の仕事の終わり近くに、一日を振り返り、次の日のマネジメントをプランニングするガイドとして進捗チェックリストを活用しよう。自分の思考を紙か電子上のチェックリストに記録しよう。数日間チェックリストを使い続けていると、リストで太字になった言葉を振り返ることで、当日の出来事に着目することができるようになるだろう。最初に当日の進捗と障害に目を当て、それから進捗に影響を与えた具体的な出来事（触媒ファクターと栄養ファクターを含む）について考えよう。次に、当日の明らかなインナーワークライフの手がかりについて検討しよう。そして最後に、行動の計画を立てる。次の日の行動プラン作成は、日々の振り返りにおいて最も重要な部分だ。進捗を最も効果的に後押しするために自分がひとつできることは何だろうか？

グラハムのように、日常で集めた情報を活用しよう。理想的なことを言えば、部下たちと密に力を合わせて仕事に取り組み、部下たちの発言にオープンであり続ければ、きっと自然に情報へアクセスできるようになるだろう――彼らのインナーワークライフの状態に関する直接的なサインも同じだ。グラハムの意思疎通に対する協力的な姿勢により、メンバーたちは仕事の状況を報告してくれるようになった――それはグラハムにとって次々と入ってくる情報の源になった。メンバーたち

表 8-1　進捗チェックリスト

進捗	障害
▼今日起きたどのひとつかふたつの出来事が、小さな勝利や来るべきブレイクスルーを示していただろうか（簡潔に記せ）。	▼今日起きたどのひとつかふたつの出来事が、小さな敗北や来るべき危機を示していただろうか（簡潔に記せ）。
触媒ファクター ▼チームはやりがいのある仕事に対する明確な短期的・長期的**目標**を持っていたか。 ▼メンバーは問題を解決し、プロジェクトに当事者意識を持つのに十分な**自主性**を与えられていたか。 ▼メンバーは効率的に前進するのに必要なすべての**リソース**を持っていたか。 ▼メンバーはやりがいのある仕事に集中するのに十分な**時間**が与えられていたか。 ▼自分はメンバーが必要としていたり、メンバーから求められた**サポート**を提供することができたか。メンバーが互いに助け合うよう促すことができたか。 ▼自分は今日の成功や問題から**教訓**を引き出すためにチームと話し合ったか。 ▼グループ内での**活発なアイデア交換**をサポートできたか。	**阻害ファクター** ▼やりがいのある仕事に対する短期的・長期的**目標**に混乱はなかったか。 ▼メンバーは問題を解決し、プロジェクトに当事者意識を持つにあたって**自主性**を押さえつけられすぎていなかったか。 ▼メンバーは効率的に前進するのに必要な**リソース**を欠いていなかったか。 ▼メンバーはやりがいのある仕事に集中する**時間**が不足していなかったか。 ▼自分やメンバーは相手が必要としていたり、相手から求められた**サポート**を提供することに失敗しなかったか。 ▼自分は失敗を罰したり、問題や成功から**教訓**やチャンスを見いだすことを怠らなかったか。 ▼自分やメンバーはプレゼンテーションや**アイデア**についての議論を早々に退けはしなかったか。
栄養ファクター ▼自分はメンバーの進捗への貢献を評価し、アイデアに耳を傾け、信頼できるプロフェッショナルとして扱って、彼らに**尊重**を示したか。 ▼難しい挑戦に取り組むメンバーを**励ました**か。 ▼個人的あるいは仕事上の問題を抱えるメンバーを**サポート**したか。 ▼チーム内に個人的・職業的な**友好関係**や仲間意識はあるだろうか。	**毒素ファクター** ▼自分はメンバーの進捗への貢献を評価せず、アイデアに耳を傾けず、信頼できるプロフェッショナルとして扱わず、彼らに**尊重の欠如**を示しはしなかったか。 ▼メンバーを何らかの形で**落胆**させはしなかったか。 ▼個人的あるいは仕事上の問題を抱えるメンバーの**感情を無視**しなかったか。 ▼メンバー間や、メンバーと自分のあいだに緊張関係や**敵対関係**はないだろうか。
インナーワークライフ ▼**今日、部下たちのインナーワークライフについて何らかの兆候はなかっただろうか。** ▽仕事、チーム、マネジメント、会社に対する認識 ▽感情 ▽モチベーション ▼**今日インナーワークライフに影響を与えかねない具体的な出来事はなかっただろうか。**	
行動プラン ▼今日と同じ触媒ファクターと栄養ファクターを強化し、今日欠けていたファクターを提供するために明日何ができるだろうか。 ▼今日特定した阻害ファクターと毒素ファクターを排除するために明日何ができるだろうか。	

をしきりに問いただす必要がなかったのである。ここで起きている力学を見るために、二つの日誌を紹介しよう。

▼グラハムが重要なプロジェクトの状況を確認し追加の作業を任せにやってきた。

七月二八日　ブレイディ

▼ブレイディがプロジェクトの新たな段階に向けて資料や器具を集めていて、大きな進捗を見せていることが分かった。

七月二八日　グラハム

このような簡単なやり取りを通して、グラハムはチームの進捗に関して日々新たな情報を集めていたのである。

もし自分が、ガワンデがチェックリストを活用するよう説得を試みた多くの外科医のひとりであれば——あるいはガワンデ本人のようでさえあれば——チェックリストは必要ないと考えるかもしれない。確かに圧倒的な専門知識があるがために、こんなシンプルな援助は必要ないのかもしれない。しかし、まさに自分が専門家であり考えることがたくさんあるがゆえに、チェックリストに五分の時間を取ることは極めて重要なものになり得るのだ。私たちは自身の経験から、そして聞き取り調査を行ったリーダーたちの話から、人はいとも簡単に仕事のプレッシャーに圧倒され、次なるブレイクスルーにつながるかもしれない小さな成功への注意が削がれてしまうことを知っている。成功を妨げ得る小さな障害を見逃すことなど、もっと容易いことだ。

私たちの多くはポジティブなものかネガティブなもののどちらかに注意が傾く傾向にある。自分がポジティブなものに集中する傾向にあると、チェックリストが注意を喚起してくれない限り簡単に問題を見落とすことになるだろう。反対に、ネガティブなものに集中する傾向にあると、チェックリストは上手く進んでいる物事に目を向けさせてくれるだろう。

チェックリストを数日間使い続けると、次からは心のなかでリストを振り返ろうと思うようになるかもしれない。シンプルだし、もう覚えてしまっているのだからと。その衝動は抑えよう。日々のルーティンとして実際のリストを目にし思考を記録しなければ、振り返り考えることを止めてしまう可能性が高い。そうすると、日々の進捗、触媒ファクター、そして栄養ファクターが心のメモから抜け落ちていくだろう。

チェックリストの質問事項に答えて一日を振り返るときは、包括的になろう。小さな出来事やネガティブな出来事の影響力を忘れてはならない。些細に見える出来事すらも考慮して、ポジティブな出来事とネガティブな出来事の双方を探ろう。何かしら上手くいったことや、チームやメンバーの誰かの仕事にとって想定以上によかったことが「進捗のあった出来事」だ。何かしら仕事で失敗したり落胆した出来事が「障害」である。

触媒ファクターと阻害ファクターも網羅的に考慮しよう。チームの目標の明確さ、仕事の自主性、必要なリソースへのアクセス、創造的に考える時間、必要なサポートへのアクセス、問題や成功から学ぶ力、仲間のアイデアを聞く力などを支援したり脅かしたりする出来事はなかっただろうか。時おり、部下たちに彼らの進捗をサポートするには何ができるかとシンプルに尋ねてみよう。そうすれば次にチェックリストを開いたとき、行動プランを明確に立てられるようになるだろう。さらに、部下たちへの質問は彼らや彼らの仕事を重んじているという大きなシグナルになる。

チェックリストの栄養ファクターの項目に移ったら、部下たちがその日互いを尊重し、認め合い、励まし、サポートしていたかどうかを考えよう。ニューポリー・チームのマーケティング専門家であるカーティスは、日誌でも私たちとチームとのミーティングでもほとんど感情を見せない「男の中の男」だった。問題が生じたとき、彼はそれらの問題を口数少なく穏やかに説明し、それらに事務的な効率性をもって対処した。しかし、チームの九か月におよぶ調査が半分を過ぎたころ、カーティスは厳しい個人的危機に苦しんでいた——幼い息子が白血病だと診断されたのだ。カーティスはほとんど仕事を休むことなく、高いパフォーマンスを示し続け、自身の問題にはなかなか言及しなかったものの、グラハムはカーティスが苦しんでいることに気がついていた。彼はカーティスに一度ならず支援の手を差し伸べていた。

▼関連プロジェクトに取り組むマサチューセッツの人びと二組と会った。クライアントを訪問して

いたアールと話した。個人的な問題についてカーティスと相談した。

十一月二三日　グラハム

カーティスはグラハムのサポートを日誌にわずかしか記していないが、彼が自分の個人的な苦しみに対するリーダーの親身な配慮に感謝していることは明らかだった。

栄養ファクターに関連した一日の出来事を振り返るにあたり、仕事にとって重要な出来事はあらゆるソースから生じ得ることを忘れてはいけない。そのソースは一日の自分自身の振る舞いや、「偶然の」技術的成果や、チーム内でのやり取りや、周囲のマネジャー、社員、グループの行動や、組織の手順や方針という「システム」や、組織外で起こる物事でさえあり得る。グラハムの日誌には、こうしたすべての出来事が記されていた。

チェックリストの各項目について、自分がすぐに行動すべきなのか、さらなるサインを観察した方がいいのか考えよう。たった一日の出来事では十分な情報が得られるかもしれないし、得られないかもしれない。しかし観察したい物事は何でも書き留めておこう。マネジメント上のチェック項目を心に留め続けるのだ。

このチェックリストの目的は**やりがいのある進捗をマネジメント**をすることだ。それこそがマネジャーとしての組織内における本当の仕事だからである。これには大きな考え方の変革が必要になるかもしれない。ビジネススクールやビジネス書やマネジャーたちは、たいてい**組織を管理するこ**

とあるいは**社員を管理すること**がマネジメントだと考えている。しかしやりがいのある仕事の日々の進捗を重視すれば、社員や組織全体の管理は遥かにうまくいくだろう。

部下たちのインナーワークライフをレントゲン写真でつぶさに把握する方法を探す必要はない。なぜならやりがいのある仕事の着実な進捗を後押しし、進捗をはっきり認識させ、人間としてきちんと扱えば、部下たちは優れたパフォーマンスに必要な認識、感情、モチベーションを獲得するだろうからだ。彼らの優れた仕事は組織の成功に大きく貢献するだろう。さらに、彼らは仕事に喜びを見いだすだろう。

チェックリストの効果に驚くかもしれない。一日の終わりにチェックリストを記入することは、マネジャーをインナーワークライフ支援の基礎、つまり進捗の法則、触媒ファクター、栄養ファクターへと導いていく。チェックリストは、一日の最も際立った出来事や、直近の出来事や、自分の当日の気分ばかりに目がいくのを防ぐ手助けになるだろう。[5] さらに一日中インナーワークライフを気にすることから解放し、自分の仕事に集中させてくれるだろう。そして最も重要なことに、チェックリストは部下の日々の成功や葛藤を自分のレーダーから取りこぼさないようにしてくれる。

皮肉なことに、こうした日々の出来事に対するミクロな視点こそ、自由活発なコミュニケーション、スムーズな協力関係、社員や彼らのアイデアへの真の配慮といった広範で持続的な風土を築く最善の道だ。似たような出来事の日々の積み重ねがこうした風土を生み出すのである。自分がマネジャーなら、自分が引き起こす出来事が特に効果を持つ。そうした出来事は雰囲気を作り出し、受け手側全員にとってのモデルとなる。ひとつの出来事で一歩ずつ、マネジャーは社員が手本にする風土を形作っているのだ。

好循環を維持し、悪循環を断ち切る

一日に一度インナーワークライフに目を向ければアンテナを張り続けることができるだろうが、人は日々の出来事を過去のバックストーリーを踏まえて意味づける。近視眼的に短い時間のスパンに注目してしまうと、インナーワークライフと進捗の双方に本当は何が起きているのか全体像を見失ってしまう可能性がある。インナーワークライフと進捗は互いに影響を与え合うものであるため、理想はポジティブな進捗ループ（好循環）をできるだけ長く維持し、ネガティブなループ（悪循環）をできるだけ早く断ち切ることだ。こうした循環は正しいポイントを長い時間観察し続けない限り特定するのが難しいことが多い。事実、私たちもひとつひとつは重要に見えない日々の出来事の記述の数々を入念に分析しない限り、進捗の法則に気づくことはできなかったかもしれない。日々の出来事を注視し、それから振り返ってパターンを探ることによって初めて、調査したチームに本当に何が起こっていたのかを解き明かすことができた。

好循環を維持するためには、まず始めにその循環を認識しなければならない。一日の終わりに振り返って、障害よりも進捗の方が多く、ネガティブなインナーワークライフの大きな兆候がない日々が続いていれば、チームは好循環に入っている可能性が高い。もし自分のチームで幸いにも好循環が続いていたら、良いインナーワークライフを暗転させ進捗を止める可能性があるネガティブな出来事（特に小さな厄介事）に注意を払い続けることが重要だ。最も基本的なステップは、実際に発生した障害に目を光らせ、対処することだ。グラハムはそれを実行し、クライアントからのクレームで生じた危機に断固として立ち向かい、犯人探しや泥沼劇を演じることはなかった。私たちが調査した他の優れたチームリーダーたちも、似たような冷静さを持って問題に対処していた。

オライリー社のビジョン・チームは調査したなかで最も優れたチームのひとつだった。メンバーたちは進捗とインナーワークライフの好循環を数多く経験していた。しかし彼らも毎日がバラ色のようではなかった——実際それには程遠かった。彼らは極めて複雑な仕事に取り組んでいたため、デイヴと三人のメンバーたちは多数の障害に直面した。彼らは全員実験の難しさを理解する優秀な研究者や技術者だったが、障害が発生するたびに気落ちはした——各メンバーのインナーワークライフに対するネガティブな打撃だ。

デイヴは、チームがそうした打撃に対処するのをサポートする達人だった。騒いだりパニックになることなく、いつも彼は障害を普段の仕事のように対処し、そのひとつひとつが学びの機会であることを明確にした。ビジョン・チームのシニア・リサーチ・エンジニアのティムが実験の実施過程でミスを犯してしまったときのことを思い出してみてほしい。ティムがデイヴに告げたとき、デイヴは穏やかかつ分別を持って反応し、「自分がしたことを理解している限り問題ない」と言ったのだった。

この言葉を忘れないでおこう。これこそマネジャーが心理的に安全な風土を作り出す方法だ。部下のミスを叱責するよりも、仕事自体と、そこから何を学べるかに話を絞るのである。より広く言えば、これこそ複雑なプロジェクトには避けられない障害に直面したときでもマネジャーが進捗とポジティブなインナーワークライフの好循環を維持する方法だ。これを、非難と恐れが蔓延したカーペンター社の風土と比べてみるといい。カーペンター社のドメイン・チームのメンバーは、こう語っていた。「ここでは、解決策を見つけられない人は無能だと見なされている！」

これは、ある重要な事実を示している。その本質において、やりがいのある仕事とは難しい仕事であるということだ。人は最も難しい挑戦を乗り越えたときに最も満足感を得ることが多い。イノベーションへの道のりには失敗がつきものだ。邪魔や障害を最小限に抑える努力はするべきだが、部下たちに対してまったく問題が起こらない環境を作り出すことは決してできない。自分自身とチームを必死にひとつの問題にも出合わぬよう促していては、インナーワークライフに栄養を与えることはできない。そうするよりも、避けられない障害を乗り越えるために必要な触媒ファクターや栄養ファクターを提供することに尽力するべきだ。伝説的な実業家ヘンリー・フォードが言ったように、「失敗とはもう一度、今度はより賢く取り組むための機会にすぎない」のである。

悪い状況を好転させるのは、良い状態を維持し続けるよりも難しいことだ。しかし可能なことではある。ドリームスイート・ホテルズの不注意な経営陣でさえ、インフォスイート・チームのインナーワークライフと障害の悪循環を一度は食い止めたことがある。たとえそれが一時的かつ意図しないものだったとしてもだ。怠慢かつ否定的であるかと思えば敵対的かつ要求の多い親会社の扱いのせいでチームは繰り返しネガティブなループに陥っていた。インフォスイート・チームの買い戻し、そして続く解雇の期間中、ドリームスイート社の経営陣はチームを消耗品のように扱っていた。

しかしそこでビッグ・ディール・プロジェクトという黄金週間が訪れ、その期間は経営陣も一億四五〇〇万ドルを失うまいと躍起になって、チームを手厚く配慮した。その八日間、インフォスイートのメンバーたちはほとんど二四時間態勢で働き、マネジャーたちはチームを他の仕事から解放し、チームの働きに対する感謝を示し、友好的な言葉や、ペットボトルの水や、食料などの形でたえず励ました。

インフォスイート・チームのインナーワークライフはこの期間中に最高潮を示し、パフォーマンスも期待を上回った。悪循環は駆逐されていた。もし上層部がチームとチームのニーズを再び無視するようにならなければ、この好循環は続いていたのではないだろうか。

局地的なリーダーがオアシスを作る

ドリームスイート社のような敵対的な職場環境でさえ、優秀な下級マネジャーがネガティブなインナーワークライフと障害の悪循環を食い止められることがある。インフォスイート・チームの共同リーダーのルースは、そうしたマネジャーのひとりだった。事実上、彼女は苛酷で不毛な組織風土のなかにオアシスを生み出した。ドリームスイート社では経営陣がチームを尊重せず軽んじていただけでなく、部門の責任者たち（インフォスイート・チームの内部顧客）も、要求を明確にしたり優れた仕事ぶりを評価することにほとんど労力を割いていなかった。ルースはこの忌まわしい情勢に辛抱強く抵抗し続け、いつもメンバーたちのインナーワークライフを救うことに成功していたのだった。

彼女の成功の鍵は、ネガティブな社内の出来事が度重なる「前に」、チームと築き上げた日常的な障害に対する協力的な風土だった。多くの機会で、彼女は触媒ファクターを注入していた。たとえば、調査の初期、インフォスイートのソフトウェア・エンジニアであるヘレンはドリームスイート社のマーケティング部から受け取った解読不能なデータファイルと格闘していた。マーケティング部の担当者たちは迅速な分析を必要としていたにもかかわらず、説明を求めるヘレンの電話を返さずにいた。データ自体を読むこともできず、ヘレンは完全に行き詰まり先へ進めなくなっていた。翌日、ヘレンの苦境を知るなり、ルースはただちにＩＴ部門からサポートできる人物を見つけてきた。

▼マーケティング部から提供されたファイルを読むことができる人物をＩＴ部門から手配することができた（中略）。これは実りのあることだった。ヘレンは二週間前に送ってきたひどいファイ

ルの扱いに苦しんでいたから。
二月十二日　ルース

ルースの行動はヘレンが迅速に仕事を終わらせることにつながっただけでなく、ルース自身のインナーワークライフ向上にもつながった。[6]こうしたポジティブな効果がマネジャーに返ってくるのは珍しいことではない。[7]

第七章で見たように、ルースはインフォスイートのメンバーたちに最初の段階から豊富な栄養ファクターを提供してもいた。最も顕著な例として、彼女はメンバーたちの努力を励まし、彼らが成功したときは評価を示す賛辞を送っていた。あるときは、インフォスイートのソフトウェア・エンジニアであるマーシャにハグをしたほどだ。マーシャは目覚ましい進捗を見せていたのである。

▼今日はドリームスイート社の顧客からの二つの要請に取り組んだ。どちらの要請も予想より早く片付いたから、彼らのコスト削減になったと思う。プロジェクト・マネジャー（ルース）は大満足して私にハグしてきた。彼女の喜びは私の喜びだ！（中略）。今日やった仕事全部にとても満足している。
二月十八日　マーシャ

この日、マーシャのインナーワークライフがどれほど並外れてポジティブなものであったかが分かるだろう。ルースが喜びを身体的に表現するのは珍しいことだったが、優れたパフォーマンスを公然と評価するのは珍しいことではなかった。

ルースの優れたマネジメントは些細な行動だが、調査を開始して数週間後に始まったドリームスイート社の解雇のあとでさえ、インフォスイートのメンバーたちはルースから継続的なサポートを得られるという信頼を育んだ。およそ三十名のプロジェクト・マネジャーが仕事を失った日、マーシャの感情は急降下した。このインナーワークライフへの打撃があった次の日、ルースは感情的な理解を示すささやかなジェスチャーを通してマーシャに落ち着きと仕事へのコミットを回復させることができた[8]。

▼今朝、プロジェクト・マネジャーがやって来て、私の隣に座り、昨日解雇があったけど気持ちは大丈夫かと聞いてきた。すごく素敵な行為だと思った。私たちは昨日本当に大変な一日を過ごしたけど、今日は昨日より気分がいい。四五日後に、私たちはみな自分の運命を知ることになるけど、どうなるにしても私たちはくじけずに毎日を生きていくことができる。この解雇の行方は私たちにはまったくコントロールできない。私は自分の仕事をすることで、自分がコントロールできるものに集中しようと試みている。

五月二一日　マーシャ

主にルースがインフォスイート・チームのリーダーシップを取るようになってからのマネジメントのおかげで、マーシャとチームの仲間たちは、実際に自分の仕事に集中することができた。一週間も経たないうちに、彼らはビッグ・ディール・プロジェクトに身を投じることになる。そしてルースがあらかじめ苦労してチームと築き上げた強固な基盤が見事に報われる。常に部下たちの苦労や達成に気を払い、粘り強く毎日触媒ファクターと栄養ファクターをチームに提供するルースの姿は、障害と悪化したインナーワークライフの悪循環を速やかに食い止めたいすべてのマネジャーの模範だ。

トップ経営陣の責任

自分がトップ・マネジャーなら、このインフォスイート・チームの物語に惑わされてはならない。ルースはチームのインナーワークライフを繰り返し救うことができたが、ドリームスイート社の経営陣はチームに対する振る舞いの結果、何の犠牲も払わずに済むわけではなかった。インフォスイートのメンバーたちのインナーワークライフに次々と迫り来る打撃——組織全体と経営陣から来る打撃——は短期的にはチームの進捗をことあるごとに妨害した。そして長期的な影響はさらに破滅的なものだった。調査から一年以内に、ルースはチームを襲う数々のネガティブな出来事を無効化するための絶え間ない戦いに疲れ果て、他社からのオファーを受け入れた。チームの主要メンバーの多くも彼女についていった。ドリームスイート社はかけがえのない専門知識を失ってしまったのだ。

確かに、局地的なリーダーたちはチームや、部門や、ともすれば事業部全体に一時的なオアシスを作り出すことはできる。しかしだからといってトップ経営陣が人やアイデアにとってポジティブな組織風土を作り出す責任を免れるわけではない。社員のインナーワークライフの維持に対する全責任を局地的なリーダーたちに負わせるのは、彼らの能力とエネルギーの無駄遣いだ。それに彼らもいつまでも維持し続けられるわけではない。ネガティブな出来事の衝撃はポジティブな出来事以上に強いため、最終的には敵対的な組織風土が横行してしまうだろう。

進捗は一日一日のなかに生きている。四半期決算報告書や道しるべとなるチェックポイントのなかにのみ潜んでいるものではない。そして偉大な組織風土の形成は毎日の言葉や行動を通して為されるものであり、ひとつの大きな出来事が連なって形成されるのではない。マネジャーは否が応でも部下のインナーワークライフに影響を与えてしまう。問題はどんな影響を与えるかという点だ。だからこそ、もし自分がマネジャーであれば、部下の進捗を振り返ることを毎日の日課とするべきだ。そうすることでインナーワークライフに大きな影響を持つ小さな出来事に気を払うのだ。

自分が組織内のどのレベルにあるとしても、たとえ自分が良き仕事仲間として自分の働きぶりのみを統括するのであっても、周囲の人びとのインナーワークライフに対しては一定の責任がある。触媒ファクターや栄養ファクターを生み出すことができる。阻害ファクターや毒素ファクターを減らすことができる。一日の終わりにこうした物事をチェックすれば、組織の風土と成功に対するよりよい貢献ができるようになる。一方で、自分がチームのメンバーであれＣＥＯであれ、もうひとつ心に留めておく必要のあるものがある。それが自分自身のインナーワークライフだ。終章では、自分のインナーワークライフをチェックする方法を紹介しよう。

終章　マネジャー自身のインナーワークライフ

本書を通じて、いかに日々の職場での出来事がインナーワークライフへ影響を与えるかを見てきた。今では、パフォーマンスにおけるインナーワークライフの役割や、インナーワークライフにおける特定の出来事の影響を理解できたことだろう。こうした法則は、組織内の誰にでも当てはまることも分かっただろう。誰もがインナーワークライフを持っているからだ。そしてそこにはあなた自身も含まれる。

もしあなたがマネジャーなら、部下や彼らの日々の進捗をサポートすることによって彼らのインナーワークライフに気を配らなければならない。しかし自分自身をないがしろにしてもいけない。自分のインナーワークライフがポジティブかつ強固なものであるとき、マネジャーは最高のパフォーマンスを発揮するのだ。

二〇〇〇年から二〇〇九年までゼロックス社を率いたアン・マルケイヒーは、インナーワークライフに気を配る重要性を理解していた――彼女の五万人の社員だけでなく、自分自身のインナーワークライフもだ。マルケイヒーは歴史上最も大きな再建を成功させたＣＥＯのひとりだった。

一九七六年に営業担当としてゼロックスでのキャリアをスタートさせ、部門を率いるまでに出世していったマルケイヒーだが、ＣＥＯ就任を要請されたとき、彼女（とビジネス界）は驚いた。その当時、ゼロックスは壊滅状態にあった。同社は長らく業績とほぼすべての事業のマーケットシェアが落ち込み、四半期で二億五三〇〇万ドルの赤字を計上したばかりだった。負債は一八〇億ドルとなり、融資も限度に達していた。債券の格付けも引き下げられたばかりで、証券取引委員会からの調査を受けているところだった。株価も一九九九年には六八ドルだったが二〇〇〇年の十月までに六・八八ドルにまで下落していた。二〇〇〇年十月二三日のミーティングにおいて、外部のアドバイザーたちは破産申請を勧めていた。

マルケイヒーは拒絶した。その理由は何か？　破産申請をするとゼロックスの社員たちに甚大な影響を及ぼすからだった。

「お分かりではないようですね。この会社の社員であるということがどういうことか分かっていないのです。戦い、乗り越え、勝利するのです。破産は決して勝利ではありません。分かりますか？それ以外の選択肢がなくなったときにしか破産申請はしません。まだ切るべきカードはたくさんあります」と言った。誰も成功に求められる情熱とモチベーションを理解せず、破産申請が社員に与える影響を理解していないことに腹が立った。続けて「私たちの強みは、勝利することが可能な戦いのなかにいると社員が信じていることなのです」と言った。[1]

マルケイヒーは正しかった。破産申請をすると社員のモチベーションが低下するはずであり、社員たちの情熱を維持することだけが同社の高いパフォーマンスを回復させる唯一の道だという彼女の確信は、ゼロックスを四年におよぶ耐え難い苦しみから切り抜けさせ、紛れもない成功へと導いた。

社員のインナーワークライフに気を配っていたときでさえ、マルケイヒーは自らのインナーワークライフに注意してもいた。毎日の終わりに、彼女は一日の出来事と自分が行った仕事について振り返った。その日の出来事がどれほど困難で落胆するようなものであっても、そして自分の達成がどれほど些細なものであっても、自分が達成できた物事に目を向けることによって満足感を得ていた。ゼロックスの前進に向けて自分が全力を尽くしたと確かめることによって、マルケイヒーは意欲を持って次の日に向き合うことができたのだった。

▼最悪の日々のなかでも、眠りにつき、次の日に起きて頑張ることができる。（中略）私には毎晩眠りにつくときやることがある。一日を振り返り、もっとこうしておけば良かったと思う物事がなければ、心穏やかに眠りにつき次の朝目を覚ませばいいだけだ。[2]

CEOであれ小さなグループのマネジャーであれ、アン・マルケイヒーの例に倣えばうまくいくだろう。経営陣は日々の認識、感情、モチベーションに対して具体的な被害を与え得る。チームリーダーたちの日誌を分析するなかで私たちはそのことを繰り返し目にしてきた。[3] 多くのマネジャーは上司でもあり部下でもある状態で、自分に報告をしてくる人びとと自分が報告する人びとのあいだで板挟みになっている（CEOですら通常は取締役会に回答しなければならない）。私たちが調査したチームリーダーたちは、そういう立ち位置にいた。チームとプロジェクトをマネジメントする責任があるとはいえ、マネジャーたちはメンバーよりも組織上ほんの少し強い力を持っているだけだった。それでも彼らは上層部の要求に応えることが期待されていると同時に、情報や、サポートや、リソースに対するチームのニーズを満たし、社内やクライアントからチームの仕事を守らねばならない。

あらゆる方向から板挟みに遭うジレンマは、カーペンター社のドメイン・チームでサプライチェーンの担当マネジャーを務めるマイケルの物語ではほとんど明白だった。このチームの契約業者が注文していた仕事をしくじり、重要なクライアントからの「スプレー・ジェット・モップ」の緊急注文に遅れが発生する危機にあった。八月二日、マイケルはこう記している。「（中略）二番目に大きなクライアントに対して、彼らが準備しているモップの宣伝に向けての納期に間に合わないと告げなくてはならないだろう」。わずか四日後、再び同様の事態が起きた。カーペンター社の上層部はマイケルを厳しく叱責し——マイケルもチームを厳しく叱責した。

▼契約業者の輸送容器が足りなくなって問題が続いている。金曜日の時点で第二位のクライアントへ三十ドルのモップを一五〇〇個空輸するために二万八〇〇〇ドルを費やしている。注文は残り二八〇〇個だが、それらも空輸しなければならない可能性が高い。（私は）優しいサプライチェーン・マネジャーから無表情な執行人に変わってしまった。礼儀正しさのようなものはすべてなくなり、みな追いつめられ、逃走は不可能で、それゆえ闘争が起こりそうだ。部長たちは死に体の私たちを責めようとしている。彼らは生贄を求めているのだ。

八月六日　マイケル

事実上すべての面で、チームリーダーたちのインナーワークライフはチーム各人のインナーワークライフを忠実に反映するものだった。メンバーと同様、最も頻繁にポジティブなインナーワークライフを引き出す出来事は「進捗」だった。しかし興味深い違いもあった。ここで言う進捗はリーダー本人よりも**部下たち**（つまりチーム）の進捗であることが多かったのである。

その教訓は何か？　マネジャーとしての自分のインナーワークライフを高めるには、部下たちが毎日の進捗に必要とする触媒ファクターと栄養ファクターを確実に提供し、阻害ファクターや毒素ファクターからはできるだけ遠ざけることだ。そうすれば、マネジャーは自分のマネジメントの仕事も進捗し、自身のポジティブな進捗ループを作ることができるだろう。

私たちはよく、下位や中位のマネジャーが自分たちのマネジメント上の役割など時間の無駄であって、エンジニアリングや、マーケティングや、製品開発といった自分たちの「本当の」仕事の邪魔になると言うのを耳にする。そう感じる人もいるかもしれないが、私たちはそんな考えを変えてほしいと願っている。もしこれを極めて重要な役割なのだと考えれば、**マネジメントの仕事にやりがいを見いだし、自身のインナーワークライフを豊かにすること**ができる。現代の多くの仕事にはマネジャーからの強力で賢明なサポートが不可欠だ。そうしたサポートを提供することを個人の使命とすれば、マネジャーは一層組織と顧客へ貢献することができるだろう。そして優れたマネジメントによるサポートは部下たちの認識、感情、モチベーションに目に見える違いを生むものであるため、翻ってマネジャーも自分自身のインナーワークライフを向上させることができる。

　それと同時に、マネジャー自身のインナーワークライフを向上させるには他にも方法がある。アン・マルケイヒーの日々の習慣を思い出してみよう――それは前章で私たちが推奨したチェックリストに似ている――そしてそれが自分の仕事に熱意を持ち続けるにあたってどのように役立つか考えてみてほしい（コラム「健康のために書き記す」参照）。自分がマネジャーであろうとなかろうと、自分の一日の出来事を定期的に振り返ることは自身や仲間たちの豊かなインナーワークライフの維持（や悪化したインナーワークライフの改善）に役立つだろう。それは一日の終わりに五分以上はかからない。しかもその恩恵は計り知れない。

　私たちの調査参加者は一日の出来事を振り返ることの価値を教えてくれた。今回の調査の終わりに、私たちは参加者たちに対して、この調査への参加がどう自分に影響したかを尋ねてみた。多くの参加者が、この調査から何事かを学んだと語った。自身の「その日の出来事」を書き記すことから何らかの知見を得たと報告した者たちが大半だった。実際、そのことがモチベーションとなり、彼らに日々メールでの日誌送付を続けさせていた。さらに私たちが調査終了の数日後に各人に送った時系列順の日誌を読んで「アハ！」体験をしたと言う人びとも多くいた。全体として、チームや組織について学べたと報告した人びともいたものの、「自分を知る」というのが学んだ知見の形態として最も頻繁に報告されたものだった。[4]

「自分を知る」といっても、彼らは具体的に何を学んだのだろうか？　その日一日の出来事を考えて、日誌に記入することで、絶えず自分の達成、失敗、そしてプロジェクトへの貢献を思い出すことができるという意見もあった。さらに自分の目標への意識や、職場でそれらの目標を達成するより良い方法に対する理解が増したと報告する者もいた。そして職場で本当に起きていることと、その原因について、より自覚的になったと語る者もいた。仕事中に曖昧で不測の出来事が生じたとき、人の心はこうした出来事への状況認識をほとんど無意識のうちに試みている。日誌に記入することは、そうした状況認識を目に見えるものにすることで実りある内省を可能にするのだ。

参加者たちはまた、チームメンバーやチーム全体のパフォーマンスに自分がどんな影響を与えたか、仕事における対人関係上の難題や対人的やり取りを向上させる方法についてのアイデア、自分の仕事がどれほど様々な出来事に影響を受けるか、そして自分自身のスタイルや長所に関する情報についての知見を得ていた。時おり、こうした知見をもとにして振る舞いが変わったと自分から報告してくれる者もいた。ある人は追跡調査で次のように記している。「自分の記述が悲観的なトーンに思えた。でもそれは、振り返ってみると、必ずしもそんな態度である必要はなかったのかもしれない。今はプロジェクトにもっと楽観的な思考で取り組もうと努力している」

日誌を振り返る際のガイドライン

調査参加者からのフィードバックや、本書で取り上げた発見を基にして、日々の出来事を振り返る際のガイドラインを提供しよう（コラム「日誌記入のガイドライン」にも簡単にまとめてある）。もし全体的に良い気分の一日だったら、その原因を考えてから喜びに浸ろう。自分やチームが為した進捗から来る達成感を味わうのだ。もし悪い気分の一日だったら、それを単に心のゴミ箱に捨て去ってしまうのはやめよう。どれほどひどい一日に感じられたとしても、数分を費やして自分やチームの何らかの進捗を思い出してみよう。大半の日々で、何かしらの進捗を見つけることができるはずだ。そして自分たちの成果を見て驚くかもしれない。

加えて、障害が目立つ一日だったとしたら、その原因を考えてみよう。もし障害が単に仕事の技術的な複雑さから生じているのであれば、いら立つ気持ちを問題に対処する行動に変えていこう。つまらない仕事の苦役ではなく、本当に困難だがやりがいのある仕事に直面していることのポジティブな側面に感謝しよう。障害から何を学ぶことができるか考え、そこから得る教訓をかけがえのない進捗だと捉えるのだ。

私たちのガイドラインには、自分が仕事仲間の進捗やインナーワークライフにポジティブな貢献をしているかどうか、そしてどうすればもっと効果的に貢献できるかを考えることも含まれる。ここでは、ただ「優しく」することがポイントではない。誰もがコミュニケーション、協調、思いやりといった組織の風土に貢献している。全員の仕事と人間としての尊厳をサポートする風土から、ひとりの個人として自分も恩恵を受けられるだろう。

長い期間にわたり、問いを立ててそれにどんな形であれ回答するのは何より有益なことだ。たとえば、インナーワークライフのある側面について毎日点数をつけ、週ごとか月ごとにパターンをグラフ化したいと考えるかもしれない。日誌記入のソフトウェアもいくつか利用可能だし、カスタムで数値化できるものもある。日誌記入のリマインドをしてくれるものもあるだろう。日誌のフォーマットとして何を選ぶとしても、重要なのは定期的に日誌をつけることだ。定期的につけて初めて、その恩恵を知ることができる。

毎月の終わりに、自分へ問いかけてみよう。日誌には何かこのところ傾向があるだろうか？　それは何を意味しているだろうか？　長いスパンの日誌の傾向を振り返ると、見たくないものが見えてくるかもしれない。もし、良好な日々よりも良くない日々が増えてきているとしたら、その原因の理解を試みよう。その原因が自分でコントロールできるものなら、行動計画を立てて、実行すればいい。しかし仕事仲間や、上司や、人事部のディレクターと話し合う必要があるときもあるだろう。仕事へのアプローチや仲間への接し方を変える必要があるかもしれない。どんな試みも失敗するのだとしたら、新しい任務、新しいチーム、組織の別の部署、新たな雇い主などを必要としているのかもしれない。

毎日の大きな出来事を振り返るためには、たとえそれが五分しかかからないものであっても、規律を必要とする。こうした規律を守るためには、実際の日誌（紙であれ電子であれ）が役に立つ。当日の具体的な出来事に重きを置き、インナーワークライフだけに集中しないようにしよう。毎日の日誌は、日誌をつけないと見落とす可能性のある物事に気づく助けとなり、自分の行動プラン作成を後押しし、翌日の出来事に対する対応策を与えてくれる。上手く振り返れば、より優れたマネジャーになり、組織への大きな貢献者となり、より成功するプロフェッショナルとなるのに役立つだろう。

「こんなに効果があるなんて」と、日誌調査に参加した人びとは私たちにそう言った。チームの調査を終えると、彼らの多くは感謝の言葉を発した。はじめ、私たちは驚いた。感謝？　私たちに？　何週間も、ともすれば何か月も毎日の日誌記入を（時には口うるさく）お願いしてきたことに対して？　そうだというのだ。毎日記入するのは面倒なことだったが、それをして良かったと多くの参加者が語っていた。

彼らの言葉のいくつかを紹介しておこう。

▼この日誌に記入する価値を知りました。特にしっかりと規律を持って一日の終わりに日誌を記入したとき、そしてすべての物事がまだ頭の中に鮮明に残っているときに。その日の出来事、自分の達成、チームの仕事、そして自分の感情全般を振り返るのに役立ちました。猛烈な勢いで働いているとき、内省の時間というのはめったに取れませんが、その時間は本当に有益なものです。あなた方には改めて感謝します。

▼面倒な作業ではあったけど、あらゆる面で一日と一日の行動を内省するチャンスを与えてくれた。チームをさらに働きやすい場所にするために自分の行動や指示を修正できたことを願う。この日誌記入が終わるのが悲しい（中略）日誌記入がポジティブなものだと思わせ続けてくれた皆さんに感謝だ。

あるチームリーダーの最後の日誌は私たちの心を温めてくれた。七か月間毎日日誌を記入したあと、彼はこう記していた。

▼これが終わりを迎えるのが残念だ。これがあるおかげで私は強制的に腰を落ち着けその日を振り返ることができた。この毎日の儀式は、どうチームと関わりやる気を持たせるべきか、これまで以上の理解を得るのに大きく役立った。私がより良い人間になるためのサポートをしてくれてありがとう。

私たちこそ感謝したい。本書で解き明かしたことの数々は、日誌なしにはあり得なかった。ニューポリー・チームの調査の最後にグラハムと話したとき、彼はチームメートの進捗をサポートし、プロジェクトの成功を仲間と喜ぶことで仕事にやりがいを見いだしたと語っていた。彼にとって、それこそが真のマネジメントなのだと言った。本書で紹介したインナーワークライフについての知見を踏まえると、まったくその通りだった。

もしマネジメントがこの世界で意味を持ち続けるものだとすれば、それは人びとの人生を向上させるものであるべきだ。この目標への明らかな道すじは、組織が顧客に高品質な製品とサービスを確かに提供することである。しかし同じくらい重要なのが、マネジメントは組織内で働く人びとの人生も豊かにするべきだということだ――顧客、コミュニティ、そして自分自身にとって真に意味を持つ仕事での成功をサポートすることによって、それは可能になる。

column

健康のために書き記す

日記をつけ続けたり、その日一日の主な出来事を毎日リストにしてきた経験がある人は、この習慣から生じる強力な効果を実感したことがあるかもしれない。この十五年間で、心理学者たちはどのような状況にある人も定期的に自分の人生の出来事を書き記すことで恩恵が得られることを突き止めてきた。[1]

ある実験では、「あるべき最高の自分」について四日間連続で簡潔に書き記した人は、そのような記述をしなかった人びとに比べて、実験の最後まで極めて高い精神的健康状態を示した。[2] その他の実験でも、人生のトラウマやストレスの溜まる出来事について書き記した方が免疫機能や身体的健康が強化され、学校により良く適応でき、精神的にも健康になり、解雇されてからもより早く職を見つけられることが分かっている。[3]

身体的健康がストレスを減らしパフォーマンスを向上させることに気づき、経営陣はジムやヨガの教室を提供している。今回の調査は興味深い補足事項を示唆している。社員のインナーワークライフとパフォーマンスも、日誌を書き記すことで恩恵が得られるかもしれないのだ。

column

日誌記入のガイドライン

日誌をつけ始めるにあたって、毎日の終わりに以下の質問に答えることをお勧めする。

今日、どの出来事が自分の心に残っているだろうか。その出来事が自分のインナーワークライフにどう影響を与えただろうか。

今日、自分はどんな進捗をし、その進捗が自分のインナーワークライフにどう影響を与えただろうか。

今日、どんな栄養ファクターと触媒ファクターが自分や自分の仕事をサポートしてくれただろうか。どうすればそれらを明日も維持できるだろうか。

明日、重要な仕事の進捗に自分がひとつできることは何か。

今日、自分にどんな障害があっただろうか。その障害が自分のインナーワークライフにどう影響を与えただろうか。そこから何を学ぶことができるだろうか。

今日、どんな毒素ファクターや阻害ファクターが自分や自分の仕事に影響を与えただろうか。どうすれば明日それらを弱めたり避けることができるだろうか。

今日、仲間たちのインナーワークライフにポジティブな影響を与えただろうか。明日どうすればポジティブな影響を与えられるだろうか。

付録　一万二〇〇〇の日誌調査について

この巻末付録では、本書の基となっている調査の内容を詳述する。あまりに技術的な話は避け、日誌の調査に参加した企業やチームや個人について、彼らの個人情報を保護する方法について、どんなデータをどのように集めたかについて、そのデータに対して主にどのような分析アプローチをしたかについて、そして本書の中心的な結論の土台となる主な研究について説明する。[1]

調査の目的、参加者、個人情報の保護について

この研究の元々の目的は、組織におけるインナーワークライフの役割を理解することであり、何がインナーワークライフに影響を与え、インナーワークライフがどうパフォーマンスに影響を与えるかを探ることだった。現実に即して徹底的に調査するために、私たちは先行研究の多くが行っていたように職場での経験を事後的に振り返るのではなく、組織内で働く人びとをリアルタイムで観察することに決めた。様々なプロジェクトチームの多数の人びとを調査することにより、日々の

出来事がどのようにインナーワークライフに影響を与え、インナーワークライフがどのようにパフォーマンスに影響を与えているか突き止めることができた。[2]

できるだけ広い射程を持つ調査結果を得たかったため、私たちはビジネス界や学術界の友人や仕事仲間の力を借り、小さな企業から大きな企業まで、そして新しい企業から伝統ある企業まで、様々な業界の様々なチームから参加者を得ることができた。[3]アプローチした企業のおよそ半分が、私たちの求める基準を満たすチームを提供することに同意してくれた。その基準とはチームの全員あるいはほぼ全員がチームの仕事に大半の時間を注ぎ、メンバーたちが互いに協力し合い、仕事の大部分が新しく有益なアイデア・製品・プロセスといった創造性を必要とするものであるということだった。表A-1（313頁）は参加した七つの企業のデータを表すものだ。[4]

インナーワークライフに影響を与え得る出来事だけでなく、インナーワークライフの複雑さを十全に解き明かすべく、参加者たちには安心して心から正直に日々の日誌フォーム（デイリーアンケート）に記入してもらわねばならないと考えていた。それはつまり、参加者たちに自発的に取り組んでもらわねばならず、私たちは個人情報の保護を約束する必要があることを意味していた。私たちは参加者選定のミーティングで、参加する可能性のあるチームに対し、この調査は「マネジャーやチームがプロジェクトから望む結果をより安定的に引き出す方法について、私たちの知識を劇的に向上させるため」のものだと伝えた。そして参加にはどのような作業が伴うかを説明し、全員あるいはほぼ全員が参加の意志を持つチームのみが参加できると伝え、しかし参加の決断はチームに任せることを強調した（会社の上層部にも、チームが参加するかどうかの決断には干渉しないよう念押しした）。

さらにデイリーアンケートの回答はすべてハーバードにいる私たちのもとに直接届き、すべての個人、チーム、プロジェクト、そして企業は、彼らのデータを使う著作を含め、いかなる研究報告書においても特定できないよう情報を変更することも明確に伝えた。そう伝えたあとで、参加の可否を検討してもらうべくチームに数日を与えた。そしておよそ半分のチームが参加を決めてくれた。

各人には調査中いつでも周りに知られることなく辞退できることも伝えた（少数の参加者は実際に辞退した）。すべてのチームにはチームリーダーがいて、五つのチームには二人の共同リーダーがいた。どのチームリーダーも辞退することなく調査に参加した。特に記さない限り、私たちの分析ではチームのメンバーたちと同様にチームリーダーも「調査参加者」の括りで扱っている。表A-2（315頁）は参加したチームのデータを示すものだ。

最終的に参加者の二三八名は、男性一八二名（七七パーセント）、女性五六名の構成となった。平均年齢は三八・二歳（標準偏差は十・二歳）、下は二二歳から上は六八歳までの幅があった。調査開始時、参加者たちの勤続年数は平均して七・七年（標準偏差＝八・九年）で、二週間から三六年までの幅があった。参加者たちの教育レベルは高く、八二パーセントが大学卒で、多くが修士や博士号を持っていた。チームの大部分は、ひとつの重要なプロジェクトの全期間あるいは大半の期間、もしくはあるプロジェクトの一定期間、調査に参加した。各チームは九〜三八週間調査に参加し、平均

表 A-1　参加企業（調査開始時のデータ）

企業の仮名	業界	調査開始時の企業年齢(a)	年間売上(b)	社員数(c)	参加チーム数
ホテルデータJV(d)	ハイテク	低	小	中	1
VH ネットワークス	ハイテク	低	小	中	4
エジェル・イメージング	ハイテク	中	小	小	4
カーペンター・コーポレーション	消費財	高	中	大	4
ラペル	消費財	中	大	中	4
オライリー・コーテッド・マテリアルズ	化学	高	中	大	4
クルーガー＝バーン・ケミカルズ	化学	高	大	大	5

a. 調査開始時の企業年齢 : 低＝ 18 か月～ 5 年、中＝ 10 ～ 45 年、高＝ 65 ～ 85 年
b. 年間売上 : 小＝ 5 億ドル以下、中＝ 20 ～ 40 億ドル、大＝ 150 ～ 250 億ドル
c. 社員数 : 小＝ 1000 人以下、中＝ 2000 ～ 6000 人、大＝ 1 万 3000 ～ 4 万 5000 人
d. ドリームスイート・ホテルズの子会社

企業の仮名	チームの仮名	調査期間（週の数）	チームサイズ*	男女の内訳	年齢の幅（括弧内は平均）
ラペル	ミッション	13	11	男7・女4	25-45(35)
	プロスペクト	8	15	男10・女5	28-48(36)
	SPF	16	17	男10・女6（性別不問1名）	24-50(40)
	モイスチャー	16	12	男7・女5	27-53(36)
オライリー・コーテッド・マテリアルズ	シールド	20	4	男3・女1	23-63(46)
	ビジョン	30	4	男4	26-38(35)
	フレックス	28	5	男4・女1	25-64(43)
	テント	16	10	男9・女1	26-52(41)
クルーガー＝バーン・ケミカルズ	ニューポリー	37	5	男5	37-61(51)
	シーラント	20	14	男11・女3	26-58(45)
	アライアンス	11	3	男2・女1	44-48(46)
	クーラント	10	7	男6・女1	30-57(42)
	サーフェイス	28	11	男11	41-57(47)

* 数字はメンバーの数。いくつかのチームは全員が調査に参加したわけではなかった。平均してチームメンバーの 92% が調査に参加し、個別には 68% から 100% の幅があった。メンバー数が 5 人以下のチームは、メンバー全員が参加した。

表 A-2　参加チーム（調査開始時のデータ）

企業の仮名	チームの仮名	調査期間（週の数）	チームサイズ*	男女の内訳	年齢の幅（括弧内は平均）
ホテルデータJV	インフォスイート	17	9	男4・女5	31-63(41)
VHネットワークス	デイライド	9	6	男6	27-32(29)
	ピクセル	9	13	男11・女2	23-30(26)
	ハンプトン	14	8	男8	25-40(30)
	ミクロ	13	17	男12・女4（性別不問1名）	22-40(29)
エジェル・イメージング	アチーブ	13	5	男3・女2	39-58(46)
	フォーカス	17	8	男7・女1	32-68(45)
	バリュー	20	6	男5・女1	31-44(35)
	ブックテキスト	24	5	男4・女1	42-67(48)
カーペンター・コーポレーション	イクイップ	17	13	男9・女4	27-54(39)
	ドメイン	17	14	男10・女4	22-55(36)
	パワー	17	17	男13・女4	25-61(36)
	カラー	17	22	男19・女3	23-49(35)

は十九週だった。

本書で紹介する参加者の情報については、彼らが提供してくれた情報の正確性は維持しつつ、個人、チーム、企業のプライバシーを守るように努めた。私たちの情報保護は、社外の誰からも企業を特定されないこと、社内のどのチームからも当該チームを特定されないこと、そして私たちの調査でないと知り得ないようなメンバー間の個人的な情報をチームメートに知られないことを目的としている。データ、調査法、そして結果にとって重要な情報には一切手を加えていない。各企業に対しては、大きな括りでの業界はそのままにしているが、その企業の製品、サービス、クライアント、そして所在地についてはすべて変更した。企業を特定できるような数値（たとえば創業からの年数、売上、利益、獲得した賞の数、そして従業員数など）は、実際の数値に近い範囲で修正した。

参加者に対しては、性別、職責、そして個人の特性（たとえば教育、性格、認識スタイル、特許の数など）には一切変更を加えなかった。一方で、参加者の名前は全員変更し、ニュートラルな名前を選んで人種や国籍をぼかし、肩書きは一般的なものに変え、年齢や勤続年数もほんのわずかに修正した（たとえば実際の数字の数年以内で）。個人の人生に関わる情報（たとえば家族の死や妊娠）についてはすべて内容を変えて記した。チームレベルより上のマネジャーは仮名をファーストネームとラストネームで記し、その他チームリーダーやチームのメンバーは名前を変えてファーストネームのみで記した。目的は読者に対して各マネジャーの見分けをつけやすくするためである。調査期間は基本的に変更を加えず、スケジュール感もそのままだが、具体的な日付はすべて変更を加えている。何年にデータを収集したかは記さない。全二六チームは同時期に調査したのではなく、すべてのデータはこの十四年以内に集められたものである。

データ

私たちの発見は様々な調査、観察、そして研究中の会話から生まれたものだ。最も重要だったデータは毎日すべての参加者へメールで送付したアンケートだ。

デイリーアンケート

チームが調査に参加を決めるとすぐに、本書の筆頭著者であるテレサ・アマビールはチームのもとへ出向き、チームが毎日受け取ることになる「デイリーアンケート」の日誌フォームの記入法を伝えた（ひとつの企業に関しては研究助手が出向き、アマビールは電話でミーティングに参加した）。記入法を伝える際に最も気をつけたのが、日々の出来事を日誌の記述欄にどのレベルまで詳細に記入するかであった。私たちは起きた出来事と関わった人物を具体的に記してもらった。参加者には、仕事やプロジェクトに関わることであればどのような種類の出来事でも良いので、その日一番心に残った出来事をひとつ記すように伝えた。アマビールは参加者たちの質問に答え、試しにやらせてみて、フィードバックした。その日の出来事に対する個々の見解を得るために、デイリーアンケートの回答に関しては調査が終わるまで社内の誰とも話し合わないように求めた。

デイリーアンケートの目的は、インナーワークライフや参加者の職場で日々起こる一連の出来事を詳細かつあまり邪魔にならない形で追跡することだった。加えて、このアンケートを通じて日誌に報告された出来事に対する具体的な反応、つまりそれらの出来事に対する状況認識、感情的反応、およびモチベーションの反応を知ることができると考えていた。さらに職場での日々の振る舞いを追跡することも期待していた。[5]

参加者たちには一日の終わりか翌日の朝一番にデイリーアンケートへの記入をお願いした（アンケートは月曜から金曜まで、毎日正午までにメールで送付した）。全期間もしくは特定の期間（たとえば出張時）、紙によるアンケート郵送の選択肢も与えていたが、この方法で提出された日誌はごくわずかだった。日誌の大半は一日の終わりに記入されてメールで届けられた。

合計で、記入された日誌の数は一万一六三七におよんだ。全体の回答率は七五パーセントで、個人単位では回答率十六パーセントから一〇〇パーセントまでの幅があった。[6]私たちが行った定量分析の多くでは、回答率二十パーセント未満の参加者のデータは省いた。デイリーアンケートの記入には多くの参加者が十分を費やしていた。平均して、各参加者は五十のアンケートを提出した。出来事を説明する記述の長さには大きな幅があり、英単語一語から八五五語まで、平均して五四語だった。

表A-3（321頁）はデイリーアンケートの概要である。

その他のアンケート

デイリーアンケートに加えて、参加者には調査期間中に都度別のアンケートにも回答してもらった。それらの追加アンケートの目的は各個人（の特性や性格）、チーム、プロジェクトに対する背景となるデータを集めることだった。こうしたアンケートの詳細は表A-4（322頁）に記している。

補足データ

調査期間中、テレサ・アマビールは調査対象チームの各メンバーへ月に一度電話をかけ、デイリーアンケートや調査について何か質問や懸念点はないか確認した（ひとつの企業に対しては、主任研究助手が電話をかけた）。各チームリーダーには月に二度電話をかけた。時おり、こうした会話のなかに個人や、プロジェクトや、チームや、企業に対する有益な情報があった。電話での会話では、私たちが集めていたプロジェクトやチームや企業や個人についての情報は一切伝えなかった。

参加チームの調査期間が半分を過ぎるころ、私たちは当該チームと「中間調査ミーティング」を開いた。このミーティングの目的は、調査に対するチームの意欲を維持し何かあれば質問に回答することに加えて、形式張らずにチームやプロジェクトや組織に対する補足情報を集めることだった。このミーティングでも、NEOファイブ・ファクター検査と職業興味検査の結果を各個人に伝える以外、その時点までに収集していた情報は一切明かさなかった。

セクションと内容(a)	質問の数と種類	質問のサンプル
感情	自己採点6個	今日、全体的に私が感じたこと ▼ フラストレーション ▼ 幸せ
今日の出来事	記述1個	プロジェクトや、プロジェクトに対する自分の感情や、プロジェクトに対する仕事や、プロジェクトに対するチームの感情や、プロジェクトに対するチームの仕事について、今日心に残った出来事をひとつ簡潔に記してください。 その出来事に誰が関わり、何が起きたかも具体的に記してください。出来事はポジティブなものでも、ネガティブなものでも、ニュートラルなものでも構いません。
その出来事に対する質問	自己採点5個(d)	▼ チームの何人がその出来事に気づいていましたか？ ▼ 以下の項目について、その出来事がどの程度影響を与えたか採点してください。 ▽ プロジェクトに対する自分の感情 ▽ プロジェクトに対する今日の自分の仕事 ▽ プロジェクトに対する今日の他のメンバーの仕事 ▽ 長期的に見たプロジェクト全体
その他（任意）	記述1個	他に報告したい今日の事柄があれば何でも記してください。

a. 各セクションの並び順は実際のアンケートと同様。
b. 特に記さない限り、すべての自己採点は次の１～７で点数をつけてもらった。１＝まったく、２＝ほんの少し、３＝少し、４＝適度、５＝いくぶん、６＝かなり大きく、７＝極めて大きく
c. ここと次のセクションには、その日質問に答える判断材料がない場合に備え、各項目に対して「該当なし」の選択肢も加えた（たとえばその日チームとの接触がなかった場合など）。
d. このセクションの最初の質問に関しては次のように採点してもらった。１＝自分だけ、２＝自分とメンバーひとり、３＝チームの半分未満、４＝チームの半分以上、５＝チーム全員
２つめの質問は次のように採点してもらった。１＝極めてネガティブな影響、２＝ネガティブな影響、３＝少しネガティブな影響、４＝ニュートラル、あるいは影響なし、５＝少しポジティブな影響、６＝ポジティブな影響、７＝極めてポジティブな影響

表 A-3　デイリーアンケートの質問事項（日誌フォーム）

セクションと内容(a)	質問の数と種類	質問のサンプル
仕事に関する基本事項	空欄記入6つ	▼今日の日付 ▼今日プロジェクトに費やした作業時間 ▼今日プロジェクトで行った仕事（短い記述） ▼今日一緒に作業したメンバーの数
自身の仕事とモチベーション	自己採点12個(b)	今日、プロジェクトに対する自分の仕事で感じたこと ▼自分の担当分が進捗した ▼創造的な仕事をした ▼質の高い仕事をした ▼困難があった ▼評価を受けてやる気が出た ▼仕事が面白くてやる気が出た
チームとチームの仕事	自己採点6個(c)	今日、プロジェクトに対するチームの仕事で感じたこと ▼チームはしっかり力を合わせて作業した ▼チームは質の高い仕事をした ▼チームの仕事が進捗した
職場環境に対する認識	自己採点14個	今日自分が感じた職場環境について、各項目はどの程度当てはまりますか？ ▼仕事に対する自由あるいは自主性 ▼時間的プレッシャー ▼プロジェクトに対する明確な目標 ▼プロジェクトの統括者からの励ましやサポート ▼チームの創造性に対する上層部からの支援

表 A-4　参加者が回答した各種アンケート(a)

アンケート(b)	頻度	内容
デイリーアンケート	毎日	定量的採点項目と定性的記述項目
プロジェクトの最終評価	一度 （調査終了時）	チーム全体のパフォーマンスの様々な側面に対する各人の定量的採点データ
各人の評価フォーム	月に一度	各人に自分を含めチーム全員への採点を求めた。質問項目は、前月の仕事に基づく「プロジェクトへの創造的貢献」、「仕事の質への貢献」、「プロジェクトへのコミットメント」、「チームの絆に対する貢献」の4つの次元。
キルトン・アダプション＝イノベーション検査(c)	調査開始時に一度	認知スタイル、特に創造的思考スタイルの検査
KEYS：創造性に対する風土評価(d)	三度 （調査開始時、中盤、終了時）	職場環境、および創造性に対する職場環境の志向性の検査
NEOファイブ・ファクター検査（Form S）(e)	一度 （調査開始時）	人格の5因子：「神経症傾向」、「外向性」、「開放性」、「調和性」、「誠実性」の測定
職業興味検査(f)	一度 （調査開始時）	各人の仕事への外発的モチベーションおよび内発的モチベーションに対する志向性の検査

a. 他のアンケートにも回答してもらったが、本書用に分析を行ったデータのみをリストにした。
b. 特に記さない限り、すべてのアンケートは本研究用に作成されたものである。
c. M. J. Kirton, "Adaptors and Innovators: A Description and Measure," *Journal of Applied Psychology* 61 (1976): 622–629. 本検査は Occupational Research Centre(www.kaicentre.com) から使用の許可を得て実施した。
d. T. M. Amabile, R. Conti, H. Coon, J. Lazenby, and M. Herron, "Assessing the Work Environment for Creativity," *Academy of Management Journal* 39 (1996): 1154–1184. 本検査は Center for Creative Leadership (www.ccl.org) から使用の許可を得て実施した。
e. P. T. Costa and R. R. McCrae, *NEO-PI-R: Professional Manual* (Odessa, FL: Psychological Assessment Resources, 1992). 本検査は Psychological Assessment Resources (www3.parinc.com) から使用の許可を得て実施した。
f. T. M. Amabile, K. G. Hill, B. A. Hennessey, and E. M. Tighe, "The Work Preference Inventory: Assessing Intrinsic and Extrinsic Motivational Orientations," *Journal of Personality and Social Psychology* 66 (1994): 950–967.

参加チームの調査期間を終えてから一か月以内に、アマビールは（研究助手を連れて）チームと半日の最終ミーティングを開いた。このミーティングの目的は、定量データと定性データを用いて事前に割り出した調査結果をチームに提示し、チームに対する暫定的な結果の正確性についてフィードバックをもらうことだった。[7]アマビールはそのミーティング後にメンバーたちを個別のミーティングに招き、それに応じる者もいた。元々この最終ミーティングは調査参加者の将来の仕事に有益な情報を提供するという形で「報酬」を与えることが目的だったが、私たちはいつも新しく有益なデータを発見することとなった。

最終ミーティングの数々においては、各メンバーに日誌を毎日記入して送り続けるモチベーションは何だったのか尋ねた。大半は、日誌を記入して得られるであろう自分自身やチームに対する知見に大きな関心があったのだと回答した。あらゆるチームの研究結果から組織に学習してほしいと思っていたからだと言う者もいた。最後のデイリーアンケートの最後の回答欄（任意回答）には、多くの参加者が自発的に、このアンケートに記入するのは有益だったとコメントを記していた。そのいくつかの例は終章で紹介している。

最終ミーティングから一か月以内に、アマビールと研究助手は当該チームに対する調査報告書を作成した。これはチーム、メンバー、プロジェクト、組織、マネジメント、そして調査期間中に起きた出来事についての最新の観測情報としてチームにとって貴重な定性データ資料を提供するためだった。この報告書は各メンバーの日誌の記述、チームとの四度のミーティング、各メンバーとのミーティング、各メンバーやリーダーとの電話での会話や送られてきたメール、そして上層部との会話やミーティングの記録を入念に読み込んで作成されたものだ。報告書は、まずひとりの担当者がひとつのセクションを執筆したら別の担当者がチェックと編集をし、それから元の担当者に原稿を戻して、両者が正確性について納得がゆくまで練り上げる作業を繰り返して作られた。多くの場合、作成の様々な段階で担当者同士が顔を合わせて何度も話し合いが持たれていた。最終的な報告書は詳細な記録となっている。

ひとつの企業ですべての情報収集が終わると、アマビールと助手は当該企業の経営陣とミーティングを持った（いくつかの大企業では、関連部門の最高責任者たちとミーティングを持った）。そしてチームや個人が特定できる情報は与えずに、彼ら上層部へ自分の会社で参加した各チームの定量・定性データを見せた。アマビールは調査によって明らかとなった当該企業の職場環境の長所と短所を具体的に指摘し、上層部へ結果について話し合うよう促した。結果はどの程度自社に対する彼らの認識にそぐうものだっただろうか？　組織内のポジティブな出来事とネガティブな出来事のパターンについてどう感じたか？　各チームとのミーティング同様、私たちは彼ら上層部とのミーティングや、調査期間中に折に触れて交わした会話から多くの有益な情報を得た。[8] こうした新しい情報も必要に応じて報告書に加えられた。

定量データと定性データの両方を収集したため、私たちは様々な分析アプローチを活用した。

定性分析（すべての章で使用）

数年にわたり、私たちは参加者が自由に記述した日誌だけでなく、その他の資料（報告書やミーティング等の記録）に対する詳細な定性分析を行った。これらのデータに関する二つの特徴は記しておく価値があるだろう。一つめは、各参加者から数週間にわたり日々のデータを集めたため、長期的に出来事とインナーワークライフのパターンを確認することができたこと。二つめは、同じチームの複数のメンバーが同じ出来事に言及することがあったため、参加者たちが記した物事を確かに信じることができたことだ。

定性分析は七つの段階で進められ、そのどれもがそれぞれの文脈で有益な情報をもたらしている。第一段階として、テレサ・アマビールとスティーブン・クレイマーは全一万一六三七の日誌（全二六チーム、二三八名分）の記述欄と二六チームの報告書を何度も読み込んだ。その過程を繰り返しながら、私たち二人は膨大なメモを取り、頭に浮かぶアイデアを互いに話し合った。このプロセスがインナーワークライフ（第二章）、インナーワークライフがパフォーマンスに影響を与える過程（第三章）、進捗ループ（第五章）、そして重要な「風土」という要素（第六章）についての分析につながった。[9]

第二段階では、全一万一六三七の日誌データを分類するために極めて詳細な「インデックス」化のプログラミングを行った。このインデックスは、ＤＥＮＡ（Detailed Event Narrative Analysis：出来事記述詳細分析）と呼ばれた。[10] 五人の研究助手がプログラム構築のために訓練を受けた。[11] 分類結果の信頼性（コーダー間の一致率）は基本的にどの項目でも十分に高かった。[12]

このプログラミングの目的は参加者が記述した具体的な出来事のあらゆる側面をカタログ化することだった――たとえば、どのような出来事だったか、その出来事の発生源は誰だったか、その出来事は誰に向けて起きたか、その出来事は当日に起きた具体的な出来事だったのか（あるいは過去の回想か、未来の予測か、何かに対する見解か、何かに対する反応だったのか）、そしてその出来事を報告した参加者の感情はどのような種類のものだったか（ポジティブだったのか、ネガティブだったのか、ニュートラルだったのか）などを分類することが目的だった。[13] デイリーアンケートには「その日の出来事」をひとつ記してほしいと記載していたものの、回答には平均して五つの関連する具体的な出来事が記されていた。

第三段階では、最良の日々と最悪の日々を研究するために、項目を減らしてより広範な分類を行い、出来事の大きなタイプ分けを行った。この研究に向けたプログラミングの大半を行ったテレサ・アマビールと研究助手間の一致率は十分に高かった。[14] 第四章に記した最良の日々と最悪の日々の調査は、インナーワークライフに影響を与える三大出来事群、つまり進捗の法則と、触媒ファクターと、栄養ファクターの特定につながった。

第四段階では、本書の著者二名と複数の研究助手が、参加七企業から少なくとも一チームを含む全二六チーム中十四チームのインナーワークライフ、主な出来事、パフォーマンスの結果を記す詳細な物語を書き上げた。[15] 各チームの物語は少なくとも共著者の一名と一人の助手の共同作業で仕上げた。両者ともに当該チームのすべての日誌と、その他の情報を読み込み、一方が物語の草稿を書いたら、もう一方がフィードバックを行い、議論し、改訂し――その物語がチーム全体や各メンバーの出来事、体験、パフォーマンスを正確に描き出していると両者が納得するまでチェックするプロセスを繰り返した。

こうして仕上げられた物語は、著者二人と助手一人で行われた一週間の研究討議に活用された。[16] その研究会のなかで、詳細な物語を用意した十四チームに対して日々の進捗やインナーワークライフの定量測定と定性記述の検証を行った。ここでの考察が進捗ループ（第五章）の特定につながった。加えて、その研究会では進捗とインナーワークライフを計測するすべての項目をまとめて、十四チームのマトリクスを作成した。それから各チームにおける最もポジティブな出来事と最もネガティブな出来事を識別した。このプロセスが、触媒ファクター／阻害ファクターにおける七つの出来事タイプと、栄養ファクター／毒素ファクターにおける四つの出来事タイプの特定につながった（第六章および第七章）。これらの出来事を最良の日々と最悪の日々の調査結果だけでなく、全二六チームの定量分析結果と比較して検証した。最後に、この研究会での議論を通じて、インナーワークライフに影響を与える三大要素の例として本書で使用するチームを決定した（第四～七章）。

第五段階では、スティーブン・クレイマーが進捗の法則（第四、五章）、触媒ファクター（第六章）、栄養ファクター（第七章）、日々の進捗のサポート（第八章）の例として選ばれたチームの日誌、および他のチームのリーダー数名の日誌（終章）を詳細に分類するプログラムを作成した。[17] このプログラミングは最良の日々と最悪の日々の調査時に用いたスキームに基づくものだが、今回は研究会で特定した触媒、阻害、栄養、毒素ファクターという特定の要素に絞ったものだった。その他に「書籍に引用する可能性のある日誌」などの補足的な項目も用意した。テレサ・アマビールがこの分類結果と自身がチームの日誌を読んだ結果を検証し、クレイマーと意見の相違がなくなるまで議論を重ねた。

第六段階では、チームリーダーの振る舞いを研究するために、先行研究で確立されていたリーダーの振る舞いの分類法を用いてプログラムを作成した。[18] このデータを活用し、各プログラマー間の一致率を確認したあとで、ひとりの研究助手が全一万一六三七の日誌のなかでチームリーダーの振る舞いに言及している箇所をすべて分類するプログラムを作成した。このデータを基に導き出した結論が第五〜七章で紹介されている。

第七段階では、日誌のなかに自発的に記述された具体的な感情を研究するため、こうした感情を分類するプログラムの作成に向けてまったく別の専門チームを養成した。[19] 喜び、愛（愛着、優しさ、誇りなど）、怒り、不安、悲しみといった複数の具体的な感情を分類した。

定量分析

デイリーアンケートにおける自己採点項目や、月々のチームメンバーに対する評価など、参加者から集めた数値データに対しては統計分析を行った。定性分析から生じた数値データ、たとえば分類された特定の出来事の発生頻度なども統計分析を行った。

本書の本文ではデータを事実のようにしか記していないが、私たちの発見や結論の信頼性は様々な統計的手法に基づくものだ。[20] 私たちのデータには異なる三つの階層があったため、分析は主に「マルチレベルモデル」という回帰分析を採用した。二六の異なる「チーム」に属する二三八名の「参加者」が様々に異なる「日々」のデータを提供してくれたからだ。この分析では、これらすべての階層を考慮し、参加者間で異なる個々の複数の特性（たとえば性別、年齢、在職期間、教育レベル、ときには性格、認識スタイル、動機志向など）も考慮した。[21] さらに、いくつかの分析では「時間差分析」を用いて複数の日々にまたがる影響も検証した。たとえば時間差マルチレベル分析を用いて、当該人物の一日の気分が当日の創造的思考に与える影響「だけでなく」、翌日への影響まで探ることができた。[22]

このモデルは因果関係を特定するものではないことに注意してほしい。たとえある一日の測定値（たとえば創造的思考）が時間差分析を使って前日の測定値（たとえば気分）から予測できるとしても、それは気分が一時的に要因として優位になっているということしか言えない。そこで本書では、因果関係の結論を強固なものにするべく、他二つのソースにもあたっている。それが私たち自身や他の研究者たちが行った対照実験であり、因果関係を語る参加者たちの日誌の記述だ。

主要な調査法

インナーワークライフ・システム、進捗ループ、そして組織風土に関する私たちの主張の土台となる定性分析法についてはすでに記してきたが、インナーワークライフがパフォーマンスに影響を与えるメカニズムや、三大出来事群がインナーワークライフに影響を与えるメカニズムの解説についても主に定性分析を基にしている。本文では数多くのシンプルな記述統計を用いた。たとえば、各章で日誌を引用する際、認識、感情、モチベーションに対する各参加者の自己採点という数値データを参照した。[23]

このセクションでは、本書の中心的な主張の数々の土台となる主な定量調査について簡潔に説明する。

些細な出来事（第一章）

本書を通して、私たちは些細でありきたりで、取るに足らないようにさえ見える出来事が日々のインナーワークライフに大きな影響を与えるという驚くべき効果について言及している。第一章では些細な出来事を調査した結果を提示し、私たちの調査法について手短に説明した。ここではそれをもう少し詳細に解説しよう。デイリーアンケートには、「その日の出来事」を尋ねる記述欄のすぐ下に、その出来事が当日の「プロジェクトについての感情」に与えた影響を採点する項目がある。この数値から私たちはその出来事に対する反応の「大きさ」を測定した[24]（「極めてネガティブ」から「極めてポジティブ」までを一～七の数値で採点）。加えて、調査終了から約二週間後、自身の日誌の記述を時系列に並べた記録を参加者全員へ個別に送付した。そして各日々の出来事の記述欄の横に、プロジェクトが終わったいま、「この出来事がプロジェクト全体にどれほど影響を与えていたと思うか」を尋ねる質問を添えて採点を求めた（同じく一～七の数値で）。こうして私たちは各出来事の影響の「大きさ」を測定した。[25]これらの数値を分析すると、些細な出来事の二八パーセントが大きな反応を引き起こしたことが明らかになった。

創造性と感情（第三章）

インナーワークライフがパフォーマンスに影響を与える（第三章）という結論の裏付けとなる主な調査のひとつとして、私たちは創造性に対する感情の影響を検証した。[26]マルチレベル分析を用いて、感情の異なる三つの層が創造性の二つの指標にどう影響を与えるかを探った。感情の三つの層とは①デイリーアンケートの六つの自己採点を基にして判断された全体的にポジティブな気分、②デイリーアンケートにおける「その日の出来事」の記述を分類してコーダーが判定した全体的にポジティブな気分、③別のプログラム専門チームが日誌の記述から分類した喜び、愛、怒り、不安、悲しみといった具体的な感情だ。創造性の二つの指標は①「その日の出来事」の記述（つまり、参加者個人が何らかの発見をしたり、アイデアを思いついたり、機械的にではなく問題を解決したり、積極的に問題解決に取り組んだという証拠）から分類された創造的思考と、②チームリーダーやメンバーたちから月々の評価フォームで採点された当該人物の創造性だ。

全体的にポジティブな気分も喜びなどの感情も、当日のポジティブな創造性の予測材料となり、怒りや不安や悲しみといったネガティブな感情はすべてネガティブな創造性の予測材料となっていた。それから私たちは「翌日以降」への影響も検証した。もし感情が一日か二日後の創造性の判断材料となるのなら、インナーワークライフが創造性に影響を与えるものであり、人は問題を解決したり解決できなかったりして一喜一憂するだけではないのだという私たちの結論を支持するものになる。結果は私たちの結論通りだった。続く日々の気分を調査すると、全体的にポジティブな気分とされる二つの層は、翌日の創造性を予測する材料となることが明らかになった。そして自己採点から判定された全体的にポジティブな気分は、二日後の創造的思考を予測する材料にもなっているようだった[27]。

感情と創造性についての調査では、創造的思考を含む出来事が記された日誌に対しても定性分析を行い、創造性が喜びにつながるという逆の因果関係も明らかとなった。創造的思考とは進捗（あるいはパフォーマンス）の一形態である。この二つの結果を合わせて考えることで、インナーワークライフのひとつの要素（感情）がパフォーマンス（創造性）に影響を与え、パフォーマンスのひとつの要素（創造性）がインナーワークライフのひとつの要素（感情）に影響を与えること、つまり感情と創造性が共に進捗ループ（第三～五章）に影響を与えていることの証拠とした。

創造性、認識、そしてモチベーション（第三章）

収集したデータを活用した二つの研究が、仕事における創造性と職場に対する認識の関連性を裏付けている。一つめの研究では、「参加者が認識したチームリーダーからのサポート」に着目した（デイリーアンケートにおける三つの自己採点セクションを指標とした）。それらを分析した結果、チームリーダーからのサポートに対する認識は、月々のアンケートで周囲が評価する創造性を予測する大きな材料となることが分かった。[28]

二つめの研究では、回帰分析を用いて職場環境の様々な側面に対する認識を分析し創造性への影響を検証した。[29] 職場環境に対する認識はデイリーアンケートでの自己採点と、調査期間の開始時、中盤、終了時に三度行った職場環境についての長く詳細なＫＥＹＳ検査を基に割り出した。職場環境に対する認識は局地的なもの（たとえば仕事自体、チーム、チームリーダーに対する認識）から組織全体への認識といった広範なもの（たとえば上層部の創造性に対する取り組み）までを考慮した。創造性は、月々のメンバーからの評価、月々の自己評価、そして日々の日誌の記述の分類などから測定した。この一連の分析から、職場環境に対するいくつかのポジティブな認識がポジティブな創造性を予測する材料となり、いくつかのネガティブな認識がネガティブな判断材料となることが導き出された。

私たちはさらに内発的モチベーションと創造性の関係についても検証した。参加者のある一日の内発的モチベーションは、デイリーアンケートの複数の項目に対する回答を基に判断し、その内発的モチベーションが「その日の出来事」の記述から分類された創造的思考につながるものであるかどうかを調べた。その結果、内発的モチベーションは創造性に強く、大きく、ポジティブな影響を与えることが分かった。人は自らの仕事に対して高い内発的モチベーションを持っているとき、より創造的思考を発揮する可能性が高かった。

生産性とインナーワークライフ（第三章）

調査の参加者たちは豊かなインナーワークライフを示す日々の方が生産的になることが多かった。その効果はチームレベルでも現れていた。全体に、プロジェクトを通してメンバーのインナーワークライフが比較的ポジティブなものであった場合、チームはより生産的で、質の高い働きぶりを示し、プロジェクトも上手くいくことが多かった。

私たちは前出の創造性と感情についてと同様の方法で、感情から生産性を予測する調査を行った。生産性は日誌の記述から分類されたいくつかの出来事（たとえば進捗、問題解決、十分な時間やリソースの使用など）を基に判断した。感情の測定も前出と同じ方法を用いた。結果は創造性との関連性とほとんど同じで、唯一違うのは生産性への影響が主に当日に限られている点だった。翌日以降への波及効果はあまり見られなかった。当日への影響は強力なものだった。感情がポジティブであるほど生産性は高まり、感情がネガティブであるほど生産性は低下していた。

インナーワークライフの二つめの側面である「職場環境に対する認識」は数々の分析で生産性との関連が認められた。職場環境に対する認識は、デイリーアンケートでの自己採点や、調査期間の開始時、中盤、終了時に三度行った職場環境についての長く詳細なKEYS検査の採点を基に割り出した。生産性は、メンバーが月々のアンケートで評価する仕事の質、月々のアンケートで自身が採点する仕事の質、そしてデイリーアンケートで日々自己採点する仕事の質を基に判別した。職場に対する様々な認識が生産性を予測する材料となっていることを突き止めた。それらの認識には、チームリーダーからサポートを受け取ったという認識、チームからサポートされたという認識、仕事をチャレンジと捉える認識、仕事に対する自主性を得ているという認識などが含まれる。組織全体の環境も予測材料となっていた。組織風土が協力的でオープンだと生産性が増し、組織風土が政治的問題や保守性に満ちていると生産性が低下していた。

インナーワークライフの三つめの要素であるモチベーションと生産性についても同様の調査を行った。創造性と同様に、内発的モチベーションを測定するためにデイリーアンケートのいくつかの項目の自己採点を使用した。この内発的モチベーションが、日々の仕事の質に対する自己評価と月々の自己評価にポジティブな影響を与えていた。仕事の質に対するメンバーによる月々の評価の予測材料ともなっていたが、その結果は統計的に有意ではなかった。

仕事へのコミットメントとインナーワークライフ（第三章）

インナーワークライフの三要素が、月々のアンケートでメンバーたちが採点する仕事へのコミットメントを予測する材料となるかどうかも調査した。これまでの分析と同じく、デイリーアンケート（自己採点の数値データか「その日の出来事」の記述から分類した感情）からインナーワークライフを割り出した。職場環境に対する認識については、調査期間中に三度行った詳細な「ＫＥＹＳ」のアンケートも補足的データとして活用した。

分析からは、ポジティブな気分や特定のポジティブな感情は仕事に対するコミットメントの予測材料となることが明らかになった。さらに、職場環境に対する認識がポジティブなものであるほどコミットメントは高くなっていた。特に、自由裁量があり、仕事を前向きな挑戦だと考えるときや、チームリーダーから励ましを受けたと認識したときや、メンバーだけでなくマネジャーやチーム外の社員からサポートを受けたと認識したときや、社内の政治的争いや組織の厳しい評価法や現状維持の重視などの障害が少ないと感じるとき、コミットメントは高まっていた。そして、日々の内発的モチベーションもコミットメントの予測材料となっていた。

同僚性とインナーワークライフ（第三章）

この分析には、いま記した仕事へのコミットメントとインナーワークライフの関係性の調査と同じ方法を用いた。しかしここでは、仕事仲間が月々のアンケートで採点した当該人物のチームの結束に対する貢献度を基に「同僚性」を割り出した。この分析でインナーワークライフの各要素が同僚性の予測材料となることが分かった。結果はコミットメントと同様だった。ポジティブな感情や、高い内発的モチベーションや、仕事やチームや組織に対するポジティブな認識を持つほど、同僚性は高まっていた。

最良の日々と最悪の日々（第四〜七章）

最良の日々と最悪の日々の調査は、インナーワークライフに影響を与える三大要素（第四章）である進捗の法則、触媒ファクター、栄養ファクターの発見につながった。これらの調査は、インナーワークライフに影響を与える進捗と障害の力、つまり一番のファクターである「進捗の法則」を浮き彫りにするものだった。触媒ファクターと栄養ファクターは、影響力としてはそれぞれ二番目と三番目のファクターである（図4-1と図4-2を参照）。補足的な定性分析により、触媒ファクター（第六章）と栄養ファクター（第七章）の具体的な要素を特定することができた。

最良の日々と最悪の日々の分析目的はシンプルだ。どのようなタイプの出来事がポジティブなインナーワークライフを生み、ネガティブなインナーワークライフにつながるかを知りたかったため、私たちはどんなタイプの出来事がインナーワークライフ最良の日々と最悪の日々を最も大きく分ける要因となるのかを調べた。[30]

内発的モチベーション、喜び、愛、怒り、不安、悲しみ、全体的な気分というインナーワークライフの七つの要素について、最良の日々と最悪の日々に関する八つの分析を行った。最初の七つの分析はすべて同じ方法で行われ、最後の八つめ（インナーワークライフの要素のひとつ「全体的な気分」についての二度目の分析）は、検証用として別の方法で行われた。最初の七つを説明するために、ここでは「全体的な気分」を採り上げる。日誌を合計二十未満しか提出していなかった参加者は省き、全二三八名のうち二二一名を対象にした。その二二一名に対し、提出された日誌をもとに各人の日々の全体的な気分の平均値と標準偏差をそれぞれ算出した。そしてそれを各人の基準値とした。[31] 次に、私たちは日々日誌で報告されるインナーワークライフの特定の側面（今回は「全体的な気分」）について標準得点を算出した。[32] つまり、各人に対して、毎日、当日の全体的な気分が基準値からどれほど上下しているかを教えてくれる数値を算出していたというわけだ。

全二二一名分におよぶ全体的な気分の大量の数値から、最もポジティブな数値一〇〇〇個（気分が最良の日々）、最もネガティブな数値一〇〇〇個（気分が最悪の日々）、そして平均的な数値一〇〇〇個（比較用）を抽出した。その各一〇〇〇のサンプルから、ランダムに一〇〇の日々を選び出来事の分類を行った。無作為の抽出とはいっても、調査した個人とチーム全体をうまく映し出すように制限を加えはした。この各一〇〇の日々には少なくとも二六チーム中二五チームのデータと七五人の異なる参加者のデータが含まれるように考慮している。[33] こうして抽出された合計三〇〇の日誌の記述を、前述のプログラミングを使ってすべて出来事別に分類した。

分類が終わると、各サンプル（最良の日々、最悪の日々、平均的な日々）に起こる出来事のタイプ別発生頻度と割合を分析した。第四章で指摘したように、最良の日々においては、「進捗」が最もよく見られる出来事のタイプとして突出していた。そして最悪の日々では、出来事のタイプとして障害が突出していた。さらに、最良の日々と最悪の日々のあいだで「進捗と障害」の割合に最も大きな違いが見られ、その対照性はどんな二対の出来事よりも大きく、二つの日々を分ける最大の要素であることが分かった。

この結果は「全体的な気分」の分析だけに当てはまるものではなかった。インナーワークライフの他の六つの要素に対する分析でも「進捗と障害」が最良の日々と最悪の日々を分ける最大の要因だった。平均的な日々は、どの要素においても常に中間の値を示した。

最良の日々と最悪の日々の分析では二つの懸念が残った。一つめは、特定の参加者のサンプルが多く含まれすぎて、私たちの発見にはバイアスがかかっているのではないかという懸念。二つめは、最良の日々のサンプルとなった参加者たちが、何らかの点で最悪の日々や平均的な日々のサンプルとなった参加者と異なるのではないかという懸念だった。そこで八つめの最後の分析では、この二つの懸念を検証する分析を行った[34]。ここでも「全体的な気分」を例に挙げよう。この分析では、全二六チームから無作為に二名ずつ抽出して、彼らの気分が最良の日、最悪の日、平均的な日の出来事を分類した。最初の七つの調査と同様、各人の基準値を参考にして「最良の日」、「最悪の日」、「平均的な日」を判断した。同じ分類法が適用され、前七回と同じ担当者が分類を行った。結果は実質的に前七回と同一であり、サンプル抽出法の正当性が証明された。

進捗した日々と障害のあった日々の比較（第四章）

進捗の力に対する私たちの結論でもうひとつ大きな裏付けとなったのが、全一万一六三七の日誌のデータを使った研究だった。詳細な分類システムを使ってすべての日誌の記述を調査し、当日に一つかそれ以上の進捗を報告している日誌、一つかそれ以上の障害を報告している日誌、そしてどちらでもない日誌に分けた。それから進捗および障害と判断された出来事と、参加者がその日のアンケートに記したインナーワークライフの各要素に対する採点の関連性を調査した。表A-5に記した分析結果のまとめを見ると、進捗および障害がインナーワークライフの各要素の様々な側面に影響を与えていたことが分かる。

マネジャーたちへの調査（第五章）

進捗の法則を発見したあと、私たちはマネジャーたちが進捗の力を認識しているかどうかを探る調査を行った。[35] 様々な分野からの参加者を求め、各種のエグゼクティブ教育プログラムや一流のビジネススクールの卒業生たちから参加者を募り、六六九名をボランティアで集めることができた。彼ら参加者は世界中の多様な業界の様々な企業に属しており、チームリーダーからCEOまであらゆるレベルのマネジャーがいた。

表 A-5　進捗がない、あるいは障害を含む出来事があった日々との比較

インナーワークライフの要素	進捗を含む出来事があった日々	障害を含む出来事があった日々
感情	・全体的にポジティブな気分の増加 ・幸せの向上 ・フラストレーションの低下 ・不安の低下 ・悲しみの低下	・全体的にネガティブな気分の増加 ・幸せの低下 ・優しさ／愛／誇りの低下 ・フラストレーションの増加 ・不安の増加 ・悲しみの増加
モチベーション	・内発的モチベーションの向上（関心、楽しみ、チャレンジ、仕事に取り組むこと自体によって）	・内発的モチベーションの低下（関心、楽しみ、チャレンジ、仕事に取り組むこと自体によって） ・評価によってもモチベーションが上がらない
認識	・仕事を前向きな挑戦と見なす ・チームを相互協力的だと見なすようになる ・チームと上司との関係をポジティブに見る ・時間的プレッシャーの増加	・仕事を前向きな挑戦と見なせなくなる ・チームを相互協力的だと見なせなくなる ・上司が協力的でないと感じる ・仕事における自由がないと感じる ・仕事への十分なリソースがないと感じる

調査では社員のモチベーションと職場での感情に影響を与える五つの要素の重要性をランクづけすることを求めた。「優れた仕事に対する（公または私的な）評価」、「金銭的インセンティブ（給与、手当、ボーナス、その他の報奨）」、「対人的サポート（尊重、仲間意識、感情理解など）」、「明確な目標（ビジョン、優先順位など）」の四つの要素は、以前から知られるマネジメント上の常識だった。そして五つめの項目が進捗の法則を代表する「仕事の進捗をサポートすること（手助け、リソース、時間など）」だった（この項目は実際のアンケートでは上から四つめ、「対人的サポート」と「明確な目標」のあいだに置いた[36]）。

調査の結果、どれほど進捗がインナーワークライフに強く影響を与え得るかほとんどのマネジャーが気づいていないことが分かった。彼ら六六九名のマネジャーは「進捗のサポート」を動機づけの要素としては五つのうち五位にランクづけし、感情に対する影響では三位にランクづけした。代わりに、彼らは「優れた仕事に対する（公または私的な）評価」を社員を動機づけし幸せにする最も重要な要素に位置づけていた。社員を動機づける最も重要な要素として「進捗のサポート」を挙げたのは六六九名のうちわずか三五名（五パーセント）だった。

ネガティブな出来事はポジティブな出来事よりも強力（第五章）

第五章では、ネガティブな出来事の方がポジティブな出来事よりも基本的にインナーワークライフに対して強い影響を持つという発見を紹介している。この発見を提示する私たちの最初の研究では、すべてのデータを使ってマルチレベル分析を行い、二つの主要な出来事（進捗と障害）が二つの主要な感情（幸せとフラストレーション）に与える影響を検証した。この分析では因果関係の断定はできないものの、結果は大きな非対称性を示している。障害を含む出来事の方が進捗を含む出来事よりも幸せとフラストレーションのどちらに対しても強力な影響を与えていた。実際に、障害を含む出来事の「幸せ」に対するネガティブな影響は、進捗を含む出来事が「幸せ」に与えるポジティブな影響の二倍も強く、障害がフラストレーションを増加させる力は、進捗がフラストレーションを低下させる力の三倍も強かった。

二つめの調査では「些細な出来事」における非対称性を検証した。ここでは、些細な出来事がプロジェクトに対する感情に大きな影響を与えた日々だけに分析の焦点を絞った（些細な出来事についは先述の項目を参照）。対象となるデータ数は劇的に減り（一万一六三七のうち分析したのはわずか一六六六）、それゆえに結果は統計的に有意とは言い難いものの、同じ非対称性を確認することができた。障害を含む出来事の幸せに対する影響は、進捗を含む出来事の幸せに対する影響の三倍も強く[37]、障害のフラストレーションに対する影響は、進捗のフラストレーションに対する影響の約二倍強かった[38]。

三つめの調査は、インナーワークライフに対するチームリーダーの振る舞いの影響が、この非対称性の主な原因であるかどうかを見極めるために行った。一連のマルチレベル分析を行って、日誌に報告されたチームリーダーのポジティブ、ニュートラル、ネガティブな振る舞いと、インナーワークライフの各要素（認識、感情、モチベーション）の関連性を検証した（チームリーダーの振る舞いの分類法については、定性分析の第六段階のなかに記した）[39]。ネガティブなチームリーダーの振る舞いは、ポジティブな振る舞いやニュートラルな振る舞いよりもインナーワークライフの各要素を予測する大きな材料となり、モチベーションに対してはチームリーダーのネガティブな振る舞いだけが大きな予測材料となっていた[40]。影響の方向性は予想通りだ。チームリーダーのポジティブな振る舞いはポジティブな認識と感情を後押ししたものの、ネガティブな認識と感情に対する影響力は弱かった。ネガティブな振る舞いはネガティブなモチベーションや、ポジティブな認識と感情への影響力は弱いが、ネガティブな認識と感情を大きく後押しした。

最後に、デイリーアンケートで報告された出来事に対する感情の自己採点がネガティブなものであるほど、その出来事に対する記述が長くなる傾向にあることも突き止めた[41]。

時間的プレッシャーの効果（第六章）

初めのうち、私たちは時間的プレッシャーのタイプを考慮せず、その創造性への全体的な影響を調査していた。回帰分析を行い、概して日誌で報告される時間的プレッシャーが厳しいほど、その日に創造的思考を発揮する確率が低くなっていた[42]。これは時間的プレッシャーのある日には仕事に当てられる時間が少なくなるからではなかった。実際、時間的プレッシャーが増すと仕事の時間が増えていた。時間的プレッシャーの創造性に対するネガティブな効果は、翌日や翌々日にも残っていた[43]。

しかしながら、第六章で指摘したように、重要なのは時間的プレッシャーの「種類」だ。私たちは時間的プレッシャーが厳しい時と緩やかな時の作業のタイプ、その時間的プレッシャーの背景、そして日誌の記述に創造的思考を含む出来事が記されているかどうかを調査することで、この問題をより深く掘り下げていった。この調査に向けて、デイリーアンケートの冒頭のセクションにある「今日行った仕事」の簡潔な記述を分類した。

この分類の目的は、特定の一日に参加者が行っていた作業の数、共に作業したメンバーの数、当日の集中度、出席したミーティングの数と種類などを知ることだった。それから全一万一六三七の日誌データから一〇〇日のサンプルを四つ無作為に抽出した。四つのサンプルはまったく異なる日々を表すものだ。①かなり厳しい時間的プレッシャーのなかで創造的思考が発揮された日々（全データのなかでも一〇〇日ほどしかなかった）、②かなり厳しい時間的プレッシャーのなかで創造的思考が発揮されなかった日々（数多くの日々が該当した）、③時間的プレッシャーが極めて低く、創造的思考が発揮された日々、そして④時間的プレッシャーが極めて低く、創造的思考が発揮されなかった日々だ[44]。時間的プレッシャーが極めて低い状況は稀なことだったが、③と④も一〇〇日以上発生していた。

私たちはそれから四つのサンプルの四〇〇の日誌の記述を分類し（担当者は複数いたがコーダー間の一致率は保った）、各サンプルに共通して見られるパターンと、サンプル間で異なるパターンを検証した。この調査が、創造的な生産に影響を与える時間的プレッシャーの種類分けにつながった。

第六章で指摘したように、最も一般的な「ランニングマシンに乗せられた」ような厳しい時間的プレッシャーのなかでは創造性が低下するが、稀に厳しい時間的プレッシャーのもとで創造的な仕事を生み出す「使命を帯びた」状態になることがある。しかしながら、創造性は時間的プレッシャーの低い「探検に出かけた」状態のときの方が花咲く可能性が高かった。時間的プレッシャーが低いとき例外的に「自動操縦」の状態になることがあり、あらゆる種類の生産性や創造性にネガティブな影響をもたらす。[45]

チームリーダーの振る舞い（第六〜七章）

インナーワークライフのひとつの側面である「マネジャーからのサポートの認識」に対してマネジャーの特定の行動がどのように影響を与えるかを探るべく調査を行った。日誌のなかで最も頻繁に言及されるマネジャーがチームリーダーであったため、彼らに焦点を当てた。チームリーダー以外のすべての参加者の日誌の記述からチームリーダーの振る舞いをすべて抽出し、それらの振る舞いと、チームリーダーからのサポートの認識の関係性を分析した。[46]私たちは、ある種の触媒ファクター（あるいは阻害ファクター）や、ある種の栄養ファクター（あるいは毒素ファクター）がチームリーダーからのサポートの認識に大きく影響することを突き止めた。

局地的な環境の力（第六～八章）

全二六チームの大半で、局地的な職場環境（チームリーダー、チーム、そして仕事そのものから作り出される環境）と広範な組織の職場環境（他の社員や経営陣から作り出される環境）にはかなりの類似性があった。しかしながら、六つのチームには、二つの環境に不一致が見られた。そのうちの三つのチームでは、組織の環境の方がチームの環境よりも遥かに良好だった（これらのチームは本書で紹介していない）。残り三つのチームは、局地的な環境の方が組織の環境よりも遥かに良好だった。このうちの二つのチーム、ホテルデータ社のインフォスイート・チームとクルーガー＝バーン・ケミカルズ社のニューポリー・チームは、本書で紹介している。

全二六チームの分析を通して、私たちは局地的な環境と組織的な環境が一致していないとき、どちらの方がインナーワークライフに大きな影響を与えるのかを検証した。結果は驚くべきものだった。局地的な環境と組織的な環境の要素を含めて日々の気分を分析すると、局地的な環境だけが大きな影響を与えていた。別の分析で日々の内発的モチベーションを分析すると、ここでも局地的な環境だけが大きな影響を与えていた[47]。私たちはこの結果から、組織の環境は人のインナーワークライフに重要な形で影響を与えるものの、その影響の多くは間接的なもので、日々の仕事やチームやチームリーダーといった身近な体験によるフィルターがかかるのではないかと解釈している。

結論

本調査を行うにあたり、私たちには大きな目標がひとつあった。私たちはインナーワークライフ、インナーワークライフに影響を与える出来事、およびパフォーマンスだけでなく、人に対するインナーワークライフの影響の理解を目指していた。本書の執筆にあたっての目標は、私たちの発見と、その発見の意味と、その発見の具体的な活用法を読者に伝えることだった。その目標が達成されていることを願う。

謝辞

本書は進捗をサポートし、優れたインナーワークライフを享受するための本だ。調査と執筆中に私たちの進捗を助け、インナーワークライフを豊かにしてくれた多くの人びとに感謝する。ここでは主な人びとを挙げることしかできないが、何よりもまず調査参加者の方々に礼を述べたい。私たちを受け入れてくれた各企業、そして何週間も何か月も快く日誌を記入する時間（だけでなく他のアンケートや私たちとのミーティングの時間）を割いてくれた数百人もの社員の方々がいなければ、本書で紹介した発見の数々は存在していなかっただろう。情報の保護を約束しているため、彼らの名前を記すことはしない。しかし当の参加者の方々はお分かりになるだろうし、私たちが心から感謝していることもお分かりのことだろう。

ハーバード・ビジネススクールの学部長キム・クラークとジェイ・ライトによる励ましと、同校のリサーチ&ファカルティ・ディベロプメント部門の数年におよぶ寛大なサポートがなければ、私たちの研究と本書は実現しなかった。ハーバード・ビジネススクールのリサーチ・コンピューティング・サービスとベーカー・リサーチ・サービスは、調査設計、データベース制作、プログラムのコーディング、企業の情報収集、そして統計分析に関して多大なる助けとなった。特にキャサリン・コデガ、サラ・エリクセン、ロビン・ヘラー、ディェット・ロウ、ビル・シンプソン、デビー・ストラムスキー、ジェシカ・トバイアソン、トニ・ウェグナー、そしてサラ・ウルバートンに感謝する。テレサ・アマビールが所属するハーバード・ビジネススクールのアシスタントたち、特にニコール・ダットンとジョイス・マジェウスキは調査文献の整理に大きく協力してくれた。私たちが定性分析に大いに活用したソフトウェア「QDA Miner」を制作したプロヴァリス・リサーチのノーマンド・ペラドゥーは、ソフトウェア強化の要請にも気前よく応えてくれた。

職場の仲間たちや研究を共にした同僚たちにも感謝している。ある夏に博士号を持つリサーチ・アシスタントとしてやって来たジェニファー・ミューラーは、やがてこの数年におよぶ研究のかけがえのない仕事仲間かつ共同研究者となった。コニー・ハドリーも、博士課程在籍の学生としてやって来て、共同研究者かつ長期間の協力者となった。調査の最初期には、賢明なる助言や、調査対象者の募集とデータ収集の支援、そして尽きることのない励ましを複数の専門家たちから頂いた。キャンディス・クック、メル・マーシュ、リン・ミラー、ポール・オドミロク、チェリー・パターソン、ジョン・ライナース、トム・ヴイチックらは「ＩＲＧチーム」ミーティングの歳月を通して知り合いからやがて親しい友人となった（なかには共同研究者となった方々さえいる）。私たちはまた、学部の優れた同僚であるシーガル・バーセイド、ジョヴァンニ・モネタ、そしてバリー・ストウの力を幸運にも借りることができた。さらに私たちは数々の研究員にも助けられ、そのうちの数人は出版された研究論文の調査かケーススタディ、あるいはその両方の貴重な協力者となった。本調査への彼らの献身的な働きだけでなく、創造的な貢献に感謝している。協力してくれた時期の早い順に名前を挙げておこう。ディーン・ホイットニー、ジェレマイア・ワインストック、メレニー・パケッテ、スーザン・アーシャンボルド、デビー・シーゲル、ラシーア・ウィリアムズ、タリア・グロッサー、ダニエレ・フートニック、エリザベス・シャツェル、レウ・リヴィン＝タランダ、ヤナ・リトフスキー、そしてジュリアナ・ピレマーだ。

本書に向けた調査と執筆に取り組むにあたっては、素晴らしい仕事仲間や友人たちからの非常に有益な考察や助言を得ることができた。本人に自覚はないかもしれないが、リチャード・ハックマンは数年前にテレサが行った講演で示唆的な問いを投げかけて今回の研究が進み出すきっかけを作ってくれた。本研究のプランニング期間における彼の助言、そしてジョン・プラット、ボブ・ローゼンタール、アーサー・シュライファーの助言は極めて大きな助けとなった。データと格闘し、理解できるほどの大きさに噛み砕いていくにあたっては、職場の仲間たちであるジェイ・ブリネガー、エイミー・エドモンドソン、ロビン・エリー、ドロシー・レオノルド、レスリー・パーロウ、そしてスコット・スヌックからの専門的な知見を得た。調査から結果を導き出し、その意味を解釈するにあたっては、いくつかの学術的な会合での刺激的なやり取りが私たちの研究の大きな助けとなった。ハーバード・ビジネススクールＡＲＧリサーチ・グループ、ＱＵＩＥＴグループ、起業マネジメントセミナー、ハーバード・ソーシャル・サイコロジーのランチシリーズ、ＮＢＥＲ「新しいアイデアに関する新しいアイデア」カンファレンス、MIT、スタンフォード大学、イェール大学、シカゴ大学、ミネソタ大学、ロンドン・ビジネス・スクール、ミシガン大学、カリフォルニア大学（バークレー校）、ラトガース大学、ワシントン大学セントルイス、ボストンカレッジでの講義などだ。ハーバード・ビジネススクールや世界中のエグゼクティブや社員たちを対象に私たちのアイデアを検証し、そこからも多くの知見を得ることができた。

原稿の執筆を進めるにあたっては、アンディ・ブラウン、キャンディス・クック、コニー・ハドリー、ホセア・クレイマー、ミケーレ・リゴリッツォ、キャロライン・アマビール・ロス、リチャード・シーマン、ウォルター・スワップ、マージョリー・ウィリアムス、そしてハーバード・ビジネススクールのブック・セミナーで貴重なフィードバックや助言を頂いた。こうした方々のサポートに加え、調査や執筆の最も苦しい期間中に私たちを励ましてくれた家族や友人たちからも後押しされた。

バーバラ・フェインバーグは、この本を形にするべく何日も私たちと話し合い、アイデアを促し、それらのアイデアをまとめたり疑問を投げかけるメモを記し、私たちの草稿を読み、改善点を指摘してくれた。彼女の洞察力、励まし、そして友情に深く感謝する。作家であり優れた書き手でもある才能豊かな編集者コニー・ヘイルにも、本書の仕上げを導いてくれたことに心から感謝を申し上げる。

最後に、ハーバード・ビジネス・レビュー・プレスの方々に感謝を述べたい。本書のシニア・プロダクション・エディターのアリソン・ピーターは、確かな腕ですべてをまとめあげてくれ、コピー・エディターのモニカ・ジェインスチッグも自身の並外れた力を貸してくれた。そして何より、私たちの編集者メリンダ・メリノに深く感謝している。彼女は、わずかな情報から本研究が有望なものだと考え、まだデータ収集が進行中の時期から声をかけてくれた。メリンダの尽きることない関心と、刺激的なアイデアと、不断のサポートに感謝する。

38. 進捗の効果は統計的に有意ではなかった。障害の効果は危険率 5% ではなく 10% で有意差が認められた。

39. ユクル、ウォール、レプシンガーによるマネジャー実態調査（MPS）に基づき調査を行った（"Preliminary Report on Validation of the Managerial Practices Survey"）。私たちは、この MPS の 14 カテゴリーに対し、それぞれポジティブ、ネガティブ、ニュートラルな形態を加えて一歩先へ進めた。さらに「その他」という 15 個目のカテゴリーを作り、どのカテゴリーにも当てはまらないチームリーダーの振る舞いをまとめた。

40. チームリーダーのネガティブな振る舞いの複数が、認識、感情、内発的モチベーションを含めたインナーワークライフの 16 の要素に大きな影響を与えていた。チームリーダーのポジティブな振る舞いの複数は、インナーワークライフの 9 つの要素にしか影響を与えていなかった。9 つの要素には認識と感情が含まれるが、モチベーションは含まれていない。同様に、ニュートラルなチームリーダーの振る舞いも、インナーワークライフの 9 つの要素しか予測できなかった。この 9 つにも認識と感情が含まれるが、モチベーションは含まれていない。

41. 私たちは出来事を記述する文字数と、その出来事が自分の感情に与える影響についての 7 段階採点の相関関係を比較した。危険率は 1% で相関関係は 22% だった。

42 T. M. Amabile, J. S. Mueller, W. B. Simpson, C. M. Hadley, S. J. Kramer, and L. Fleming, "Time Pressure and Creativity in Organizations: A Longitudinal Field Study," working paper 02-073, Harvard Business School, Boston, 2002.

43. この時間差の効果は大きい。たとえば、平均から 1 標準偏差離れた厳しい時間的プレッシャーを受けたとき、翌日に創造的思考が発揮される可能性が 19% 低下していた。

44. 7 段階の採点における 6 と 7 を「極めて厳しい」時間的プレッシャーとし、1 と 2 を「極めて緩やかな」時間的プレッシャーとした。

45. T. M. Amabile, C. N. Hadley, and S. T. Kramer, "Creativity Under the Gun," *Harvard Business Review*, August 2002, 52–61.

46. Amabile et al., "Leader Behaviors and the Work Environment for Creativity."

47. これらの分析において、職場環境を表す要素はすべて各参加者に対して三度行われた KEYS 検査（調査開始時、中盤、終了時）に基づいている。三度の検査結果はまとめて扱った。局地的環境を示す要素は KEYS 検査の 3 つの項目（「上司からの励まし」、「グループのサポート」、「[ポジティブな] チャレンジ」）を踏まえて測定した。組織の環境を示す要素は、KEYS 検査の 2 つの項目（「組織による励まし」、「組織からの妨害」）を踏まえて測定した。気分と内発的モチベーションの数値については、デイリーアンケートの各項目の採点から算出した。

23. インナーワークライフのこうした数値については注に何度も記している。しかしながら、ことあるごとに注記を付すと熱心な読者ですら飽きてしまうと考え、注を省いていることも多い。

24. この1～7の採点において、両端の数値（下から2つと上から2つ）を「大きな」影響と見なし、真ん中の3つの数値を「小さな」影響と見なした。

25. この測定は、以下の方法で正当性を検証した。
デイリーアンケート内の「その日の出来事」の記述欄の下に、その出来事がプロジェクト全体にどれほど影響を与えたと思うか採点を求める項目を置いた。この当日の自己採点結果は、それから数週間（ときに数か月）が経った調査終了後に私たちが事後的に行った実際の影響の判定と大きな相関性（66%）を示した。

26. T. M. Amabile, S. G. Barsade, J. S. Mueller, and B. M. Staw, "Affect and Creativity at Work," *Administrative Science Quarterly* 50 (2005): 367–403.

27. 後者の影響は有意傾向にある（危険率10%）。

28. Amabile et al., "Leader Behaviors and the Work Environment for Creativity."

29. この分析や大半の回帰分析におけるコントロール変数は次の通り。性別、年齢、在職期間、教育レベル、認知スタイル（KAI)、人格（NEOの開放性項目）、内発的モチベーションに対する志向性（WPIの内発的モチベーション項目)、そしてチームサイズ。

30. この調査は定性分析に関するボヤツィスの論文に基づいている（R. E. Boyatzis, *Transforming Qualitative Information: Thematic Analysis and Code Development* [Thousand Oaks, CA: Sage Publications, 1998]）。彼は定性データのすべてのサンプルに現れる出来事を分析して体系化し、理論的一貫性を見いだすべきだと主張している。その後、ある結果に対して最も重要な影響を与えた出来事を特定するために、対極のサンプル内での頻度を比較すればよいという。私たちはこの手順に従った。

31. このインナーワークライフの7要素に対しては数値的評価を行っていたため、数値的な算出が可能だった。内発的モチベーションと全体的な気分についてはデイリーアンケートで自己採点をしてもらった。その他の特定の感情は、各人が日誌で記述した感情についての自己採点に基づく。

32. z得点（平均が0、標準偏差が1)。

33. 私たちが最初に行った内発的モチベーションに関する調査では、サンプルの数が異なる。そこではサンプルを100ずつではなく300ずつ抽出した。分類にかなりの時間を要することが分かったため、サンプルのサイズを100に減らすことに決めた。

34. この調査を提案してくれた研究仲間であるラマナ・ナンダおよびマサチューセッツ工科大学スローン経営大学院のメンバーたちに感謝する。

35. T. M. Amabile and S. J. Kramer, "What Really Motivates Workers," *Harvard Business Review*, January 2010, 44–45.

36. 私たちは「社員のモチベーションに影響を与え得るファクター」、「社員のモチベーションに影響を与えるためにマネジャーが使えるツール」、「社員の感情に影響を与え得るファクター」、「社員の感情に影響を与えるためにマネジャーが使えるツール」という4通りで質問をした。4つの質問を尋ねる順番もバランスを取ったが、結果に質問の順番は関係がないことが分かった。さらに、「ファクター」と尋ねようが、「ツール」と尋ねようが、結果は同じだった。

37. 進捗の効果は危険率5%ではなく10%で有意差が認められた。

14. ここでも、データの一致率は 70% 以上を示し、抽出するデータの一貫性が確認できた。このシステム構築の大半を行ってくれたエリザベス・シャツェルに感謝する。ヤナ・リトフスキーも力を貸してくれた。
15. 私たちはインナーワークライフ、職場での出来事、全 26 チームに見られた結果を代表して包括的に提示するために、各 7 企業から少なくとも 1 チームを含む 14 チームを選出した。要件を満たすチームのなかから、メンバーたちが出来事を豊富かつ明確に記述していたチームを選んだ。
16. 研究助手のヤナ・リトフスキーは、この研究会の土台となるデータの準備と研究会への参加で多大なる貢献を果たしてくれた。
17. 他のチームとはインフォスイート、ビジョン、イクイップ、フォーカス、そしてニューポリー・チーム。
18. 先行研究とはユクル、ウォール、レプシンガーによるマネジャー実態調査（MPS）を指す (G. A. Yukl, S. Wall, and R. Lepsinger, "Preliminary Report on Validation of the Managerial Practices Survey," in *Measures of Leadership*, eds. K. E. Clark and M. B. Clark [Greensboro, NC: Center for Creative Leadership, 1990], 223–237)。私たちは、この MPS の 14 カテゴリーに対し、それぞれポジティブ、ネガティブ、ニュートラルな形態を加えて一歩先へ進めた。さらに「その他」という 15 個目のカテゴリーを作り、どのカテゴリーにも当てはまらないチームリーダーの振る舞いをまとめた。MPS を検証し、私たちの調査へどの程度適用可能かを見極め、リーダーの振る舞いを分類してくれたエリザベス・シャツェルに感謝する。本書に先立って行われたリーダーの振る舞いに対する分析は以下で報告している。T. M. Amabile, E. A. Schatzel, G. B. Moneta, and S. T. Kramer, "Leader Behaviors and the Work Environment for Creativity: Perceived Leader Support, *Leadership Quarterly* 15 (2004): 5–32.
19. この分類プログラムを作成し、助手たちに教え、実施を監督してくれたシーガル・バーセイドに感謝する。助手たちは実施にあたり、誰が分類しても一貫した結果となるまで日誌のサンプルを使ってシステムに磨きをかけた。彼らはその後個別に全 1 万 1637 の日誌の記述を様々な項目に分類していった。
20. 数々の統計分析と分析結果の整理を手助けしてくれた多数の協力者や助手たちに感謝する。特に、ジェニファー・ミューラー、ジョヴァンニ・モネタ、エリザベス・シャツェル、ヤナ・リトフスキーの名前を挙げたい。ハーバード・ビジネススクールのリサーチ・コンピューティング・センターのスタッフたちも、多くの分析でかけがえのないサポートを提供してくれた。特にデイエット・ロウ、デビー・ストラムスキー、ビル・シンプソン、トニ・ウェグナーには感謝を表す。
21. 結果変数が連続変数か二分変数（yes/no）かに応じて用いる回帰分析を決めた。マルチレベルモデルでは、各人の日々 / 月々の反応を第一層、参加者を第二層、チームを第三層とした私たちは、個人に対するランダム効果とチームに対する固定効果が入る混合モデルを採用した (S. W. Raudenbush and A. S. Bryk, *Hierarchical Linear Models: Applications and Data Analysis Methods* [Thousand Oaks, CA: Sage Publications, 2002])。分析に SAS ソフトウェア・バージョン 9.1PROC MIXED を使用した (Cary, NC: SAS Institute, 2003)。分析では各人に対する反復測定と自己相関（当日のデータが前日のデータと相関する傾向）が考慮されている。
22. 時間差分析によるデータの注記：データは休暇、祝日、病欠、その他の無回答の日々を挟み月曜から金曜までしか集めていないため、「前日」とは実際の「前の日」ではなく、「前回の勤務日」を指す場合がある。しかしながら、現実には実際の前日を指す場合が大半で、自己相関を考慮した。

3. この貴重で実りあるコラボレーションについては以下に詳しく記している：T. M. Amabile, C. Patterson, J. S. Mueller, T. Wojcik, P. Odomirok, M. Marsh, and S. Kramer, "Academic Practitioner Collaboration in Management Research: A Case of Cross-Profession Collaboration," *Academy of Management Journal* 44 (2001): 418–431.
4. スーザン・アーシャンボルト、メレニー・パケッテ、ジェレマイア・ワインストック、ディーン・ホイットニーら優れた研究助手たちも参加者への連絡やデータ収集に関与した。
5. このデータ収集法については、リアルタイムに起こる心理的経験を理解することを目的とした先行研究から着想を得た（参照：M. Csikszentmihalyi and I. S. Csikszentmihalyi, eds. *Optimal Experience: Psychological Studies of Flow in Consciousness* [Cambridge: Cambridge University Press, 1998]; and M. Csikszentmihalyi and R. Larson, "Validity and Reliability of the Experience Sampling Method," *Journal of Nervous and Mental Disorders* 175 [1987]: 526–536.)。
6. 各人の休暇や病気欠勤も考慮に入れている。休暇や欠勤日の未回答分は回答率に含んでいない。
7. チームに対するプレゼンテーションに引用したいと考えていた日誌の記入者には、あらかじめ連絡を取って許可を得た。
8. 調査期間を通じて、私たちは上層部に対して参加者各人やどのチームのデータかが特定できるような情報は一切伝えなかった。ある企業はひとつのチームしか参加しておらず、チームや個人の情報を保護することが不可能だと判断したため上層部との最終ミーティングは行わなかった。
9. 私たちの友人であり仕事仲間であるバーバラ・フェインバーグに感謝したい。彼女は私たちがインナーワークライフという概念や仕事と進捗の関係性を肉づけするにあたって大きな助けとなった。
10. T. M. Amabile, J. S. Mueller, and S. M. Archambault, "Coding Manual for the DENA Coding Scheme (Detailed Event Narrative Analysis)," working paper 03-071, Harvard Business School, Boston, 2003; and T. M. Amabile, J. S. Mueller, and S. M. Archambault, "DENA Coding Scheme (Detailed Event Narrative Analysis)," working paper 03-080, Harvard Business School, Boston, 2003.
11. この DENA のシステム開発にあたっては、友人であり仕事仲間であるジェニファー・ミューラーに大きな力添えをもらった。彼女は研究助手たちにシステムを教え、何か月にもわたる開発のあいだ、各助手たちが導き出すデータの信頼性を検証し続けてくれた（開発は一年にもおよんだ）。助手たちは実施にあたり、誰が分類しても一貫した結果となるまで日誌のサンプルを使ってシステムに磨きをかけた。彼らはその後個別に全 1 万 1637 の日誌の記述を様々な項目に分類していった。数か月にわたるプログラム作成のあいだ、抽出されるデータの信頼性が高いレベルに保たれているか定期的にチェックを行った。DENA の主なコーディングを担当したスーザン・アーシャンボルト、タリア・グロッサー、ジェニファー・ミューラー、デビー・シーゲル、ラシーア・ウィリアムズに感謝を表したい。
12. 大半の項目において、システム担当者間のデータの一致率は 70% 以上を示し、抽出するデータの一貫性が確認できた（コーエンのカッパ係数）。
13. 本書全体において、私たちが語る「出来事」に対する結論は、対象となっている当日に起きた具体的な出来事を基にしている。しかし、認識や感情についての結論は具体的な出来事に結びついたものだけには限らない。

Making, 7th ed. (New York: John Wiley and Sons, Inc., 2008) [マックス・ベイザーマン、ドン・ムーア『行動意思決定論――バイアスの罠』(長瀬勝彦訳、白桃書房、2011 年)]。

6. この日のルースの内発的モチベーションは彼女の自己採点の平均値から +1.62 標準偏差にあった。
7. マネジャーにとっての見返りはインナーワークライフだけに留まらない。ロブ・クロスと彼の研究チームは、仕事仲間にエネルギー(あるいはモチベーション)を与えることの多い社員の方が、周囲の「エネルギーを削ぐ」ような社員に比べてパフォーマンスに対して高い評価を得て、昇進も早く、創造性を発揮することを立証してきた (R. Cross and A. Parker, *The Hidden Power of Social Networks: Understanding How Work Really Gets Done in Organizations* [Boston: Harvard Business School Press, 2004])。
8. 5 月 20 日のマーシャの気分は彼女の自己採点の平均値から -2.13 標準偏差にあったものの、5 月 21 日の気分は +0.43 標準偏差にあった。

終章　マネジャー自身のインナーワークライフ

1. W. George and A. N. McLean, "Anne Mulcahy: Leading Xerox Through the Perfect Storm," *Case* 9-405-050 (Boston: Harvard Business School, 2005), 11.
2. Ibid., 10.
3. チームリーダーたちの調査については、インナーワークライフに対する影響を調査する際に用いたのと同じ定性分析を行った。調査した各 7 企業の少なくとも 1 名のチームリーダーに焦点を当てた。合計で 10 チーム 13 人のチームリーダーの日誌を分析した。
4. もしあるとしたら何をこの調査から得たかという質問の自由回答欄では、33% の参加者が自発的に「自分に対する認識を得た」と回答した。

コラム　健康のために書き記す

1. テキサス大学の心理学者ジェームズ・ペンベイカーは、感情を書き記すことの利点に関する研究のパイオニアだ。(e.g., J. W. Pennebaker and S. Beall, "Confronting a Traumatic Event: Toward an Understanding of Inhibition and Disease," *Journal of Abnormal Psychology* 95 [1986]: 274–281).
2. L. A. King, "The Health Benefits of Writing About Life Goals," *Personality and Social Psychology Bulletin* 27 (2001): 798–807.
3. この研究の詳細は J. M. Smyth, "Written Emotional Expression: Effect Sizes, Outcome Types, and Moderating Variables," *Journal of Consulting and Clinical Psychology* 66 (1998): 174–184.

付録　1 万 2000 の日誌調査について

1. この付録作成にあたり大いなるサポートをしてくれたヤナ・リトフスキーに深く感謝する。彼女は差し替える個人情報の作成、実際の差し替え、そしてここで紹介する分析の多くの実施やまとめにも協力してくれた。
2. 私たちの調査法の長所と短所のいくつかは以下に記している : T. M. Amabile and S. J. Kramer, "Meeting the Challenges of a Person-Centric Work Psychology," *Industrial and Organizational Psychology* 4 (2011): 116–121。

ついた。前進するのはかなり難しくペースも遅かったため、氷が岸に流れ着くのを待てばいいのではないかと提案する船員もいた。シャクルトンの答えは、前進しようと試みることだった。「船員全体にとって、たとえ前進が遅いものであろうと、陸地へと向かっているのだと感じる方が、ただ座って遅い北西の流れが私たちをこの氷の荒れ地から救い出してくれるのを待つよりは遥かにいいだろう」(Perkins et al., Leading at the Edge)。彼らは結局歩みを止めざるを得なくなるが、シャクルトンは最終的に救助されるまで船員たちをリードし続けた。

25. R. K. Greenleaf, *The Power of Servant Leadership: Essays* (San Francisco: Berrett-Koehler, 1998) [ロバート・K・グリーンリーフ『サーバントであれ――奉仕して導く、リーダーの生き方』(野津智子訳、英治出版、2016 年)];M. J. Neubert, D. S. Carlson, J. A. Roberts, K. M. Kacmar, and L. B. Chonko, "Regulatory Focus as a Mediator of the Influence of Initiating Structure and Servant Leadership on Employee Behavior," *Journal of Applied Psychology* 93 (2008): 1220–1233; F. Jaramillo, D. B. Grisaffe, L. B. Chonko, and J. A. Roberts, "Examining the Impact of Servant Leadership on Sales Force Performance," *Journal of Personal Selling & Sales Management* 29 (2009): 257–275.
26. P. F. Drucker, *The Essential Drucker: The Best of Sixty Years of Peter Drucker's Essential Writings on Management* (New York: Harper Collins, 2005), 81. [P・F・ドラッカー『明日を支配するもの――21 世紀のマネジメント革命』(上田惇生訳、ダイヤモンド社、1999 年) 24 頁].

コラム　栄養ファクターにおけるチームリーダーの特別な役割

1. 第 6 章で、私たちはチームリーダーのような局地的なマネジャーが、触媒ファクターを通して部下のインナーワークライフに対して上層部よりも強い影響を与え得ることを指摘した。同じことは栄養ファクターにも言える。ここでは、人をサポートする栄養ファクターとしての行動をリストにした。仕事をサポートする触媒ファクターとしての行動は第 6 章に記した。

第 8 章　進捗チェックリスト

1. 調査した全 26 チームのうち、ニューポリー・チームは自分たちの仕事が前向きな挑戦であるかどうかについて、最も高い自己採点をつけていた。
2. 少なくとも前提として、私たちの調査するチームリーダーたちは全員チームと一緒に毎日プロジェクトに取り組むことになっていた。調査するチームの選抜にはいくつかの基準を設けていた(付録参照)。その基準のひとつが、チームリーダーはフルタイムでチームのプロジェクトに参加しなければならないというものだった。
3. 模範的なリーダーには、本書で紹介した複数の人物が含まれる。オライリーの部門責任者マーク・ハミルトン、オライリーのビジョン・チームのデイヴ、インフォスイート・チームの共同リーダーであるルースとハリー、そしてニューポリー・チームのリーダーであるグラハムだ。
4. A. Gawande, *The Checklist Manifesto: How to Get Things Right* (New York: Metropolitan Books, 2009) [アトゥール・ガワンデ『アナタはなぜチェックリストを使わないのか?』(吉田竜訳、晋遊舎、2011 年)].
5. 結論を引き出したり意思決定を行うにあたって規律あるアプローチを持たない限り、どんな人間もある種の認知バイアスやミスに陥る。こうしたバイアスやミスがマネジャーに与える影響についての優れた考察は以下を参照:M. Bazerman and D. Moore, *Judgment in Managerial Decision*

違いを理解し認め合うサポートをしてもいい。または、問題解決スタイルが中間に位置するひとりか複数のメンバーが、両極端のスタイルを持つ2人の「橋渡し」役となり、両者のコミュニケーションを仲立ちすることもできる。フォーカス・チームでは、ドナルドがロイとバーバラの中間にあたるスタイルを持っていたため、橋渡し役を担える存在だった。しかし残念なことに、彼は会社にやって来たばかりだったため、橋渡し役として機能する下地ができていなかった。もしメンバー間の顕著なスタイルの違いが有効に管理されなかったら、破滅的な個人間の衝突がチームの仕事を妨げることになる(Kirton, "Adaptors and Innovators," and Kirton, "Adaptors and Innovators in Organizations.")。

15. たとえば、3月17日、ダスティンの内発的モチベーションは彼の自己採点の平均値から -1 標準偏差の範囲にあり、気分は自己採点の平均分布の下から4分の1の範囲内に位置していた。
16. 「調和性」は、私たちが使用したテストが測定する人格の5つの側面のうちのひとつだ(P. T. Costa and R. R. McCrae, *NEO-PI-R: Professional Manual* [Odessa, FL: Psychological Assessment Resources, 1992])。調和性には、その人の信頼に対する考え方や、他人への善意や、表現の率直さや、他人の幸せに対する能動的な配慮や、個人間の衝突に合わせた反応や、達成に対して謙虚でいる傾向や、他人への共感の姿勢などが含まれる。
17. 信頼の回復は信頼の構築よりも難しい。さらに、信頼の回復にはポジティブな認識の再構築だけでなく、まずはネガティブな認識の払拭が必要になる(P. H. Kim, D. L. Ferrin, C. D. Cooper, and K. T. Dirks, "Removing the Shadow of Suspicion: The Effects of Apology vs. Denial for Repairing Ability vs. Integrity-Based Trust Violations," *Journal of Applied Psychology* 89 (2004): 104–118.)。
18. 調査した26チームのうち、5チームに2人の共同リーダーがいた。
19. これは26チームに共通して見られるパターンだった。
20. C.-Y. Chen, J. Sanchez-Burkes, and F. Lee, "Connecting the Dots Within: Creative Performance and Identity Integration," *Psychological Science* 19 (2008): 1178–1184.
21. この日のヘレンの気分は彼女の自己採点の平均値から +2 標準偏差の範囲にあった。
22. シャクルトンのリーダーシップについての情報は以下を参考にした。M. Morrell and S. C. Capparell, *Shackleton's Way: Leadership Lessons from the Great Antarctic Explorer* (New York: Viking, 2001) [マーゴ・モレル、ステファニー・キャパレル『史上最強のリーダー シャクルトン――絶望の淵に立っても決してあきらめない』(高遠裕子訳、PHP研究所、2001年)]; D. Perkins, M. Holtman, P. Kessler, and C. McCarthy, *Leading at the Edge: Leadership Lessons from the Extraordinary Saga of Shackleton's Antarctic Expedition* (New York: Amacom, 2000); N. Koehn, "Leadership in Crisis: Ernest Shackleton and the Epic Voyage of *Endurance*," Case 9-803-127 (Boston: Harvard Business School, 2002).
23. このサバイバルの驚くべき物語について、より詳しくはPBSのテレビシリーズ「Nova (ノヴァ)」で2002年に放送された「Shackleton's Voyage of Endurance(エンデュアランス号でのシャクルトンの航海)」で知ることができる。
24. シャクルトンは本能的に栄養ファクターだけでなく、進捗の法則と触媒ファクターも活用していた。とりわけ、シャクルトンはやりがいのある仕事が進捗することの重要性を理解していた。陸地へ向けた長い道のりを歩くなか、グループは食糧を詰めた2台の救命ボートを引きずりながら険しい氷の道を進んでいた。彼らは氷が最も硬くなる夜に歩みを進め、最も温かくなる昼に眠りに

Oaks, CA: Sage Publications, 1998)［ジェイ・A・コンガー、ラビンドラ・N・カヌンゴ『カリスマ的リーダーシップ――ベンチャーを志す人の必読書』（片柳佐智子、松本博子、山村宜子、鈴木恭子訳、流通科学大学出版、1999 年）］.

7. リーダーが気配りを示したりサポートを提供するとき、部下たちはより充実し、やる気を持つ（T. A. Judge, R. F. Piccolo, and R. Ilies, "The Forgotten Ones? The Validity of Consideration and Initiating Structure in Leadership Research," *Journal of Applied Psychology* 89 (2004): 36–51.)。 上司によるサポートは組織におけるサポートの先例となり、それがコミットメント、仕事の充実感、ポジティブな気分の向上、そして過労や離職率の低下につながる（L. Rhoades and R. Eisenberger, "Perceived Organizational Support: A Review of the Literature," *Journal of Applied Psychology* 87 (2002): 698–714.)。
8. チームビルディングは仕事の充実度や勤務態度を向上させる最も有効な手段のひとつだ（G. A. Neuman, J. E. Edwards, and N. S. Raju, "Organizational Development Interventions: A Meta-Analysis of Their Effects on Satisfaction and Other Attitudes," *Personnel Psychology* 42 (1989): 461–489.)。友好関係はまた、信頼感を生み出すことによってインナーワークライフにも影響を与える。信頼感は仕事の充実感やコミットメントにつながる（K. T. Dirks and D. L. Ferrin, "The Role of Trust in Organizational Settings," *Organization Science* 12 (2001): 450–467.)。
9. 第 5 章で記した 669 名のマネジャーに対する調査では、そのような結果が出ている（T. M. Amabile and S. J. Kramer, "What Really Motivates Workers," *Harvard Business Review*, January 2010, 44–45.)。
10. K. A. Jehn, "A Multimethod Examination of the Benefits and Detriments of Intragroup Conflict," *Administrative Science Quarterly* 40 (1995): 256–282; K. A. Jehn, "A Qualitative Analysis of Conflict Types and Dimensions in Organizational Groups," *Administrative Science Quarterly* 42 (1997): 530–557.
11. 驚くまでもなく、チーム内での衝突はパフォーマンスを低下させ、衝突にどう対処するかによってチームの長期的なパフォーマンスに大きな違いが生まれることが研究で明らかにされている（K. J. Behfar, R. S. Peterson, E. A. Mannix, and W. M. K. Trochim, "The Critical Role of Conflict Resolution in Teams: A Close Look at the Links Between Conflict Type, Conflict Management Strategies, and Team Outcomes," *Journal of Applied Psychology* 93 [2008]: 170–188)。
12. この日、バーバラの気分は彼女の自己採点の平均値から -1 標準偏差の範囲にあった。
13. バーバラとロイの問題解決スタイルの大きな違いは、キルトン・アダプション - イノベーション検査 (KAI) を使用して測定したものだ。他のメンバーに比べて、バーバラは検査結果で極めて「イノベーター」寄りで、ロイは極めて「アダプター（適応者）」寄りだった。この検査によれば、問題解決スタイルと創造的能力はそれぞれ独立したものだ。つまり、どちらの問題解決スタイルであっても優れた創造性を発揮できる。さらに、チーム内に様々な問題解決スタイルのメンバーがいることも、スタイルの差がうまく管理される限り、利点になり得る。うまく管理されない場合、個人間での衝突が起きる可能性がある（M. J. Kirton, "Adaptors and Innovators: A Description and Measure," *Journal of Applied Psychology* 61 (1976): 622–629; M. J. Kirton, "Adaptors and Innovators in Organizations," *Human Relations* 33 (1980): 213–224.)。
14. 「アダプション - イノベーション」の考え方においては、問題解決スタイルの違いは様々な方法で管理し得る。たとえば、チームのまとめ役が衝突する 2 人やメンバーたちに互いのスタイルの

2. 人がインタビュアーに対して自らの仕事を語るとき、仕事そのものから生じるやりがいについてよりも、仕事仲間とのつながりから生じるやりがいについて語ることが多いと複数の研究で指摘されている。参照 : L. E. Sandelands and C. J. Boudens, "Feeling at Work," in *Emotion in Organizations*, ed. S. Fineman (London: Sage, 2000), 46–63.
3. 仕事仲間や部下に栄養ファクターを与える人物は、周囲のインナーワークライフだけでなく、組織や自らのキャリアにも恩恵をもたらしている可能性がある。ある調査では、仕事仲間にエネルギー（あるいはモチベーション）を与えることの多い社員の方が、周囲の「エネルギーを削ぐ」ような社員に比べてパフォーマンスに対して高い評価を得て、昇進も早く、創造性を発揮していた (R. Cross and A. Parker, *The Hidden Power of Social Networks: Understanding How Work Really Gets Done in Organizations* [Boston: Harvard Business School Press, 2004])。
4. ある近年の調査では、たとえば小児病院や薬物依存治療センターやホスピスなどの感情的に厳しい環境で働くヒューマン・サービス職の人びとは、仕事仲間に打ち明けた自分のネガティブな感情が正当なものだと認められたときに気分が上向いただけでなく、より効率的に仕事ができたと報告したことが明らかとなった (C. N. Hadley, "The Social Processing of Positive and Negative Emotions in Work Groups" [PhD diss., Harvard University, 2005])。
5. 研究者たちは尊重とインナーワークライフおよびパフォーマンスのあいだに重要な関係があることを突き止めてきた。ある研究では、183 の研究を検証し、礼儀正しさ、尊厳、そして尊重を持って扱われるとより高い仕事の満足度、組織へのより深いコミットメント、より良い「組織市民行動」、そしてより高いパフォーマンスにつながることが分かった。参照 : J. A. Colquitt, D. E. Conlon, M. J. Wesson, O. L. H. Porter, and K. Y. Ng, "Justice at the Millennium: A Meta-Analytic Review of Organizational Behavior Research," *Journal of Applied Psychology* 86 (2001): 425–445.
   尊重の度合いが増すと感情的疲弊が少なくなるとも言われている。参照 : L. Ramarajan, S. G. Barsade, and O. R. Burack, "The Influence of Organizational Respect on Emotional Exhaustion in the Human Services," *Journal of Positive Psychology* 3 (2008): 4–18. リーダーと部下のあいだで尊重を持ってやり取りが行われると、高い満足度や、コミットメントや、役割の明確化や、有能感につながる。参照 : C. R. Gerstner and D. V. Day, "Meta-Analytic Review of Leader-Member Exchange Theory: Correlates and Construct Issues," *Journal of Applied Psychology* 82 (1997): 827–844. 無礼や尊重の欠如は満足度の低さや精神衛生の悪化と結びついている。参照 : S. Lim, L. M. Cortina, and V. J. Magley, "Personal Workgroup Incivility: Impact on Work and Health Outcomes," *Journal of Applied Psychology* 93 (2008): 95–107.
6. 高いパフォーマンスへの期待とともに部下への信頼を表明することは、権限を付与されたという感覚を強め、モチベーションを高めることにつながる。参照 : W. Burke, "Leadership as Empowering Others," in *Executive Power*, ed. S. Srivastra (San Francisco: Jossey-Bass, 1986), 51–77; and J. A. Conger, "Leadership: The Art of Empowering Others," Academy of Management Executive 32 (1989): 17–24. 刺激的であったりやりがいのある目標を設定することも、権限を付与されたという社員の感覚を強め、モチベーションを高めることにつながる。参照 : W. Bennis and B. Nanus, *Leaders: The Strategies for Taking Charge* (New York: Harper & Row, 1985)［ウォレン・ベニス、バート・ナナス『本物のリーダーとは何か』（伊東奈美子訳、海と月社、2011 年)］; J. A. Conger and R. N. Kanungo, *Charismatic Leadership in Organizations* (Thousand

Review, August 2002, 52–61. その他の研究では、厳しい時間的プレッシャーのなか激しい競争が行われるとき、人は普段より悪い経済的判断をすることが証明されている (D. Malhotra, "The Desire to Win: The Effects of Competitive Arousal on Motivation and Behavior," *Organizational Behavior and Human Decision Processes* 111 [2010]: 139–146)。

2. その他の研究では、職場が協力的な環境であれば、プレッシャーのなかでも創造的な仕事ができる可能性があることが分かっている。ある調査では、ネガティブな気分のなかでも社員が創造的仕事を行うことができたが、それは彼らが同じ期間にポジティブな気分も経験し、組織が創造性を後押ししているときに限られたものだった (J. M. George and J. Zhou, "Dual Tuning in Supportive Context: Joint Contributions of Positive Mood, Negative Mood, and Supervisory Behaviors to Employee Creativity," *Academy of Management Journal* 50 [2007]: 605–622)。

コラム　触媒ファクターにおけるチームリーダーの特別な役割

1. 局地的なソースの力についての結論は、オーストラリアの 7 つの大きな病院で看護師たちを調査した研究に基づくものだ。その研究は、看護師の仕事の満足度に対して病院全体の文化よりも各病棟の文化の方が強く関係していることを明らかにするものだった (P. Lok and J. Crawford, "The Relationship between Commitment and Organizational Culture, Subculture, Leadership Style and Job Satisfaction in Organizational Change and Development," *Leadership and Organizational Development Journal* 20 [1999]: 365–373)。
2. ここでは、触媒ファクターとなる行動だけをリストにしている。栄養ファクターとなる行動は次の章で確認する。この研究は T. M. Amabile, E. A. Schatzel, G. B. Moneta, and S. J. Kramer, "Leader Behaviors and the Work Environment for Creativity: Perceived Leader Support," *The Leadership Quarterly* 15 (2004): 5–32. で発表されている。

第 7 章　栄養ファクター

1. それを裏付けるソースが 3 つある。1 つめは、第 4 章に記した最良の日々と最悪の日々の研究のなかで、最良のインナーワークライフと最悪のインナーワークライフを左右する大きな要因が栄養ファクターだった点だ。当日に励まし、慰め、その他の社会的・感情的サポートを受けたと参加者が日誌で記したものを栄養ファクター（対人的サポート）と定義した。社会的・感情的サポートとはシンプルに自分の感情や見解が何らかの形であれ（話にきちんと耳を傾けてくれたというだけであれ）正当なものだと認められることや、仕事についてであれ個人的な事柄についてであれある種の慰めや励ましを受け取ることを意味する。単に同僚と楽しい時間を過ごしたり、彼らと一緒にいる喜びを指すこともある。2 つめのソースは、最良の日々と最悪の日々の調査で突き止めた協力関係についての発見だ。三大出来事群ほど大きな影響はないものの、協力関係（誰かとともに働くこと）は最悪の日々よりも最良の日々に多く見られた。3 つめのソースは、デイリーアンケートで集めた感情についての自己採点結果の分析だ。初期の分析で、私たちは協力関係を報告した日々の方が気分が大きくポジティブなものになっていることを発見した。とは言え、この結果は誰かと一緒に仕事をした方が単に仕事が大きく進捗するためである可能性があり、私たちは協力関係と進捗の両方が記された日のデータはすべて分析から除外した。それでもなお協力関係を報告した日々の方が気分が大きくポジティブなものになっており、単に誰かと一緒にいるだけでも気分が向上する可能性があることを示唆している。

Oxford University Press, 2000])。チームの協働関係の効果に関するより包括的な考察としては、A more general review of the effectiveness of work team collaboration appears in R. A. Guzzo and M. W. Dickson, "Teams in Organizations: Recent Research on Performance and Effectiveness," Annual Review of Psychology 47 (1996): 307–338. を参照。

11. 組織を研究する学者たちは組織と「風土」と「文化」を厳密に使い分けているが、この 2 つの言葉の定義はかなりの部分で重なり合っている。どちらも知覚価値や、規範や、仕事の進め方などをほぼ包括する言葉だ (参考 : J. R. Rentsch, "Climate and Culture: Interaction and Qualitative Differences in Organizational Meanings," Journal of Applied Psychology 75 [1990]: 668–681; M. L. Tushman and C. O'Reilly, "Managerial Problem Solving: A Congruence Approach," in Managing Strategic Innovation and Change: A Collection of Readings, eds. M. L. Tushman and P. Anderson [New York: Oxford University Press, 2004], 194–205.)。
12. E. H. Shein, "The Role of the Founder in Creating Organizational Culture," *Organizational Dynamics* 12 (Summer 1983): 13–28.
13. 風土の三大要素は、全 7 企業 26 チームすべての日誌や、聞き取り調査や、調査への考察から割り出した。同じ 3 つの要素は第 7 章で詳述する人間関係上の出来事（栄養ファクター、毒素ファクター）を生むものでもある。
14. アーサー・コナン・ドイルの短編「白銀の失踪」において、シャーロック・ホームズは犯行のあった晩に番犬が吠えなかったことに気づく（そしてこの番犬は見知らぬ相手には吠えるものであったため、殺人犯はこの犬と親しく接していた人間に違いないと推理した)。
ビジョン・チームの日誌の記述に阻害ファクターが相対的に少なかったことから、私たちは阻害ファクターがチームの仕事にほとんど影響を及ぼさなかったのではないかと推測した。調査終了後にビジョン・チームとミーティングをして彼らの職場状況について説明を求めると、私たちの推測が正しかったことが確認できた。
15. ジム・コリンズ『ビジョナリーカンパニー 2』。
16. デイヴが自己採点した当日の気分は彼の平均値から + 1標準偏差の範囲にあった。
17. M. Moskowitz, R. Levering, and C. Tkaczyk, "100 Best Companies to Work For," *Fortune*, January 13, 2010, 75–88.
ゴア社は世界に広がる子会社も数々の賞を受賞している。アメリカ、イギリス、フランス、スウェーデン、イタリア、そしてドイツなどで「優れた職場ランキング」の上位に度々名を連ねている。ゴア社のウェブサイトによれば、「ゴアの企業文化は、（中略）指揮命令ではなく、チームとして協働することによってアソシエートは、ビジネスの成功を達成する上での当事者意識と仕事を任された充実感を感じることができるようにな」るという (http://www.gore.com/ja_jp/aboutus/culture/index.html)。アクセス可能な直近の情報によると、同社は 1958 年の創業以来利益を生み続けている (A. Harrington, "Who's Afraid of a New Product?", *Fortune*, November 10, 2003, 189–192).
18. 4 月 26 日のソフィーの気分は彼女の自己採点の平均値から - 2標準偏差の範囲にあった。
19. この日のベンの内発的モチベーションは彼の自己採点において最低の部類に位置していた。

コラム　時間的プレッシャーと創造性

1. T. M. Amabile, C. N. Hadley, and S. J. Kramer, "Creativity Under the Gun," *Harvard Business*

Changing Nature of Performance: Implications for Staffing, Motivation, and Development (San Francisco: Jossey-Bass, 1999)。さらに、チーム内でのサポート関係はチームだけでなく、より広く組織にも恩恵があることが研究で立証されている。参照：S. E. Anderson and L. J. Williams, "Interpersonal, Job, and Individual Factors Related to Helping Processes at Work," *Journal of Applied Psychology* 81 (1996): 282–296; W. C. Borman and S. J. Motowidlo, "Expanding the Criterion Domain to Include Elements of Contextual Performance," in *Personnel Selection in Organizations*, eds. N. Schmitt and W. C. Borman (San Francisco: Jossey-Bass, 1993), 71–98; D. W. Organ, *Organizational Citizenship Behavior: The "Good Soldier" Syndrome* (Lexington, MA: Lexington Books, 1988); L. Van Dyne, L. L. Cummings, and J. McLean Parks, "Extra Role Behaviors: In Pursuit of Construct and Definitional Clarity (a Bridge over Muddied Waters)," in *Research in Organizational Behavior*, vol. 17, eds. L. L. Cummings and B. M. Staw (Greenwich, CT: JAI Press, 1995), 215–285.

概して、サポートの提供は組織にとって極めて重要なものである (S. J. Motowidlo, "Some Basic Issues Related to Contextual Performance and Organizational Citizenship Behavior in Human Resource Management," *Human Resource Management Review* 10 [2000]: 115–126)。プロフェッショナル・サービスを提供する企業群を調査した近年のある研究では、特にグループの創造性を育む時間を取るという点において、周囲へサポートを求めることも重要であることが明らかとなった (A. B. Hargadon and B. A. Bechky, "When Collections of Creatives Become Creative Collectives: A Field Study of Problem Solving at Work," *Organization Science* 17 [(2006): 484–500]。この研究では、サポートを要請し、サポートを提供することの両方を奨励し讃える組織文化の重要性も示されている。

8. 心理学者のキャロル・S・ドゥエックと彼女の研究チームは 30 年以上にわたる研究を行い、自分の能力が先天的に決まったものではなく、時とともに伸ばしていけるものだと考えるとき、パフォーマンスに良い影響を与えることを明らかにしている。その研究では、ミスや障害は学習に欠かせない機会だと見なされている。参照：C. S. Dweck, *Mindset: The New Psychology of Success* [New York: Random House, 2006]) [キャロル・S・ドゥエック『マインドセット――「やればできる!」の研究』(今西康子訳、草思社、2016 年)].
9. 組織の文化が「心理的安全性」を提供するものであるときグループや組織はより優れたパフォーマンスと創造性を発揮するという研究や説は数多くある (たとえば、A. Edmondson, "Psychological Safety and Learning Behaviors in Work Teams," *Administrative Science Quarterly* 44 [1999]: 350–383; W. A. Kahn, "Psychological Conditions of Personal Engagement and Disengagement at Work," *Academy of Management Journal* 33 [1990]: 692–724.)
10. 組織の創造性やイノベーションにおける活発な意見交換の重要性についての研究は、T. M. Amabile, *Creativity in Context* (Boulder, CO: Westview Press, 1996) を参照。R・キース・ソーヤーは数々の研究をまとめ、グループで協働してアイデア交換を行うこととグループの創造的パフォーマンスには関連性があることを指摘している。参照：R. K. Sawyer, *Group Genius: the Creative Power of Collaboration* [New York: Basic Books, 2007]) [キース・ソーヤー『凡才の集団は孤高の天才に勝る――「グループ・ジーニアス」が生み出すものすごいアイデア』(金子宣子訳、ダイヤモンド社、2009 年)]。この創造的なコラボレーション現象については数多くの研究者たちが関心を寄せてきた (たとえば、V. John-Steiner, *Creative Collaboration* [New York:

Human Behavior (New York: Plenum Press, 1985); A. M. Grant and J. Shin, "Work Motivation: Directing, Energizing, and Maintaining Research," in *Oxford Handbook of Motivation*, ed. R. M. Ryan (Oxford: Oxford University Press, 2011, forthcoming); R. M. Ryan and E. L. Deci, "Self-Determination Theory and the Facilitation of Intrinsic Motivation, Social Development, and Well-Being," *American Psychologist* 55 (2000): 68–78. 自主性を与えると創造性が増すことを明らかにした研究もある (T. M. Amabile and J. Gitomer, "Children's Artistic Creativity: Effects of Choice in Task Materials," *Personality and Social Psychology Bulletin* 10 [1984]: 209–215)。

4. 高いパフォーマンスにはリソースの提供が重要であることは数多くの研究で語られている（たとえば、M. Tushman and R. Nelson, "Technology, Organizations and Innovation: An Introduction," *Administrative Science Quarterly* 35 [1990]: 1–8; B. Wernerfelt, "A Resource-Based View of the Firm," *Strategic Management Journal* 5 [1984]: 171–180)。しかし、優れたパフォーマンスには十分なリソースが必要ではあるものの、ある種のリソースを多く持ちすぎてしまう可能性もある。たとえば、チームに人材が多すぎると、人が少ないときに発揮し得たかもしれない力を発揮せず、モチベーションの低下につながり得る (B. Latane, K. Williams, and S. Harkins, "Many Hands Make Light the Work: The Causes and Consequences of Social Loafing," *Journal of Personality and Social Psychology* 37 [1979]: 822–832)。
さらに、プロジェクトの優れた達成には必要十分な人員がいることが重要ではあるが、人が多すぎると協力関係にも問題が生じる可能性がある（ハックマン『ハーバードで学ぶ「デキるチーム」5つの条件』)。どのような種類のリソースであれ、それが過剰にあると反感や、受動性や、イノベーションの低下を招く危険性があると指摘する学者たちもいる（たとえば、D. Levinthal and J. March, "The Myopia of Learning," *Strategic Management Journal* 14 [1993]: 95–112).
5. スタンフォード大学経営大学院で組織行動を研究するジェフリー・フェファーは、2010年の記事 "Lay Off the Layoffs" (Newsweek, February 15, 2010, 32–37) で、社員や企業に対する人員削減のネガティブな影響について詳しく語っている。
6. 数多くの研究で時間的プレッシャーが複雑な仕事を妨げることが指摘されている（参照：T. M. Amabile, R. Conti, H. Coon, J. Lazenby, and M. Herron, "Assessing the Work Environment for Creativity," *Academy of Management Journal* 39 [1996]: 1154–1184; J. Andrews and D. C. Smith, "In Search of the Marketing Imagination: Factors Affecting the Creativity of Marketing Programs for Mature Products," *Journal of Marketing Research* 33 [1996]: 174–187)。しかしながら、いくつかの研究では時間の制約と仕事のポジティブな関係も明らかにされている（たとえば、F. M. Andrews and G. F. Farris, "Time Pressure and the Performance of Scientists and Engineers: A Five-Year Panel Study," *Organizational Behavior and Human Performance* 8 [1972]: 185–200)。ある最近の研究では、この2つが曲線相関にあることすら明らかとなった。適度な時間的プレッシャーを受けるときに創造性が最大になる——しかしこれは特定の状況における特定のタイプの人びとにのみ当てはまっている (M. Baer and G. Oldham, "The Curvilinear Relation between Experienced Creative Time Pressure and Creativity: Moderating Effects of Openness to Experience and Support for Creativity," *Journal of Applied Psychology* 91 [2006]: 963–970)。
7. 研究では、仕事がますます相互依存的なものとなり、組織はますますプロジェクト単位のチームを用いるようになってきていることが分かっている (D. R. Ilgen and E. D. Pulakos, *The*

Than Good," *Review of General Psychology* 5 (2001): 323–370; and P. Rozin and E. B. Royzman, "Negativity Bias, Negativity Dominance, and Contagion," *Personality and Social Psychology Review* 5 (2001): 296–320. を参照。

2. カリフォルニア大学の研究者たちも同様の効果を発見していた。日々のネガティブな出来事は日々の気分の高揚や人生における主要なストレス源以上に、不満や心理的苦悩を予測する優れた材料になるという発見だ。(A. D. Kanner, J. C. Coyne, C. Schaefer, and R. S. Lazarus, "Comparison of Two Modes of Stress Measurement: Daily Hassles and Uplifts Versus Major Life Events," *Journal of Behavioral Medicine* 4 [1981]: 1–39)
3. Baumeister, Bratslavsky, Finkenauer, and Vohs, "Bad Is Stronger Than Good."
4. A. G. Miner, T. M. Glomb, and C. Hulin, "Experience Sampling Mood and Its Correlates at Work," *Journal of Occupational and Organizational Psychology* 78 (2005): 171–193.
5. M. T. Dasborough, "Cognitive Asymmetry in Employee Emotional Reactions to Leadership Behaviors," *Leadership Quarterly* 17 (2006): 163–178.

第6.章　触媒ファクター

1. 「触媒」(触媒ファクター) はインナーワークライフに影響を与える三大出来事群のひとつであると同時に、「進捗」(進捗の法則) にも影響を与えるものだ。
2. 優れたパフォーマンスを発揮するにあたり明確な目標が重要であることは数多くの研究者が指摘してきた。ほとんどの場合、目標は明確であり、やりがいがあり、難しいが達成可能なものであるべきだとされている (E. A. Locke, and G. P. Latham, *A Theory of Goal-setting and Task Performance* [Englewood Cliffs, NJ: Prentice-Hall, 1990]) 。
   チームのパフォーマンスにとっての「説得力のある方向づけ」の重要性についてはハックマン『ハーバードで学ぶ「デキるチーム」5つの条件』を参照。先行研究では不明確な目標がチームのパフォーマンスの大きな障害となることが示されていた (H. J. Thamhain and D. L. Wilemon, "Building High Performance Engineering Project Teams," *IEEE Transactions on Engineering Management* 34 [1987]: 130–137)。別の研究では、職場でのマネジャーの個人的な「不安」の経験は、何かに対する不確かさから生じることが最も多いと指摘されている (K. Mignonac and O. Herrbach, "Linking Work Events, Affective States, and Attitudes: An Empirical Study of Managers' Emotions," *Journal of Business and Psychology* 19 [2004]: 221–240)。最後に、明確な目標はチーム内に心理的安心感を作り出すのに重要な要素ともなり得る (A. C. Edmondson and J. P. Mogelof, "Explaining Psychological Safety in Innovation Teams: Organizational Culture, Team Dynamics, or Personality?" in *Creativity and Innovation in Organizational Teams*, eds. L. L. Thompson and H. S. Choi [New York: Lawrence Erlbaum Associates, 2006])。より シンプルに言えば、明確な目標がないと、優先順位をつけることも、個人としてもチームとしても組織としても効率的に仕事をすることが不可能になる。参照：H. H. Stevenson and J. L. Cruikshank, *Do Lunch or Be Lunch: The Power of Predictability in Creating Your Future* [Boston: Harvard Business School Press, [1998] [ハワード・スチーブンソン、ジェフリー・クルックシャンク『スチーブンソン教授に経営を学ぶ』(菊田良治訳、日経 BP 社、2000 年)]。
3. 複数の研究で自主性を制限することが内発的モチベーションの低下につながることが明らかになっている。参照 : E. L. Deci and R. M. Ryan, *Intrinsic Motivation and Self-Determination in*

17. http://en.wikipedia.org/wiki/John_Sculley.
18. W. F. Cascio, "Changes in Workers, Work, and Organizations," in *Handbook of Psychology* 12, Industrial and Organizational Psychology, eds. W. Borman, R. Klimoski, and D. Ilgen (New York: Wiley, 2003), 401–422.
19. 概念上では、「貢献」に対する企業や各社員の見解には強い倫理的要素が含まれる。エンロンなど、不祥事を起こした企業の多くのマネジャーは、自分たちが前進に向けたマネジメントをしていると認識していたかもしれず、社員たちも毎月どんどん利益が上がるのを見て気分は良かったのではないかと思われる。確かに彼らは自分自身や株主に対して（一時的であれ）金銭的価値を生み出していたかもしれないが、彼らの行動は結局のところ価値を貶めてしまった。
20. やりがいのある仕事は、それ自体が強い心理的影響を持っている。基本的に、自分にとって仕事がやりがいのあるものであるほど、人は個人としての幸福を感じる可能性が高くなる。複数の文献がそれを裏付けている。参照 : K. A. Arnold, N. Turner, J. Barling, E. K. Kelloway, and M. C. McKee, "Transformational Leadership and Psychological Well-Being: the Mediating Role of Meaningful Work," *Journal of Occupational Health Psychology* 12 (2007): 193–203; R. F. Baumeister and K. D. Vohs, "The Pursuit of Meaningfulness in Life," in C. R. Snyder and S. J. Lopez, eds., *The Handbook of Positive Psychology* (New York: Oxford University Press, 2002), 608–618; S. Cartwright and N. Holmes, "The Meaning of Work: The Challenge of Regaining Employee Engagement and Reducing Cynicism," *Human Resource Management Review* 16 (2006): 199–208; A. M. Grant, "The Significance of Task Significance: Job Performance Effects, Relational Mechanisms, and Boundary Conditions," *Journal of Applied Psychology* 93 (2008): 108–124; J. R. Hackman, *Leading Teams: Setting the Stage for Great Performances* (Boston: Harvard Business School Press, 2002) ［J・リチャード・ハックマン『ハーバードで学ぶ「デキるチーム」5つの条件――チームリーダーの「常識」』(田中滋訳、生産性出版、2005 年)］.
21. N. Wiener, *Cybernetics or Control and Communication in the Animal and the Machine* (Cambridge, MA/Paris: MIT Press/Hermann et Cie, 1948) ［ノーバート・ウィーナー『サイバネティックス――動物と機械における制御と通信』（池原止戈夫、弥永昌吉、室賀三郎訳、岩波書店、1957年）］; B. Arthur, "Positive Feedbacks in the Economy," Scientific American, February 1990, 80.
22. 全 26 チームの何千もの日誌の分析を通して、この好循環や悪循環が展開されるのを繰り返し目にしてきた。続く各章では、私たちが調査した企業、チーム、個人の物語を通じて、こうした循環の数々を紹介する。ひとつの日誌ではなく、彼らの物語を通して眺めることで、進捗ループ全体のサイクルがはっきりと立ち現れてくる。

コラム　ゲームデザイナーの秘密

1. こうした洞察を私たちにもたらしてくれたパーフェクト・ワールド・エンターテイメントのアンディ・ブラウン、そしてゲームと私たちの進捗に対する発見のつながりを指摘してくれた雑誌「WIRED」のクリーブ・トンプソンに感謝したい。

コラム　ネガティブな出来事の力

1. リストの最初の 4 つの証拠は私たちの日誌調査を基にしている。詳細は巻末の付録参照。その他にも、R. F. Baumeister, E. Bratslavsky, C. Finkenauer, and K. D. Vohs, "Bad Is Stronger

T. W. Smith and J. Greenberg, "Depression and Self-Focused Attention," *Motivation and Emotion* 5 [1981]: 323–331; T. W. Smith, R. E. Ingram, and D. L. Roth, "Self-Focused Attention and Depression: Self-Evaluation, Affect, and Life Stress," *Motivation and Emotion* 9 [1985]: 381–389). その他の研究でも、「理想の自分」と「現実の自分」の食い違いと鬱との関連が示されている(参照 : E. T. Higgins, R. Klein, and T. Strauman, "Self-Concept Discrepancy Theory: A Psychological Model for Distinguishing among Different Aspects of Depression and Anxiety," *Social Cognition* 3 [1985]: 51–76; R. Laxer, "Self-Concept Changes of Depressed Patients in General Hospital Treatment," *Journal of Consulting Psychology* 28 [1964]: 214–219; M. Nadich, M. Gargan, and L. Michael, "Denial, Anxiety, Locus of Control, and the Discrepancy Between Aspirations and Achievements as Components of Depression," *Journal of Abnormal Psychology* 84 [1975]: 1–9)。

社会心理学の自己調整論では、自分のアイデンティティや自尊心にとって重要な目標の達成に困難が(あるいは不可能に思える物事が)降りかかってくると、その出来事によって人は一時的に気分が落ち込むと言われている(T. Pyszczynski and J. Greenberg, "Self-Regulatory Perseveration and the Depressive Self-Focusing Style: A Self-Awareness Theory of Reactive Depression," *Psychological Bulletin* 102 [1987]: 122–128)。

10. Pyszczynski and Greenberg, "Self-Regulatory Perseveration and the Depressive Self-Focusing Style."
11. C. S. Carver and M. F. Scheier, "Origins and Functions of Positive and Negative Affect: A Control Process View," *Psychological Review* 97 (1990): 19–35; E. Diener, "Subjective Well-Being," *Psychological Bulletin* 95 (1984): 542–575.
12. 私たちの調査では、「その日の出来事」を記述する文字数と、その出来事がプロジェクトに対する感情に与えた影響の自己採点に大きな統計的相関関係が見られた。感情がネガティブであればあるほど、その出来事についての記述が長くなっていた。
13. A. Bandura and D. Cervone, "Self-Evaluative and Self-Efficacy Mechanisms Governing the Motivational Effects of Goal Systems," *Journal of Personality and Social Psychology* 45 (1983): 1017–1028; M. E. Gist, "Self-Efficacy"; C. Harris, K. Daniels, and R. B. Briner, "A Daily Diary Study of Goals and Affective Well-Being at Work," *Journal of Occupational and Organizational Psychology* 76 (2003): 401–410.
14. B. L. Chaikin, "The Effects of Four Outcome Schedules on Persistence, Liking for the Task, and Attributions for Causality," *Journal of Personality* 3 (1971): 512–526.
15. J. A. Conger and R. N. Kanungo, "The Empowerment Process: Integrating Theory and Practice," *Academy of Management Review* 13 (1988): 471–482.
16. リチャード・ハックマンとグレゴリー・オルダムの二人の心理学者は、やりがいのある仕事に欠かせない 3 つの要素を割り出した。それがスキルの多様性(その仕事を遂行するにあたり多様な行動が求められること)、作業の固有性(その仕事に個人が「全体」を管理し誰がやったか識別できる作業を求めること、つまり、始めから終わりまで作業を担当し結果が目に見える仕事をすること)、そして作業の重要性(その仕事が、身近な組織の人びとであれ世間一般の人びとであれ、他人の生活に実質的な影響があること)だ。参照 : J. R. Hackman and G. R. Oldham, *Work Redesign* (Reading, MA: Addison-Wesley, 1980), 78–79.

第 5 章　進捗の法則

1. M. Dewhurst, M. Guthridge, and E. Mohr, “Motivating People: Getting Beyond the Money,” *McKinsey Quarterly*, November 2009, 1–5.
2. T. M. Amabile and S. J. Kramer, “What Really Motivates Workers,” *Harvard Business Review*, January 2010, 44–45. 調査はチームリーダーから CEO まで様々なレベルのマネジャーに対して行った。エグゼクティブ教育プログラムの参加者や一流のビジネススクールの卒業生などから参加者を選出することで、様々な業界の多数の企業のマネジャーに参加してもらうことができた。
3. 1994 年に名著『ビジョナリーカンパニー』が出版されて以来、企業としての前進の重要性に対するマネジャーたちの認識は飛躍的に高まっている。本書の主な主張は、企業の長年にわたる成功を実現させるために、経営陣は前進を促進させ続ける（新たな戦略や方法論などを駆使して変革を続ける）だけでなく、同時に企業が築き上げてきた核となる考え方を維持し続ける必要があるという点だ。J. C. Collins and J. I. Porras, *Built to Last: Successful Habits of Visionary Companies* (New York: HarperCollins, 1994)［ジム・コリンズ、ジェリー・I・ポラス『ビジョナリーカンパニー――時代を超える生存の原則』（山岡洋一訳、日経 BP 社、1995 年）］.
4. S. D. Dobrev and W. P. Barnett, “Organizational Roles and Transition to Entrepreneurship,” *Academy of Management Journal* 48 (2005): 433–449; N. Wasserman, “Founder-CEO Succession and the Paradox of Entrepreneurial Success,” *Organization Science* 14 (2003): 149–172; N. Wasserman, *The Founder's Dilemmas: Anticipating and Avoiding the Pitfalls That Can Sink a Startup* (Princeton, New Jersey, Princeton University Press, 2012)［ノーム・ワッサーマン『起業家はどこで選択を誤るのか――スタートアップが必ず陥る 9 つのジレンマ』（小川育男訳、英治出版、2014 年）.
5. http://techcrunch.com/2011/03/03/jack-dorsey-twitter-punched-stomach/.
6. 複数の心理学者たちが自己効力感や同様の概念が果たす役割について説明してきた。そのどれもが、自己効力感が人間のモチベーションの中心的な側面であることを物語っている。A. Bandura, *Self-Efficacy: The Exercise of Control* [New York: Freeman, 1997]［アルバート・バンデューラ『激動社会の中の自己効力』（本明寛、春木豊、野口京子、山本多喜司訳、金子書房、1997 年）］; E. L. Deci and R. M. Ryan, *Intrinsic Motivation and Self-Determination in Human Behavior* [New York: Plenum Press, 1985]; M. E. Gist, “Self-Efficacy: Implications for Organizational Behavior and Human Resource Management,” *Academy of Management Review* 12 [1987]: 472–485.
7. G. Fitch, “Effects of Self-Esteem, Perceived Performance, and Choice on Causal Attributions,” *Journal of Personality and Social Psychology* 16 (1970): 311–315; S. Streufert and S. C. Streufert, “Effects of Conceptual Structure, Failure, and Success on Attribution of Causality and Interpersonal Attitudes,” *Journal of Personality and Social Psychology* 11 (1969): 138–147.
8. L. F. Lavallee and J. D. Campbell, “Impact of Personal Goals on Self-Regulation Processes Elicited by Daily Negative Events,” *Journal of Personality and Social Psychology* 69 (1995): 341–352.
9. 鬱に苦しむ人びとについての研究では、彼らが慢性的に自分のことを考えすぎている場合が多いことが明らかになっている (参照 : R. E. Ingram and T. S. Smith, “Depression and Internal Versus External Locus of Attention,” *Cognitive Therapy and Research* 8 [1984]: 139–152;

医療に従事する理由として人道に重きを置くことが多かった（金儲けと比べて）。しかしながら感情と創造性に関する多くの実験においては、医師のようなプロフェッショナルではなく学生を被験者とすることが多かった。こうした研究の多くは、アイゼンの以下の論文で確認できる。A. Isen, "On the Relationship Between Affect and Creative Problem Solving," in *Affect, Creative Experience and Psychological Adjustment*, ed. S. W. Russ (Philadelphia: Brunner/Mazel, 1999), 3–18; A. Isen, "Positive Affect," in *Handbook of Cognition and Emotion*, eds. T. Dagleish and M. Power (New York: Wiley, 1999), 521–539.

コラム　感情的健康の身体的症状

1. 近年のいくつかの研究は、日々の心理的経験、特にポジティブな気分やネガティブな気分と身体的健康の関連性について優れた検証を行っている (e.g., S. Cohen and S. D. Pressman, "Positive Affect and Health," *Current Directions in Psychological Science* 15 [2006]: 122–125; S. D. Pressman and S. Cohen, "Does Positive Affect Influence Health?," *Psychological Bulletin* 131 [2005]: 803–855; P. Salovey, A. J. Rothman, J. B. Detweiler, and W. T. Steward, "Emotional States and Physical Health," *American Psychologist* 55 [2000]: 110–121)。

第 4 章　「進捗の法則」の発見

1. 第 3 章では、インナーワークライフがパフォーマンスの残り 2 つの側面である「エンゲージメント」と「同僚性」についても影響を与えることを示した。この 2 つは日々の仕事を前に進める要素ではないため、本章には直接の関係を持たない。
2. 興味深いことに、進捗のあった日々においては、時間的なプレッシャーについても言及されることが多かった。第 6 章で検討するように、時間的プレッシャーとインナーワークライフのあいだには興味深く、かつ複雑な関係がある。ここで記した調査からは、その仕組みを解明することはできないが、時間的プレッシャーを感じるとき、人はより多くの仕事をこなす（つまり普段よりも進捗する）傾向にあるのかもしれない。
3. 厳密には、進捗のあった出来事を次のように定義した。「個人やチームが進捗したとき、あるいはタスクを完了させたり、前進したり、生産的になったり、仕事を達成したとき（ここには創造的な達成も含まれる）」。
4. 障害のあった出来事は次のように定義した。「個人やチームが障害に突き当たったとき、あるいは仕事で進捗や達成がなかったとき、個人やチームが仕事上の難題や困難に直面したとき」。
5. ここで私たちが呼ぶ「愛情」とは、優しさと誇りが一体となった感情だ（自分自身に対する誇りも含む）。

コラム　進捗の法則を活用してイノベーションを加速させる

1. T. M. Amabile, *Creativity in Context* (Boulder, CO: Westview Press, 1996).

コラム　人はどうやって進捗したことを知るのか

1. J. R. Hackman and G. R. Oldham, *Work Redesign* (Reading, MA: Addison-Wesley Publishing, 1980).

が狭くなることが明らかになっている (A. M. Isen and K. A. Daubman, "The Influence of Affect on Categorization," *Journal of Personality and Social Psychology* 47 [1984]: 1206–1217; A. M. Isen, P. Niedenthal, and N. Cantor, "The Influence of Positive Affect on Social Categorization," *Motivation and Emotion* 16 [1992]: 65–78; B. E. Kahn and A. M. Isen, "Variety Seeking among Safe, Enjoyable Products," *Journal of Consumer Research* 20 [1993]: 257–270)。

アイゼンと彼女の研究チームは、これらの差がポジティブな感情とネガティブな感情では脳のドーパミンが放出される量が違うことに起因すると結論づけている (F. G. Ashby, A. M. Isen, and A. U. Turken, "A Neuropsychological Theory of Positive Affect and Its Influence on Cognition," *Psychological Review* 106 [1999]: 529–550)。

1959 年には、イースターブルックが不安や恐れといったネガティブな感情が注意力を狭めると主張し (J. A. Easterbrook, "The Effect of Emotion on Cue Utilization and the Organization of Behavior" *Psychological Review* 66 [1959]: 183–201)、1994 年には、デリーベリーとタッカーがポジティブな感情は注意力の範囲を拡張するという仮説を提唱していた (D. Derryberry and D. M. Tucker, "Motivating the Focus of Attention," in P. M. Neidenthal and S. Kitayama, eds., *The Heart's Eye: Emotional Influences in Perception and Attention* [San Diego, CA: Academic Press, 1994], 167–196)。

23. B. L. Fredrickson and C. Branigan, "Positive Emotions Broaden the Scope of Attention and Thought-Action Repertoires," *Cognition and Emotion* 19 (2005): 313–332.
24. T. M. Amabile and R. Conti, "Changes in the Work Environment for Creativity During Downsizing," *Academy of Management Journal* 42 (1999): 630–640.
25. J. Welch and S. Welch, *Winning: The Answers Confronting 74 of the Toughest Questions in Business Today* (New York: Harper Collins, 2006) [ジャック・ウェルチ、スージー・ウェルチ『ジャック・ウェルチの「私なら、こうする!」』(斎藤聖美訳、日本経済新聞出版社、2007 年)] .

コラム　幸福感が創造性を促進する

1. A. M. Isen, K. A. Daubman, and G. P. Nowicki, "Positive Affect Facilitates Creative Problem Solving," *Journal of Personality and Social Psychology* 52 (1987): 1122–1131.
2. 研究者たちは、コメディ映画がニュートラルな状態に比べてポジティブな感情を引き出し、ナチスの強制収容所の映像がよりネガティブな感情を引き出すことを、それぞれあらかじめ検証していた。
3. これは古典的な創造的問題解決についてのテストであり、1945 年に一連の実験でこのテストを使用した心理学者カール・ドゥンカーの名にちなんでドゥンカーのロウソク問題と呼ばれている。この問題は、材料が入っていた箱を空にして壁に取り付け、ロウソクに火をつけてロウを箱のなかに垂らし、そのロウでロウソクを箱に固定することで解決できる。このようにして、画びょうの入っていた箱が、ロウソクホルダー(およびロウが床に落ちるのを防ぐ装置)として機能するのだ。
4. アイゼンによる別の実験では、医師たちを実験対象としていた (C. A. Estrada, A. M. Isen, and M. J. Young, "Positive Affect Improves Creative Problem Solving and Influences Reported Source of Practice Satisfaction in Physicians," *Motivation and Emotion* 18 [1994]: 285–299)。ランダムにポジティブな状態にされた医師たちは、一般的な創造性のテストにおいて、統制群よりも遥かに高い数値を記録した。さらに、アンケートにおいても、ポジティブな状態にある被験者たちは、性を高めると主張している一方で、私たちの調査では報酬が上からの干渉だと認識される可能性があり、それゆえに内発的モチベーションと創造性が低下することが多いことが明らかになっている。しかし、私たちはさらに、特定の状況においては、報酬がポジティブな影響を持つことも突き止めた (参照 : T. M. Amabile, “Motivational Synergy: Toward New Conceptualizations of Intrinsic and Extrinsic Motivation in the Workplace,” *Human Resource Management Review* 3 [1993]: 185–201)。しかしながら、こうした特定の状況は慎重に管理される必要があるため、私たちは基本的に、何かをする際の動機として報酬だけに特化するのは創造性の低下につながると考えている。

18. T. M. Amabile, “Motivation and Creativity.” この実験は私たちが行ったモチベーションと創造性に関する多くの調査と同様にブランダイス大学で行われた。最初期の実験はアマビールによりスタンフォード大学で行われた。
19. F. X. Frei, R. J. Ely, and L. Winig, “Zappos.com 2009: Clothing, Customer Service, and Company Culture,” Case 9-610-015 (Boston: Harvard Business School, 2009), 4.
20. J. K. Harter, F. L. Schmidt, J. W. Asplund, E. A. Killham, and S. Agrawal, “Causal Impact of Employee Work Perceptions on the Bottom Line of Organizations,” *Perspectives on Psychological Science* 5 (2010): 378–389. この研究では、前段階のチームのパフォーマンスが後の社員の認識を予測できる材料となってはいたものの（逆の因果関係を一定度示してはいたものの）、前段階における社員の認識の方が遥かに強く後のチームのパフォーマンスを予測する材料となっていた（私たちの主張する因果関係をサポートする結果だ）。
21. アントニオ・ダマシオ『無意識の脳 自己意識の脳』。それぞれの感情を経験する際の脳の神経画像を活用した近年の研究では、「快」（ポジティブな感情）と「不快」（ネガティブな感情）の反応が決定的に異なることが示されている (A. Bartels and S. Zeki, “The Neural Correlates of Maternal and Romantic Love,” *NeuroImage* 21 [2004]: 1155–1166; F. C. Murphy, I. Nimmo-Smith, and A. D. Lawrence, “Functional Neuroanatomy of Emotions: A Meta-Analysis,” *Cognitive, Affective & Behavioral Neuroscience* 3 [2003]: 207–233)。

    不安や悲しみといったネガティブな感情は、脳の活動と思考パターンを、創造性に支障をきたす方向へと促す可能性がある。そうした脳の活動としては①リスクの回避 (J. S. Lerner and D. Keltner, “Beyond Valence: Toward a Model of Emotion Specific Influences on Judgment and Choice,” *Cognition and Emotion* 14 [2000]: 473–493)、②記憶力やプランニング能力の低下 (N. I. Eisenberger, “Identifying the Neural Correlates Underlying Social Pain: Implications for Developmental Processes,” *Human Development* 49 [2006]: 273–293)、③理性的な意思決定能力の低下 (E. B. Andrade and D. Ariely, “The Enduring Impact of Transient Emotions on Decision Making,” *Organizational Behavior and Human Decision Processes* 109 [2009]: 1–8) などがある。意思決定に対するネガティブな影響は、ネガティブな感情が消えた後でさえも続く。
22. フレデリックソンは、この「拡張 - 形成理論」を 2 つの論文で提示している (Fredrickson, “What Good Are Positive Emotions?”; B. L. Fredrickson, “The Role of Positive Emotions in Positive Psychology: The Broaden and Build Theory of Positive Emotions,” *American Psychologist* 56 [2001]: 218–226)。

    その他の心理学者たちも似たようなメカニズムを提唱してきた。アリス・アイゼンの研究では、ポジティブな感情の方が様々な物事をつなげて考えることができ、ネガティブな感情だと思考

Environment for Creativity")。2006年の論文では、エンパワーメントと創造性の関連性についても報告されている (B. J. Alge, G. A. Gallinger, S. Tangirala, and J. L. Oakley, "Information Privacy in Organizations: Empowering Creative and Extrarole Performance," *Journal of Applied Psychology* 91 [2006]: 221–232)。2つの研究では、組織が社員の個人情報を尊重するとエンパワーメントに対する社員の認識がポジティブなものになり、それが翻って、社員の創造性につながることを示している。ある先行研究では、仕事に対する高い自由裁量が3つの環境変数のひとつであり、その3つが合わさると優れた創造性を示すことが実験で明らかにされている (その他2つの変数は情報として届けられるポジティブなフィードバックと達成志向である : J. Zhou, "Feedback Valence, Feedback Style, Task Autonomy, and Achievement Orientation: Interactive Effects of Creative Performance," *Journal of Applied Psychology* 83 [1998]: 261–276.)

17. この結論は、対照実験を行って内発的モチベーションを低下させる出来事は創造性も低下させることを示した研究から、対照実験は用いずに様々な分野で内発的モチベーションと創造性がポジティブな関係にあることを示した研究までを踏まえたものである。対照実験を行った研究は以下の通り : T. M. Amabile, "Effects of External Evaluation on Artistic Creativity," *Journal of Personality and Social Psychology* 37 (1979): 221–233; T. M. Amabile, "Children's Artistic Creativity: Detrimental Effects of Competition in a Field Setting," *Personality and Social Psychology Bulletin* 8 (1982): 573–578; T. M. Amabile and J. Gitomer, "Children's Artistic Creativity: Effects of Choice in Task Materials," *Personality and Social Psychology Bulletin* 10 (1984): 209–215; T. M. Amabile, "Motivation and Creativity: Effects of Motivational Orientation on Creative Writers," *Journal of Personality and Social Psychology* 48 (1985): 393–399; T. M. Amabile, "The Motivation to Be Creative," in S. Isaksen, ed., *Frontiers of Creativity Research: Beyond the Basics* (Buffalo, NY: Bearly Limited, 1987); T. M. Amabile, B. A. Hennessey, and B. S. Grossman, "Social Influences on Creativity: The Effects of Contracted-for Reward," *Journal of Personality and Social Psychology* 50 (1985): 14–23; T. M. Amabile, P. Goldfarb, and S. C. Brackfield, "Social Influences on Creativity: Evaluation, Coactions, and Surveillance," *Creativity Research Journal* 3 (1990): 6–21; B. A. Hennessey, "The Effect of Extrinsic Constraints on Children's Creativity While Using a Computer," *Creativity Research Journal* 2 (1989): 151–168; and B. A. Hennessey, T. M. Amabile, and M. Martinage, "Immunizing Children Against the Negative Effects of Reward," *Contemporary Educational Psychology* 14 (1989): 212–227.
対照実験を用いない研究の参考文献は以下の通り : T. M. Amabile, K. G. Hill, B. A. Hennessey, and E. M. Tighe, "The Work Preference Inventory: Assessing Intrinsic and Extrinsic Motivational Orientations," *Journal of Personality and Social Psychology* 66 (1994): 950–967; J. Ruscio, D. M. Whitney, and T. M. Amabile, "Looking Inside the Fishbowl of Creativity: Verbal and Behavioral Predictors of Creative Performance," *Creativity Research Journal* 11 (1998): 243–263.
近年では、ロバート・アイゼンバーガーら研究チームが内発的モチベーションの持つ創造性の法則に関する一連の研究で私たちとは異なる見解を提示している (R. Eisenberger and L. Shanock, "Rewards, Intrinsic Motivation, and Creativity," *Creativity Research Journal* 15 [2003]: 121–130.でその概要が確認できる)。具体的には、彼らは報酬が内発的モチベーションと創造

134 [2008]: 779–806)。私たち独自の研究では、ある種のプレッシャーや外発的動機づけも、しかるべき状況においては創造性を発揮するサポートになり得ることが分かっている (T. M. Amabile, “Motivational Synergy: Toward New Conceptualizations of Intrinsic and Extrinsic Motivation in the Workplace,” *Human Resource Management Review* 3 [1993]: 185–201; and T. M. Amabile, C. N. Hadley, and S. J. Kramer, “Creativity Under the Gun,” *Harvard Business Review*, August 2002, 52–61).

9. 調査への参加に合意するとすぐに、参加者たちの性格、思考スタイル、動機志向、教育レベル、在職期間、そしてその他の特性を知るための一般的なアンケートに回答してもらった。巻末の付録で説明しているように、私たちはこうした個人差を考慮して統計分析を行った。
10. Amabile, Barsade, Mueller, and Staw, “Affect and Creativity at Work.”
11. 学者たちは創造性に対する孵化効果について説得力のある説を発表してきた (D. K. Simonton, *Origins of Genius: Darwinian Perspectives on Creativity* [New York: Oxford University Press, 1999] など)。私たちの研究は組織の創造性における孵化効果を初めて示したものではあるが、他の研究者たちも近年この孵化効果を解明しつつある (R. Stickgold, L. James, and A. J. Hobson, “Visual Discrimination Learning Requires Sleep After Training,” *Nature Neuroscience* 3 (2000): 1237–1238; R. Stickgold, L. Scott, C. Rittenhouse, and J. Hobson, “Sleep-Induced Changes in Associative Memory,” *Journal of Cognitive Neuroscience* 11 (1999): 182–193; R. Stickgold and M. Walker, “To Sleep, Perchance to Gain Creative Insight?,” *Trends in Cognitive Sciences* 8 (2004): 191–192; U. Wagner, S. Gais, H. Haider, R. Verleger, and J. Born, “Sleep Inspires Insight,” *Nature* 427 (2004): 352–355; and M. P. Walker, T. Brakefield, J. Seidman, A. Morgan, J. Hobson, and R. Stickgold, “Sleep and the Time Course of Motor Skill Learning,” *Learning and Memory* 10 (2003): 275–284.)。
12. B. L. Fredrickson, “What Good Are Positive Emotions?”, *Review of General Psychology* 2 (1998): 300–319.
13. マーシャが創造的思考を発揮した日々の 80% が、普段よりポジティブな気分で終えた日々の後にやってきたものであり、65% が特に喜びを感じた日々の後に生じたものだった (たとえば、彼女が普段より高い喜びを示した日々の後に生じていた)。ネガティブな気分については合わせ鏡のような結果となった。創造的思考の発揮に先立つ日々の 75% で彼女の怒りの感情は平均より低く、65% で不安が平均より低く、60% の日々で悲しみも平均より低かった。
14. デイリーアンケートをもとにした気分の自己採点分布において、当日のマーシャの気分は彼女の平均値から + 1標準偏差の範囲にあった。
15. こうした発見は組織の創造性についての先行研究に基づいている。私たちの過去の論文では組織の創造性に対する職場環境の影響についての実証的分析だけでなく、多くの先行研究についても検証している (Amabile et al., “Assessing the Work Environment for Creativity.”)。他にも、このテーマについての実証的研究を検証する文献は存在する (M. A. West, and A. W. Richter, “Climates and Cultures for Innovation and Creativity at Work,” in *Handbook of Organizational Creativity*, eds. J. Zhou and C. Shalley (New York: Lawrence Erlbaum Associates, 2008), 211–236.)。
16. 私たちの過去の研究では、難易度の高い仕事に対してポジティブな認識を持つことと、その仕事で発揮される創造性の強い関連性を明らかにしている (Amabile et al., “Assessing the Work

Creativity Research Journal 15 (2003): 131–135.

3. J. M. George, J. Zhou, "Dual Tuning in Supportive Context: Joint Contributions of Positive Mood, Negative Mood, and Supervisory Behaviors to Employee Creativity," *Academy of Management Journal* 50 (2007): 605–622.
4. http://news.bbc.co.uk/2/hi/programmes/working_lunch/2985501.stm
5. 参考 : T. M. Amabile, *Creativity in Context* (Boulder, CO: Westview Press, 1996); T. M. Amabile, S. G. Barsade, J. S. Mueller, and B. M. Staw, "Affect and Creativity at Work," *Administrative Science Quarterly* 50 (2005): 367–403; T. M. Amabile, R. Conti, H. Coon, J. Lazenby, and M. Herron, "Assessing the Work Environment for Creativity," *Academy of Management Journal* 39 (1996): 1154–1184; J. Andrews and D. C. Smith, "In Search of the Marketing Imagination: Factors Affecting the Creativity of Marketing Programs for Mature Products," *Journal of Marketing Research* 33 (1996): 174–187; K. Byron and S. Khazanchi, "A Meta-Analytic Investigation of the Relationship of State and Trait Anxiety to Performance on Figural and Verbal Creativity Tasks," *Personality and Social Psychology Bulletin* (forthcoming, 2011); K. S. Cameron, J. E. Dutton, and R. E. Quinn, eds., *Positive Organizational Scholarship: Foundations of a New Discipline* (San Francisco: Berrett-Koehler, 2003); A. M. Grant, "Does Intrinsic Motivation Fuel the Prosocial Fire? Motivational Synergy in Predicting Persistence, Performance, and Productivity," *Journal of Applied Psychology* 93 (2008): 108–124; J. R. Kelly and J. E. McGrath, "Effects of Time Limits and Task Types on Task Performance and Interaction of Four-Person Groups," *Journal of Personality and Social Psychology* 49 (1985): 395–407; A. K. Kirk and D. F. Brown, "Latent Constructs of Proximal and Distal Motivation Predicting Performance Under Maximum Test Conditions," *Journal of Applied Psychology* 88 (2003): 40–49; B. M. Staw and S. G. Barsade, "Affect and Managerial Performance: A Test of the Sadder-But-Wiser vs. Happier-And-Smarter Hypotheses," *Administrative Science Quarterly* 38 (1993): 304–331; and B. M. Staw, R. I. Sutton, and L. H. Pelled, "Employee Positive Emotion and Favorable Outcomes at the Workplace," *Organization Science* 5 (1994): 51–71.
6. 仕事の満足度とは要するに自分の仕事に対する認識と感情からなるものだ。ここでの分析は、仕事に満足できればより良いパフォーマンスにつながることを示しているが、逆の因果関係は言えない。M. Riketta, "The Causal Relation Between Job Attitudes and Performance: A Meta-Analysis of Panel Studies," *Journal of Applied Psychology* 93 (2008): 472–481.
7. Staw, Sutton, and Pelled, "Employee Positive Emotion and Favorable Outcomes at the Workplace." これは最初の調査期間と二度目の調査期間の評価を比較したものだ。最初の調査期間のパフォーマンスではなく、感情が二度目の調査期間のパフォーマンスを判断する材料となり得たことを意味している。
8. 実際には、真っ向から対立する研究というよりも、微妙に異なる研究が行われている。本書での記述は状況を分かりやすく説明するために概要を簡略化したものだ。数十の研究を分析した 2008 年の論文では、一般的にポジティブな気分はニュートラルな気分よりも創造性を生むことになるが、常にネガティブな気分よりも創造性を発揮するわけではないことが突き止められている (M. Baas, C. K. W. De Dreu, and B. A. Nijstad, "A Meta-Analysis of 25 Years of Mood-Creativity Research: Hedonic Tone, Activation, or Regulatory Focus?," *Psychological Bulletin*

Business Review, January–February 1968, 53–62.

15. 「出来事」とは何だろうか。近年の心理学の研究では、いかにして人が何かを個別の出来事(「今起こっていること」)として知覚するかについて、興味深い説を展開させている。その説では、人間の脳の「ワーキングメモリ」が、認識や次に起こる物事に対する予測能力を向上させるべく出来事を再構成しているのだという。詳しくは J. M. Zacks, N. K. Speer, K. M. Swallow, T. S. Braver, and J. R. Reynolds, "Event Perception: A Mind/Brain Perspective," *Psychological Bulletin* 133 (2007): 273–293. この研究は、人が出来事に対する振る舞いを分割して認識するという発見を発展させたものである (D. Newtson, "Attribution and the Unit of Perception of Ongoing Behavior," *Journal of Personality and Social Psychology* 28 (1973): 28–38.)。
16. 感情と認識が密接に結びついているという証拠は、心理学から神経科学に至るまで豊富に記されている (たとえば E. A. Phelps, "Emotion and Cognition: Insights from Studies of the Human Amygdala," *Annual Review of Psychology* 57 [2006]: 27–53)。
17. P. J. Lang, M. M. Bradley, J. R. Fitzsimmons, B. N. Cuthbert, J. D. Scott, B. Moulder, and V. Nangia, "Emotional Arousal and Activation of the Visual Cortex," *Psychophysiology* 35 (1998): 199–210.
18. この感情と認識の興味深い相関関係について、より詳しくはアントニオ・ダマシオやジョセフ・ルドゥーの研究が参考になる。A. Damasio, *Descartes' Error: Emotion, Reason and the Human Brain* [New York: Putman, 1994] [アントニオ・ダマシオ『デカルトの誤り——情動、理性、人間の脳』(田中三彦訳、筑摩書房、2010 年)] ; A. Damasio, *The Feeling of What Happens: Body and Emotion in the Making of Consciousness* [New York: Harcourt, Inc., 1999] [アントニオ・ダマシオ『無意識の脳 自己意識の脳』(田中三彦訳、講談社、2003 年)] ; J. LeDoux, The Emotional Brain: *The Mysterious Underpinnings of Emotional Life* [New York: Simon & Schuster, 1996]. [ジョセフ・ルドゥー『エモーショナル・ブレイン——情動の脳科学』(松本元、小幡邦彦、湯浅茂樹、川村光毅、石塚典生訳、東京大学出版会、2003 年)] .
19. この比喩はダマシオの『デカルトの誤り』から着想を得た。

第 3 章　インナーワークライフ効果

1. 後者の言葉はジョン・F・ケネディ大統領、上院議員ロバート・F・ケネディおよびエドワード・M・ケネディの父であるアメリカの実業家・政治家のジョセフ・P・ケネディ (1888-1969) の言葉とされている。
2. 参　考 : N. Anderson, C. K. De Dreu, and B. A. Nijstad, "The Routinization of Innovation Research: A Constructively Critical Review of the State-of-the-Science," *Journal of Organizational Behavior* 25 (2004):147–173; F. M. Andrews and G. F. Farris, "Time Pressure and Performance of Scientists and Engineers: A Five-Year Panel Study," *Organizational Behavior and Human Performance* 8 (1972): 185–200; R. Eisenberger and J. Cameron, "Detrimental Effects of Reward: Reality or Myth?," *American Psychologist* 51 (1996): 1153–1166; S. Fineman, "On Being Positive: Concerns and Counterpoints," *Academy of Management Review* 31 (2006): 270–291; J. M. George, "Review of Kim S. Cameron, Jane E. Dutton, and Robert E. Quinn, eds.: Positive Organizational Scholarship: Foundations of a New Discipline," *Administrative Science Quarterly* 49 (2004): 325–329; and G. Kaufmann, "Expanding the Mood-Creativity Equation,"

Publications, 1995) [カール・E・ワイク『センスメーキング・イン・オーガニゼーションズ』(遠田雄志、西本直人訳、文眞堂、2002年)]; G. Klein, B. Moon, and R. F. Hoffman, "Making Sense of Sensemaking I: Alternative Perspectives," *IEEE Intelligent Systems* 21 (2006): 70–73; G. Klein, B. Moon, and R. F. Hoffman, "Making Sense of Sensemaking II: A Macrocognitive Model," *IEEE Intelligent Systems* 21 (2006): 88–92; A. Wrzesniewski, J. E. Dutton, and G. Debebe, "Interpersonal Sensemaking and the Meaning of Work," *Research in Organizational Behavior* 25 (2003): 93–135.

9. D. J. Campbell and R. Pritchard, "Motivation Theory in Industrial and Organizational Psychology," in *Handbook of Industrial and Organizational Psychology*, ed. M. D. Dunnette (Chicago: Rand McNally, 1976), 63–130; J. P. Campbell, "Modeling the Performance Prediction Problem in Industrial and Organizational Psychology," in *Handbook of Industrial and Organizational Psychology*, 2nd ed., vol. 1, eds. M. D. Dunnette and L. M. Hough (Palo Alto, CA: Consulting Psychologists Press, 1990), 687–732.

10. 人間のモチベーションについては多くの研究者たちが詳細に分析を行っている (S. E. Cross, P. L. Bacon, and M. L. Morris, "The Relational-Interdependent Self-Construal and Relationships," *Journal of Personality and Social Psychology* 78 [2000]: 191–208; E. L. Deci and R. M. Ryan, "The 'What' and 'Why' of Goal Pursuits: Human Needs and the Self-Determination of Behavior," *Psychological Inquiry* 11 [2000]: 227–268; M. J. Gelfand, V. S. Major, J. L. Raver, L. H. Nishii, and K. O'Brien, "Negotiating Relationally: The Dynamics of the Relational Self in Negotiations," *Academy of Management Review* 31 [2006]: 427–451; A. M. Grant and J. Shin, "Work Motivation: Directing, Energizing, and Maintaining Research," *Oxford Handbook of Motivation*, ed. R. M. Ryan [Oxford: Oxford University Press, forthcoming, 2011]; F. Herzberg, *The Motivation to Work* [New York: Wiley, 1959]; and R. M. Ryan and E. L. Deci, "Self-Determination Theory and the Facilitation of Intrinsic Motivation, Social Development, and Well-Being," *American Psychologist* 55 [2000]: 68–78)。

    近年の研究では様々な形態のモチベーションが複雑な形で相互に影響を与え合っていることが明らかになっている (A. M. Grant, "Does Intrinsic Motivation Fuel the Prosocial Fire? Motivational Synergy in Predicting Persistence, Performance, and Productivity," *Journal of Applied Psychology* 93 [2008]: 48–58)。

11. K. R. Lakhani and E. von Hippel, "How Open Source Software Works: 'Free' User-to-User Assistance," *Research Policy* 32 (2003): 923–943.

12. 心理学者たちは、関係的動機づけと利他的・向社会的動機づけを区別することが多い。前者は人とつながりたいという欲求であり、後者は他者の幸福を守り、促進したいという欲求だ。どちらも他人との関係に力点を置くものであるため、本書では2つを一括りにしている。

13. T. M. Amabile, *Creativity in Context* (Boulder, CO: Westview Press, 1996) 参照。このメカニズムの詳細については後の章で触れる。

14. ある有名な記事において、臨床心理学者のフレデリック・ハーズバーグは、不十分な給料や手当は社員の不満につながもののの、給料や手当は優れた仕事へ向けたモチベーションとはならず、むしろ面白く、困難だがやりがいのある仕事を持つ方がモチベーションを向上させることを示す証拠を提示した。 F. Herzberg, "One More Time: How Do You Motivate Employees?," *Harvard*

福な感情や感覚を研究するものだ（D. Mochon, M. I. Norton, and D. Ariely, "Getting Off the Hedonic Treadmill, One Step at a Time: The Impact of Regular Religious Practice and Exercise on Well-Being," *Journal of Economic Psychology* 29 [2008]: 632–642）。内発的モチベーションやパフォーマンスに対する（驚くほど）小さな出来事の影響を明らかにした研究もある（I. Senay, D. Albarracin, and K. Noguchi, Motivating Goal-Directed Behavior Through Introspective Self-Talk: The Role of the Interrogative Tense," *Psychological Science* 21 [2010]: 499–504.）。

5. このドラッグを思わせる比喩は D. Mochon、M. I. Norton、そして D. Ariely の "Getting Off the Hedonic Treadmill, One Step at a Time" から来ている。

第２章　インナーワークライフ

1. D. Watson and L. A. Clark, "Negative Affectivity: The Disposition to Experience Negative Emotional States," *Psychological Bulletin* 96 (1984): 465–490; T. M. Amabile, K. G. Hill, B. A. Hennessey, and E. M. Tighe, "The Work Preference Inventory: Assessing Intrinsic and Extrinsic Motivational Orientation," *Journal of Personality and Social Psychology* 66 (1994): 950–967.
2. 付録で記しているように、私たちが行った分析の大半は性格に左右されないものだ。基本的に、性格の大部分は重要な予測材料とはならず、分析の判断材料となり得るときでも、インナーワークライフの変化を説明するにあたって大きな要素とはならなかった。
3. T. M. Amabile and S. J. Kramer, "Inner Work Life: The Hidden Subtext of Business Performance," *Harvard Business Review*, May 2007, 72–83.
4. 具体的な出来事に対するハッキリとした反応や、より漠然としたムードを包括する言葉としては、「Emotion（感情）」ではなく「Affect（情動）」とする方が科学的には厳密な言葉の用法となるが、「感情」の方がより広く知られた言葉だと判断し、本書では「Emotion（感情）」という言葉を用いている。A. P. Brief and H. M. Weiss, "Organizational Behavior: Affect in the Workplace," *Annual Review of Psychology* 53 (2002): 279–307. を参照。
5. S. G. Barsade and D. E. Gibson, "Why Does Affect Matter in Organizations?" *Academy of Management Perspectives* 21 (2007): 36–59.
6. D. Goleman, *Emotional Intelligence: Why It Can Matter More Than IQ* (New York: Bantam Books, 1997)［ダニエル・ゴールマン『EQ こころの知能指数』（土屋京子訳、講談社、1996 年）］; D. Goleman, R. Boyatzis, and A. McKee, *Primal Leadership: Learning to Lead with Emotional Intelligence* (Boston: Harvard Business School Press, 2002)［ダニエル・ゴールマン、リチャード・ボヤツィス、アニー・マッキー『EQ リーダーシップ――成功する人の「こころの知能指数」の活かし方』（土屋京子訳、日本経済新聞社、2002 年）］; P. Salovey and J. D. Mayer, "Emotional Intelligence," *Imagination, Cognition, and Personality* 9 (1990): 185–211.
7. A. M. Isen, "Positive Affect and Decision-Making," in M. Lewis and J. Haviland-Jones, eds., *Handbook of Emotions*, 2nd ed. (New York: Guilford, 2000), 417–435.
8. 文献によると、「状況認識」は曖昧な状況や、不確かな状況や、予想外の状況において最も活発になるという。職場では、一般的にマネジャーや仕事仲間は能力があり協力的だと考えるものであるため、そうした想定が崩されたときに状況認識のプロセスが最も活性化する。状況認識に関する基本文献は以下を参照。E. Goffman, Frame Analysis (Cambridge, MA: *Harvard University Press*, 1974), K. E. Weick, *Sensemaking in Organizations* (Thousand Oaks, CA: Sage

ロタ、ルイス・A・ミスキンド、マイケル・メルツァー『熱狂する社員』(スカイライト コンサルティング株式会社訳、英治出版、2006 年)] 参照。

4. 組織行動論を専門とするマネジメントの研究者ロバート・サットンは、マネジャーたちの日々の行動が社員の幸せとモチベーションに大きな影響を与えることを数々の著作で示している。マネジメントやパフォーマンスに対する彼の見解は私たちが本書で主張する様々な論点を補強するものだ。R. Sutton, Good Boss, Bad Boss: *How to Be the Best... and Learn from the Worst* (New York: Business Plus, 2010) [ロバート・サットン『マル上司、バツ上司――なぜ上司になると自分が見えなくなるのか』(矢口誠訳、講談社、2012 年)] 参照。
5. P. T. Kilborn, "Strikers at American Airlines Say the Objective Is Respect," *New York Times*, November 21, 1993. 前出の客室乗務員の発言も上記記事より引用。
6. デビッド・シロタ、ルイス・A・ミスキンド、マイケル・メルツァー『熱狂する社員』より引用。
7. エーオンヒューイットによる調査。ジョージ・A・コールリーザーの "Engaging Employees Crucial for Their Morale," *The Nation* (Thailand), November 29, 2010. より引用。
8. 組織行動の研究者たちは、人が一般的に職場では身近な出来事に対する強い感情や個人的見解を抑制していることを解明している (J. E. Bono, H. J. Foldes, G. Vinson, and J. P. Muros, "Workplace Emotions: The Role of Supervision and Leadership," *Journal of Applied Psychology* 92 [2007]: 1357–1367 など)。たとえ重要な物事に対しても「沈黙」してしまうのは、恐れが主な理由だと突き止められている (J. J. Kish-Gephart, J. R. Detert, L. K. Trevino, and A. E. Edmondson, "Silenced by Fear: The Nature, Sources, and Consequences of Fear at Work," *Research in Organizational Behavior* 29 [2009]: 163–193)。
9. 本書全体にわたり、私たちは「Motivation (モチベーション)」という言葉と「Drive (意欲)」という言葉を用いている。正式な心理学上の定義では「Drive」は意欲のみならず生物的な「欲動」(たとえば飢え) を意味し、「Motivation」は仕事をする原動力の意味で厳密に使い分けられているが、本書ではより口語的に「Drive (意欲)」を「Motivation (モチベーション)」と同じような意味で使っている。たとえばダニエル・H・ピンクの著書『モチベーション 3.0』(大前研一訳、講談社、2010 年) でも「Drive」は「Motivation」と同じような意味で使用されている。また、「気分」と「感情」、「認知」と「認識」も同じ意味の言葉として用いた (もちろん心理学者たちは「認知」と「認識」については厳密に使い分けている)。

コラム 小さな勝利 (と敗北) の力

1. 「小さな勝利」というフレーズはカール・E・ワイクの古典的論文 Small Wins: Redefining the Scale of Social Problems(*American Psychologist* 39 [1981]: 40-49) より拝借している。
2. この調査における発見と日誌調査におけるすべての研究の詳細は付録で確認できる。
3. 一般に、些細な物事は実に大きな役割を果たしていることが学者たちのあいだで議論されている。大きな影響を与えた 1981 年の論文において、カール・ワイクは社会的な問題もまず小さな規模で上手くアプローチしていくことができれば、より革新的な方法で対処できると主張した。巨大なスケールの社会的問題は感情を麻痺させ認識を圧倒してしまうことを指摘した上で、ワイクはそうした問題を小さく分割することで得られる小さな勝利の数々が大いなるアドバンテージになると提唱した。
4. この論文は、いかに人間が「気分の良さ」や「満足」を感じるかを研究したもの――人の幸

原注

序章　35 年の研究から導き出した「マネジメントの新常識」

1. Larry Page and Sergey Brin, "Founders' IPO Letter" (2004) より引用。 http://investor.google.com/corporate/2004/ipo-founders-letter.html.
2. T. M. Amabile, C. N. Hadley, and S. J. Kramer, "Creativity Under the Gun," *Harvard Business Review*, August 2002, 52–61; T. M. Amabile and S. J. Kramer, "Inner Work Life: The Hidden Subtext of Business Performance," *Harvard Business Review*, May 2007, 72–83; T. M. Amabile and S. J. Kramer, "Breakthrough Ideas for 2010: 1: What Really Motivates Workers," *Harvard Business Review*, January 2010, 44–45.
3. この研究の詳細は第 5 章、巻末の付録、および Amabile and Kramer: "What Really Motivates Workers." 参照。
4. 本書では「私たち」という言葉を使用しているが、それは著者二人（テレサ・アマビールとスティーブン・クレイマー）だけでなく謝辞に記した研究メンバーたちを指している。
5. 私たちは以下の論文で初めてインナーワークライフについて記し、調査結果のいくつかを提示した。Amabile and Kramer, "Inner Work Life."
6. この概念はジム・コリンズ『ビジョナリーカンパニー 2』（山岡洋一訳、日経 BP 社、2001 年）を基にしているが、マネジメントにおける唯一の要点として紹介されているわけではない。

第 1 章　組織の最前線の風景から

1. 実際のデータは正確なものだが、私たちが調査した個人、チーム、企業を特定できるような情報はすべて変更している。天候や、建物などの物理的環境や、個人の外見といった細部は架空のものだ。情報保護の方針についての詳細は巻末の付録を参照。
2. すべてのチームメンバーの発言は日誌の記述から引用している。本調査におけるデータの収集法については、付録で詳細に記した。本書で採り上げる日誌の引用は、①読みやすさを考慮して文法、つづり、表記の間違いを修正し、②分かりやすさを考慮して括弧内に関連する背景知識や欠落した情報を補足し、③情報保護の観点から人名や日付や個人が特定できるような情報を変更したこと以外、日誌の記述を一言一句そのままにしている。「感情」を表現する句読点（たとえば「！」など）は一切追加していない。「（中略）」の部分では、関係のない内容を省いた。
3. マネジメントの研究者ジェフリー・フェファーは、組織の高いパフォーマンスを実現するために「人間中心のマネジメント」の重要性について数々の証拠を提示し、数多くの執筆を行っている。広義において、彼の結論は私たちとまったく一致している。J・フェファーの見解については *The Human Equation: Building Profits by Putting People First* (Boston: Harvard Business School Press, 1998) [ジェフリー・フェファー『人材を活かす企業』（守島基博監修、佐藤洋一訳、翔泳社、2010 年）] ; J. Pfeffer, "Building Sustainable Organizations: The Human Factor," Academy of Management Perspectives 24 (2010): 34–45 を参照。近年では、デビッド・シロタらの研究チームも、彼ら独自のデータに基づき同様の見解を提示している。D. Sirota, L. A. Mischkind, and M. I. Meltzer, *The Enthusiastic Employee: How Companies Profit by Giving Workers What They Want* (Upper Saddle River, NJ: Wharton School Publishing, 2005) [デビッド・シ

詳細目次

● 監訳者

中竹 竜二

Ryuji Nakatake

（公財）日本ラグビーフットボール協会コーチングディレクター。株式会社TEAMBOX代表取締役。

早稲田大学人間科学部卒業後、レスター大学大学院社会学部修了。三菱総合研究所を経て、早稲田大学ラグビー蹴球部監督を務め、自律支援型の指導法で多くの実績を残す。「フォロワーシップ論」を展開した人のひとり。現在、日本ラグビー協会コーチングディレクター（初代）を務め、2016年アジアラグビーチャンピオンシップにて日本代表ヘッドコーチ代行として指揮をとり優勝を果たす。2014年には株式会社TEAMBOXを設立。

主な著書に『自分で動ける部下の育て方――期待マネジメント入門』（ディスカヴァー・トゥエンティワン）、『部下を育てるリーダーのレトリック』（日経BP社）など。

● 訳者

樋口 武志

Takeshi Higuchi

1985年福岡生まれ。早稲田大学国際教養学部卒。2011年まで株式会社東北新社に勤務。現在、早稲田大学大学院在学中。訳書に『異文化理解力』（英治出版）、共訳書に『サリンジャー』（KADOKAWA）、『ぼくらの時代の本』（ボイジャー）、字幕翻訳に『ミュータント・ニンジャ・タートルズ：影＜シャドウズ＞』など。

● 著者

テレサ・アマビール

Teresa Amabile

ハーバード・ビジネススクール（エドセル・ブライアント・フォード記念講座）教授。ベンチャー経営学を担当。同スクールの研究ディレクター。

35 年以上にわたり創造性、生産性、モチベーション、職場環境について調査し、その研究成果や理論をアップル、IDEO、P&G、ノバルティスなどの企業や、政府、教育の各組織に提供している。

全米ギフテッド教育協会 E. Paul Torrance Award、リーダーシップ・クォータリー Best Paper Award ほか受賞歴多数。世界の経営思想家ランキング「Thinkers50」に 3 期連続で選出。TED や世界経済フォーラムなどにも登壇。心理学博士（スタンフォード大学）。

スティーブン・クレイマー

Steven Kramer

心理学者。リサーチャー。

組織内における主観的体験、成人発達論、乳幼児の知覚的・認知的発達などが専門。ハーバード・ビジネス・レビュー、アカデミー・オブ・マネジメント・ジャーナルほかに多数の論文を寄稿。アマビール教授とは長年にわたって共同研究を続けている。心理学博士（ヴァージニア大学）。

※本書の特設サイト（英語版）　http://progressprinciple.com/

マネジャーの最も大切な仕事

95%の人が見過ごす「小さな進捗」の力

発行日　2017 年 1 月 25 日　第 1 版　第 1 刷
　　　　2021 年 6 月 1 日　第 1 版　第 9 刷

著者　テレサ・アマビール、スティーブン・クレイマー
監訳者　中竹竜二（なかたけ・りゅうじ）
訳者　樋口武志（ひぐち・たけし）
発行人　原田英治
発行　英治出版株式会社
　　　〒 150-0022 東京都渋谷区恵比寿南 1-9-12 ピトレスクビル 4F
　　　電話　03-5773-0193　　FAX　03-5773-0194
　　　http://www.eijipress.co.jp/
プロデューサー　山下智也
スタッフ　高野達成　藤竹賢一郎　鈴木美穂　下田理　田中三枝
　　　安村侑希子　平野貴裕　上村悠也　桑江リリー　石﨑優木
　　　山本有子　渡邉吏佐子　中西さおり　関紀子　片山実咲
印刷・製本　大日本印刷株式会社
校正　小林伸子
装丁　英治出版デザイン室

ISBN978-4-86276-240-5　C0034　Printed in Japan